中国特色社会主义经济理论丛书

M

PUBLIC INVESTMENT SUPPORT OF HIGH-QUALITY URBANIZATION

*Based on Marxist Urban View*

# 高质量城镇化的公共投资支持

## 基于马克思主义城市观

晏朝飞◎著

国家自然科学基金项目（批准号：71764010），教育部人文社会科学研究规划基金（批准号：19YJA880043）阶段性研究成果

经济管理出版社
ECONOMY & MANAGEMENT PUBLISHING HOUSE

**图书在版编目（CIP）数据**

高质量城镇化的公共投资支持：基于马克思主义城市观/晏朝飞著．—北京：经济管理出版社，2020.12

ISBN 978－7－5096－6342－4

Ⅰ.①高…　Ⅱ.①晏…　Ⅲ.①城市化—政府投资—研究—中国　Ⅳ.①F299.21②F832.48

中国版本图书馆 CIP 数据核字（2020）第 247323 号

组稿编辑：王光艳
责任编辑：魏晨红
责任印制：黄章平
责任校对：张晓燕

出版发行：经济管理出版社
（北京市海淀区北蜂窝 8 号中雅大厦 A 座 11 层　100038）
网　　址：www. E－mp. com. cn
电　　话：（010）51915602
印　　刷：唐山昊达印刷有限公司
经　　销：新华书店
开　　本：720mm×1000mm/16
印　　张：13
字　　数：212 千字
版　　次：2020 年 12 月第 1 版　　2020 年 12 月第 1 次印刷
书　　号：ISBN 978－7－5096－6342－4
定　　价：68.00 元

# 前　言

城镇化是当今世界的发展趋势，也是发展规律，人们必须善于把握。马克思在《德意志意识形态》中精彩地描述道：“大工业仍使竞争普遍化了……创造了交通工具和现代的世界市场，控制了商业，从而使流通加速、资本集中。大工业通过普遍的竞争迫使所有个人的全部精力处于高度紧张状态……它把所有自然形成的关系变成货币的关系。它建立了现代的大工业城市……它们的出现如雨后春笋般代替自然形成的城市。”这不仅揭示了城市是生产力发展、资本运动的成果，也暗示了城市在“物”繁荣与普遍竞争背后的社会问题。

作为城镇化建设的先行资本，我国公共投资的快速增长为城镇化的前半场积累了可观的物质资本，深刻改变着城市面貌和运转方式。现今，高质量城镇化对公共设施和服务水平提出了更高要求，然而目前我国城市建成区的公共产品配套面临过度和不足并存的局面，尚不能很好地满足城镇化的深入推进。基于城镇化的巨大成本，作为公共产品的生产资本，我国以政府为主导的公共投资需要继续承担城镇化深入推进的先行和保障重任，需要进一步优化供给结构、布局与政策状况以避免传统城镇化发展弊端，更加匹配和服务于高质量城镇化发展。为此，本书沿着理论构建—现实考察—经验分析—政策引申的逻辑主线，以马克思主义城市观作为理论基础，重点研究公共投资在高质量城镇化发展中的具体支持以及相关政策优化。本书分为以下 7 章：

第 1 章为绪论，阐述研究缘起与意义，梳理国内外文献，安排研究内容，介绍研究思路、方法以及相关贡献等。现有文献成果较丰富地阐释了城镇化进程中公共投资的基本问题、效应及其政策，为本书研究提供了良好的基础和重要思路，但也存在一定的不足：一是在传统城镇化框架下研究公共投资的文献较多，而在新型城镇化框架下研究公共投资的文献不多，尤其以高质量发展为视角的文献不成系统。二是公共投资具有正外部性的天然特征，从理论上讲其与高质量城镇化发展的关系是密切的，但现有文献多数仅从制度治理方面来研究高质量城镇化发展，未能充分考虑到城镇公共投资的供给优化及其相关政策选择在很大程度上是实现制度治理的资本基础，也是支持高质量城镇化发展的重要因素。鉴于现有不足，本书尝试从研究视角、研究内容等方面予以拓展和延伸。

第 2 章为相关概念与理论基础。对公共投资的含义与范围、高质量城镇化发展的内涵与过程进行了深入解析，并将马克思主义城市观作为本书的理论基础。研究认为，公共投资是为了弥补经济活动中的市场失灵，保障广大生产者和居民享有预期的公共产品，特定经济主体在一定时期内建造和购置相应的公共设施和服务而事先付出货币成本的经济行为。并基于高质量城镇化发展的背景，决定运用中义范畴的城镇公共投资来开展研究，将其分为生产性公共投资、社会性公共投资与环保性公共投资，它们具有基础性、战略性和公共性等基本性质，以及投资资金规模较大、回收周期较长、外部性明显的基本特征。同时，针对我国传统城镇化弊端，厘定了高质量城镇化发展的内涵，认为高质量城镇化强调提高对“人”的包容性，以经济基础、服务普及和环境友好为主要内容来满足和保障城镇常住居民的基本生存与发展权利，不仅要实现人口数量的包容过程，更要促进以就业包容为引导的城镇化。最后，阐述了经典马克思主义城市观与马克思主义中国化城市观，对于高质量城镇化建设的公共投资政策设计问题具有理论指导与支撑意义。

第 3 章为城镇化进程中公共投资的制度变迁与供给演化。从制度变迁、供给规模与结构方面分析了我国城镇化进程中的公共投资现状。一方面，出于功能性需求的增长、外部性内化的驱动、其他制度安排的结构性关联等动因，我国相关公共投资主体、资金来源、投资方式与项目治理发生了较大的变化与更新，可以分为财政分权前的投资体制探索时期、财政分权后的投资体制改革时期与投资管理体制建设时期三个基本阶段，表现出明显的计划与市场相结合、渐进式强制性与诱致性相结合、卡尔多—希克斯与帕累托相结合的变迁特征，这有效推动了我国城镇公共投资项目建设的蓬勃发展。另一方面，从供给规模与结构上看，由于发展政策的偏好、地方经济基础的差异以及投资需求的变化等原因，同一段时期不同类型的城镇公共投资在规模与增速上表现出较大的差异，生产性公共投资流量的绝对规模与相对规模始终远超社会性公共投资与环保性公共投资，社会性公共投资的存量水平表现出较为明显的双俱乐部特征，环保性公共投资则存在增速不稳定、存量分布相当分散、内部差异固化等问题。

第 4 章为高质量城镇化发展的指标体系构建与综合测度。构建高质量城镇化发展的评价指标体系，测度了我国各省高质量城镇化发展水平。依据指标体系构建的基本原则、要素与流程，首先运用文献分析法初步构建了由三项准则层、22 个具体指标组成的高质量城镇化发展指标体系。然后运用德尔菲法，通过发放问卷的形式开展了三轮调查，获得该领域专家的反馈结果后，对专家的权威程度、专家意见的集中程度、协调程度做了相关统计分析与检验，剔除了一些意见集中度不高、协调性较差的指标，最终筛选出由经济基础、服务普及、环境治理三项准则层、18 个具体指标组成的高质量城镇化发展指标体系。最后，运用层次分析法对指标体系的准则层与指标层分别予以赋权，得到了通过一致性检验的各指标层权重系数，测度出 2003 ~2015 年中国 30 个省份的高质量城镇化发展综合指数。

第 5 章为公共投资对高质量城镇化发展的支持机理。首先，基于高质量城镇化发展的主要内容，从理论上阐述了公共投资是驱动城镇经济的重要资本，是促进城镇服务普及的内在支撑，也是提升城镇环境治理水平的必要保障。其次，从实证角度研究了我国不同类型的公共投资在高质量城镇化发展进程中的支持机理，依据理论分析提出研究假设，引入相关制度变量，采用空间计量模型进行实证研究。实证研究显示：2003 ~2015 年我国各省份高质量城镇化发展指数在不同的权重矩阵下均表现出空间正相关性，多数省份呈现出高高集聚与低低集聚的状态，已形成明显的空间依赖格局；生产性公共投资与社会性公共投资对高质量城镇化发展均存在显著的正向支持作用，而环保性公共投资的支持作用并不明显，这应该与长期以来我国环保性公共投资力度不足、尚未形成稳定的投入机制有关；同时，户籍制度环境的变化分别与生产性公共投资与社会性公共投资产生了正向的交互作用，说明随着我国户籍制度对人口流动限制的放松，生产性公共投资与社会性公共投资对高质量城镇化发展的支持作用有所增强。

第 6 章为公共投资在高质量城镇化发展中的支持效应。本章基于高质量城镇化发展的重要过程与内容，进一步认识了公共投资的人口包容效应、就业包容效应与环境治理效应。高质量城镇化发展首先是农村人口向城镇的大量转移与集聚的过程，其次是以就业为引导的市民化过程，为此本章分别运用 PVAR 模型与门限模型研究了公共投资与人口转移之间的动态关系、公共投资与城镇居民就业之间的非线性结构关系。实证结果显示：在人口包容过程中，生产性公共投资与环保性公共投资对城镇人口集聚均具有显著的正向效应，但存在一定的滞后性；而社会性公共投资既在短期内对城镇人口集聚产生了较为明显的正向效应，也在长期起到了一定的促进作用；城镇人口的集聚在短期和长期均对生产性公共投资与社会性公共投资产生了较为显著的需求，而对环保性公共投资的需求表现较为滞后，其中人口集聚对生产性公共投资的需求要大于其他类型的公共投资，反映了人口包容阶段对生产性基础设施具有较强依附性的特点。在就业包容过程中，公共投资与城镇居民就业增长之间存在显著的双重门限效应。在全国层面，当城镇公共投资存量未达到第一门限值 0.944 万元/人时，公共投资对居民就业增长为显著的负向效应；当城镇公共投资存量跨过第一门限值 0.944 万元/人时，公共投资对居民就业增长产生显著的正向效应；当积累至第二门限值 3.646 万元/人时，公共投资对居民就业增长的促进作用不再显著，呈现明显的收敛效应。在区域层面，东、中、西部地区也均存在双重门限效应，在跨越第一门限值后均呈现出正向效应，在跨越第二门限值后均表现出不同程度的收敛效应。最后，尝试运用静态面板模型实证考察了近年来我国环保性公共投资的环境治理效应与区域差异，结果显示我国城镇环保性公共投资在总体上有效促进了环境治理水平的提升，即环保性公共投资占 GDP 的比重每提高 1% 可促使环境治理水平指数平均提升约 1.205，但其在环保性投入偏弱的中部地区未能产生较为有效的环境治理效应。

第 7 章为研究结论与政策建议。总结前文研究结论，以马克思主义城市观为指导，建议通过建立科学的政绩导向、规范政府举债行为、建立多元融资渠道来引导城镇公共投资规模的合理增长；通过改变社会性公共投资的筹资结构、提升以政府为主导的教育投资比重、重视环保性公共投资的稳定增长、优化公共投资的区域结构等举措来深化城镇公共投资结构的优化调整；通过建立民主的公共投资决策机制、健全可持续的公共资本投入机制、构建公共投资运行的监管机制来完善城镇公共投资的监控管理机制，从而优化公共投资的供给状态，使其有效持续地推动高质量城镇化发展。

本书的贡献在于：①基于马克思主义城市观，以高质量发展理念为引领，摆脱采用单一指标来描述城镇化水平的局限性，基于综合指标体系评价我国各省高质量城镇化发展水平，更为有效地评估现阶段公共投资在高质量城镇化发展中的现实支持作用。②采用核密度估计、马尔可夫链等方法，对我国各省份城镇公共投资的时序与空间演化过程做了较为系统的定量分析。③引入制度变量，构建空间计量模型验证各省份高质量城镇化发展水平的空间相关性，研究了制度变量、公共投资对高质量城镇化的支持效应。④运用面板向量自回归模型研究了不同类型公共投资对城镇人口增长的不同动态效应，发现生产性与环保性公共投资对城镇人口增量均存在一定的时滞效应，而社会性公共投资既弥补了前者的时滞效应，也对城镇人口增量起到了一定的长期促进作用。⑤运用静态面板模型实证考察了近年来我国环保性公共投资的环境治理效应与区域差异。⑥运用门限模型研究发现，公共投资对城镇居民就业增长的影响存在双重门限效应，说明公共投资并非总是促进居民就业增长的灵丹妙药，需要依据具体情况做出不同的公共投资政策选择。

当然，由于中国当前关于公共投资领域缺乏官方明确的界定，使得书中的数据统计尚缺乏一定的权威性与普适性，造成分析过程中可能存在一定的误差。同时，城镇化承载着中国经济的未来，其中公共投资的改革优化涉及利益甚广，既要解决现实问题又要考量长远问题，在真正的改革优化过程中还存在着大量的困难，本书通过理论层面的系统分析，倘若对实施层面能够提供少许有意义的参考便觉欣慰。限于学识水平及精力有限，不足之处，望广大读者批评指正。

晏朝飞

2020 年 7 月

# 目　录

# 1 绪论

## 1.1 选题背景与研究意义

### 1.1.1 选题背景

城镇化是人类社会现代化进程中的标志性变革，也是当代中国最显著的发展特征之一。早在一百多年前，马克思就对城市的发展问题进行了高度关注，指出现代化的历史就是乡村城市化的历史，并在《德意志意识形态》中精彩地描述道："大工业仍使竞争普遍化了……创造了交通工具和现代的世界市场，控制了商业，从而使流通加速、资本集中。大工业通过普遍的竞争迫使所有个人的全部精力处于高度紧张状态……它把所有自然形成的关系变成货币的关系。它建立了现代的大工业城市……它们的出现如雨后春笋般代替自然形成的城市。"[①] 这不仅揭示了城市是生产力发展、资本运动的成果，也暗示了城市在"物"繁荣与普遍竞争背后的社会问题。

我国正在经历着史上最大规模的农村人口向城市转移的快速城镇化进程。国家统计局资料显示，我国以常住人口为统计口径的城镇化率由 1978 年的 17.9% 提升至 2019 年的 60.60%，年均提高约 1.03%，即每年平均约有 1000 多万人口从乡村转移至城市。同时，2019 年末我国大陆城市数量达 672 个，比 1978 年增加了 480

① 马克思，恩格斯．马克思恩格斯全集（第 1 卷）［M］．北京：人民出版社，1995：566.

个，其中地级以上城市数量由1978年的98个增加到297个。发展经验表明，城镇化进程中人口集聚所形成的规模与分工效应有力地带动了我国整个经济社会发展，是多年来维持经济高速增长的重要因素。但是，多年来以政府所主导的传统城镇化逐渐显现出片面追求城镇空间扩张、“半市民化”问题突出以及城镇环境污染加剧等弊端。尤其在2011年我国城镇化率首次跨过50%的历史门槛后，如何在城镇化率继续提升的基础上提升城镇化发展质量逐渐成为学术界与实务界共同关注的话题。党的十八大报告在中国特色城镇化概念的基础上明确强调建设“以人为本”的新型城镇化，将其作为今后城镇化道路的战略方向，以及我国今后相当一段时期内保持经济可持续增长的平台支撑；在“十三五”开局之年，国务院进一步提出以五大发展理念引领新型城镇化，要求继续增加和改善适合居民需求的公共设施与服务供给，重点推动农业转移人口市民化；党的十九大报告指出，我国社会主要矛盾已经转化为人民日益增长的美好生活需要和不平衡不充分的发展之间的矛盾，并要求构建城镇化协调发展格局，加快农业转移人口市民化。习近平在地方考察时也多次强调，城镇化是现代化的必由之路，新型城镇化建设要以人的城镇化为核心、提高质量为关键。这本质上是在强调提升城镇化在各方面对人的包容性，将推动城镇化高质量发展作为我国新时代背景下实现新型城镇化的重要道路选择。

人口的规模集聚产生了对具备明显正外部性和无排他特性的公共设施和服务的大量需求，期间我国以政府为主导的公共投资快速增长，为传统城镇化积累了可观的物质资本，深刻改变着城市面貌和运转方式，在城镇化发展的前半场做出了十分瞩目的阶段性贡献。现今，高质量城镇化发展对公共设施和服务水平提出了更高要求，然而目前我国城市建成区的公共产品配套面临过度和不足并存的局面，不能很好地满足城镇化建设的深入推进。基于城镇化的巨大成本，作为公共产品的生产资本，以政府为主导的公共投资需要继续承担城镇化深入推进的先行和保障重任，需要进一步优化供给结构、布局与政策状况以避免传统城镇化发展的弊端，更加匹配和服务于高质量城镇化发展。

作为最直接的转移支付方式和资本形成措施，公共投资在长期以来都被学者们用于研究其与经济增长之间的关系，但是在以高质量为发展理念的新型城镇化建设中，人们较少关注公共投资在其中所扮演的角色，面对巨大的潜在需求，公共投资在其中的意义至少可以体现在以下三个方面：第一，作为城镇化建设需求的重要资本供给方，公共投资的供给优化对传统城镇化向新型城镇化转变过程中的结构性调整具有积极的意义。第二，公共投资项目具有正外部性，它的发展能够降低生产成本、提高劳动生产率和生活标准，直接为工商业生产和居民生活提供支持。第三，由于城镇化建设的复杂性与系统性，以及多数公共投资项目的长周期、低回报特征，决定了各级政府在充分利用市场机制下，必须有效利用公共投资政策工具主导以高质量发展为核心的新型城镇化进程，这是我国各级政府无法躲避的责任和使命。

作为城镇化的先行资本，虽然公共投资对于城镇化建设具有重要的支撑意义，但是在传统城镇化向新型城镇化转变的发展形势下，学术界对于公共投资在高质量城镇化发展中具体作用的认识还不够清楚，并存在一些争论。例如，在我们这样一个地域辽阔的国家，在考虑空间相关因素的情况下，不同类型的公共投资对高质量城镇化发展水平的具体推动作用分别如何？作为实现高质量城镇化发展的关键落脚点——居民就业问题，有的学者认为公共投资对其存在促进作用，有的学者则认为存在负向作用，那么其影响究竟如何？为此，本书拟基于我国城镇公共投资的供给现状，以马克思主义城市观为哲学视域，围绕不同类型的公共投资对高质量城镇化发展的支持机理以及效应开展研究，提倡传统城镇化的资本逻辑向高质量城镇化的人本逻辑转变，为公共投资的供给优化提供政策建议。

### 1.1.2 研究意义

（1）理论意义。

中国城镇化发展经验表明，公共投资的作用不可或缺，众多文献研究结论也表明了二者间的紧密联系。但是，新型城镇化建设内容比传统城镇化更为丰富，突出强调质量要求。受传统城镇化思维框架和公共产品外部性理论的影响，人们容易对公共投资和高质量城镇化发展之间的关系做出“由此即彼”的直接判断。但真实情况是否如此？本书试图从实证层面探究我国公共投资在高质量城镇化发展中所发挥的作用，以较清楚地认识其中所存在的具体关系，并对制约公共投资的因素予以探究，有助于深化和丰富公共投资对高质量城镇化发展影响的经验研究，为相关学术研究提供一定的理论参考价值。

（2）现实意义。

首先，有利于认识我国城镇公共投资现状和高质量城镇化发展的综合水平。

本书将基于区域布局差异视角，从规模、结构等方面分别认识我国城镇生产性公共投资、社会性公共投资与环保性公共投资的供给现状与差异；并在马克思主义城市观视域下解构高质量城镇化发展内涵的基础上，采用德尔菲法、层次分析法等构建我国高质量城镇化发展评价指标体系并对各省份综合水平予以测度，这对于认识二者的发展现状具有一定的现实意义。

其次，有利于公共投资政策工具的合理制定与使用。在推动高质量城镇化发展过程中，利用适当的公共投资政策工具对公共投资供给进行调整优化是继续实现其对城镇化支撑意义的现实方式所在。通过实证考察生产性公共投资、社会性公共投资与环保性公共投资对高质量城镇化发展的现实支撑作用，并提出相关政策建议，有利于公共投资政策的决策者认识我国今后一段时期公共投资供给的优化方向，这对于规范新型城镇化进程中的公共投资政策具有一定的现实参考意义。

最后，有利于推动我国不同区域新型城镇化建设的协调发展。尽管城镇化深刻改变着城乡人口的分布比例，但由于地理环境、历史背景、经济发展水平等因素，胡焕庸线所揭示的全国人口分布基本规律至今依然没有被打破，这也意味着新型城镇化建设也面临着不平衡的发展条件。本书基于高质量城镇化发展的重要过程与内容，采用分省份的面板数据，进一步认识了公共投资的人口包容效应、就业包容效应以及环境治理效应，有利于实务工作者根据不同的区域经济特征合理调整投资力度和结构，以避免同一政策所带来的不同效果，这对于推动各区域新型城镇化建设的协调发展具有重要意义。

## 1.2 国内外研究现状述评

### 1.2.1 国内外关于高质量城镇化的研究

（1）国内外关于高质量城镇化内涵的研究。

近年来，高质量城镇化受到越来越多学者的重视，学术界普遍认为城镇化发展质量与城镇化发展水平相比，具有更重要的现实意义，城镇化发展质量不只是经济发展结构的调整，也是社会发展在资源共享、生态建设、社会网络等方面不断优化的过程。这种共识对高质量城镇化发展的含义、高质量城镇化的评价指标及相关理论体系的丰富与完善起着积极的推进作用。李华（2014）基于城镇化面临集聚与平衡的矛盾，提出高质量城镇化应是在人口空间集聚中兼顾经济发展“效率”和城乡空间平衡发展的“公平”的高质量“二元”城镇化发展道路。①郝华勇（2015）认为，高质量城镇化的价值取向包括城镇化与民生改善贴合、城镇化与新型工业化耦合、城镇化与信息化融合、城镇化与农业现代化融合、城镇化与生态文明契合。②范建双等（2016）认为，城镇化质量是指人口、土地、经济、社会的城镇化水平以及城乡一体化程度。③王春枝（2017）认为，高质量城镇化集中反映了城镇化的内生性质与规律，应该包含经济发展质量、城市可持续发展潜力、居民生活质量、城市空间结构质量、社会发展质量、生态环境质量、城乡协调发展等维度。④王丽艳等（2016）提出新型城镇化建设应坚持“以人为本”的发展理念，以提升幸福感为导向，通过区域城乡统筹与协调发展、产业升级转型、集约利用与低碳经济以及生态文明来提升其发展质量。⑤杨增凡（2018）针对我国城镇产业转型升级缓慢、宜居宜业的生活状态尚未达到、被动型城镇化质量低下、城乡统筹进程缓慢等问题，提出高质量城镇化建设就是摒弃片面强调城镇化过程中的速度和数量，强调产业结构优化升级、居民生活水平提升、生态环境改善、基础设施和公共服务优化以及城乡协调互补等多方面的综合发展。⑥王耀等（2018）基于高质量发展的经济性、独特性、普惠性、协调性、可持续性，提出县域城镇化高质量发展是指县域城镇化进入发展质量较高阶段并呈现出集约高效、包容共享、绿色低碳、特色鲜明、治理现代等特征，是推动国家整体高质量发展的重要组成部分，是践行新型城镇化的内在要求，是实现乡村

① 李华．二元城镇化：在集聚中兼顾平衡的高质量城镇化发展道路［J］．宏观质量研究，2014，2（3）：39－46.

② 郝华勇．湖北省城镇化质量问题研究［D］．华中师范大学博士学位论文，2015.

③ 范建双，赵磊，虞晓芬．中国城镇化发展规模、效率和质量的耦合协调性研究［J］．宏观质量研究，2016，4（2）：28－41.

④ 王春枝．三重拐点期城镇化质量与效率及其驱动机制研究［D］．天津大学博士学位论文，2017.

⑤ 王丽艳，杨楠，张颖，王振坡．幸福感视域下我国新型城镇化质量提升路径探讨［J］．城市发展研究，2016，23（8）：14－21.

⑥ 杨增凡．推动城镇化高质量发展的策略研究［J］．中州学刊，2018（8）：44－46.

振兴的客观需求。[①] 方创琳（2019）提出，中国新型城镇化高质量发展是一种人地和谐、高效低碳、生态环保、节约创新、智慧平安的质量提升型城镇化，是高质量的城市建设、高质量的基础设施、高质量的公共服务、高质量的人居环境、高质量的城市管理和高质量的市民化的有机统一。[②] 胡祖才（2019）认为高质量城镇化的建设内容包括提高农业转移人口市民化质量、大中小城市的协调发展、硬实力和软环境并重、公共资源合理配置、城乡要素自由流动。[③] 王晓玲（2019）认为我国城镇化的外部环境和内部需求决定了必须走高质量城镇化发展之路，城镇化质量水平可以从两个层面来评价：一是城镇化的核心载体城镇的发展质量，即城市现代化的问题；二是城镇化的域面载体区域的发展质量，即城乡一体化的问题。[④] 尽管研究者在高质量城镇化内涵的界定上存在观点差异，建立的评价指标体系也各有特点，但总体而言，我国城镇化速度快、质量不高，不同地区的城镇化质量差异显著的状况被大多数研究者认可。

在国外，发达国家的城镇化现象比我国起步时间要早，发展历程也更长，因而国外对城镇化问题的关注文献较多并涌现出了一些具有国际影响力的优秀成果。例如，20 世纪 70 年代美国城市学家诺瑟姆（1979）根据各城市化先驱国家的发展经验以及实证研究提出了著名的“诺瑟姆 S 形曲线”，认为在城市化进程中，农村人口向城市转移的趋势类似于一条被轻度拉平的“S”形曲线，呈现出明显的逻辑斯蒂增长（Logistic Growth）特征，即整个过程可分为人口转移缓慢的起步期、人口向城市集聚的加速期、人口转移速度又趋缓甚至停滞的成熟期。其不仅形象地区分了三个阶段，并由实证得出整个城市化发展过程的两个转折点分别约为 30% 和 70% 的城市化率，揭示了城市化进程中的人口转移演变轨迹，为城市化后发国家提供了可参循的发展定位。[⑤]

国外早期的一些优秀成果虽然在其各自的话语体系中未明确提出高质量发展理念，但实际具备了相关的理念雏形，具有代表性的是田园城市模式与灰色区域模

---

① 王耀，何泽军，安琪．县域城镇化高质量发展的制约与突破［J］．中州学刊，2018（8）：31－36.

② 方创琳．中国新型城镇化高质量发展的规律性与重点方向［J］．地理研究，2019，38（1）：13－22.

③ 胡祖才．以改革创新推动新型城镇化高质量发展［J］．宏观经济管理，2019（8）：1－4，10.

④ 王晓玲．高质量城镇化：外部推动、内在需求与现实路径［J］．城市，2019（9）：39－49.

⑤ Northam R. M. Urban Geography［M］. New York：J. Wiley Sons，1979：65－67.

式。1898 年，英国社会活动家埃比尼泽·霍华德（Ebenezer Howard）出版了《明日——一条通向改革的和平道路》，1902 年再版时，书名改为《明日的田园城市》。书中批判社会和自然的分离，认为城市与乡村有着各自的优缺点：城市具有良好的市政条件，但环境恶化；乡村拥有美好的自然环境，但缺少物资设施和就业机会。只有“城乡磁体”（Town - Country Magnet）兼具二者的优点。① 霍华德的田园城市思想对世界各地的城市学家以及城市的建设发展产生了广泛的影响。著名城市生态学者刘易斯·芒福德（1938）在参观霍华德建造的试验性田园城市后逐渐成为其思想的追随者，他在霍华德田园城市思想的基础上，针对当时欧美大城市无序蔓延所产生的弊病提出了地区城市发展模式的思想，即在大城市周边设置许多小城市，再用各种交通方式将其连接起来，促进城市社会人口的合理分布，这对于城市化的深度发展产生了深刻意义。② 加拿大学者麦吉（1991）根据东南亚国家城市化所出现的与西方国家城市发展有所不同的新型空间结构，提出了“Desakota”区域概念，即灰色区域，也就是所谓的城乡互动区。他认为西方大都市的灰色区域是由市中心居民不断外迁所形成的，而亚洲地区的灰色区域是中心城市工业不断向外扩散以及乡村地区非农产业发展所产生的灰色区域，其淡化、模糊了城市与乡村之间的界限，是城乡经济要素流动与重新配置的结果。③ 随后一些学者对部分亚洲国家和地区的灰色区域做了进一步研究，补充了麦吉的灰色区域模式理论。Stretton（1999）对菲律宾城市化的研究认为传统的极化理论会扩大城乡发展差距，在灰色区域理论的基础上主张构建联系城乡的网络系统，激活灰色区域经济给城市与乡村带来共同的利益。④ Antrop（2000）针对各国的城市偏向政策所带来的弊病提出城市中心、乡村增长区域、乡村增长中心合作模型，通过城乡合作解决共同的贫困问题。⑤

近些年，国外学者也逐渐将质量理念明确运用到城镇化的相关研究中，Mal-

① 埃比尼泽·霍华德．明日的田园城市［M］．金经元译．北京：中国城规院情报所，1996：33.

② 刘易斯·芒福德．城市的未来［M］．宋俊岭，宋一然译．北京：中国建筑工业出版社，2010：17 -30.

③ Mcgee T. G. The Emergence of Desakota Regions in Asia：Expanding a Hypothesis［M］．Hawii：University of Hawii Press，1991：3 -25.

④ Stretton A. W. The Building Industry and Urbanization in Third World Countries：A Philippine Case Study［J］．Economic Development & Cultural Change，1999，29（2）：325 -339.

⑤ Antrop M. Changing patterns in the Urbanized Countryside of Western Europe［J］．Landscape Ecology，2000，15（3）：257 -270.

hotra（2010）通过探讨可持续发展与居民健康的关系，认为包容性的城市规划有助于提升城市化质量。① Lederman（2011）分析了质量发展对于城市弱势群体的意义，认为政府未能给贫困人口提供有效的就业机会，是城市化质量难以提升的主要原因，建议发展中国家在城市化过程中将推动就业与收入分配作为提升城镇化质量的重要策略。② Connell（2011）以太平洋岛国的城市化现象为例，认为虽然近几十年来太平洋岛国的城市化发展趋势势不可挡，但也由此产生了失业、犯罪、贫困、环境恶化、交通拥堵、公共服务不足等问题，提倡未来的城市化重视质量提升，扩大包容性来维持长久式的城市人口增长。③ Mosiane（2011）以南非的勒斯滕堡为案例进行研究，调查显示：尽管该城市管理者从 20 世纪 90 年代开始，通过废除种族隔离制度以推动城市的包容性发展，但是由于在城市改造中采用了严厉的管制做法，限制了大多数普通平民非正式的生计活动，使得其推动包容性发展、提升城市质量的努力收效甚微。④ Hansen 和 Harder 等（2011）提出在未来的城市化过程中应积极引入高质量的发展战略与方式。联合国人类住区规划署于 2012 年发布了《世界城市状况报告 2010—2011：促进城市平等》，指出超负荷城市基础设施、低水平健康保障体系、缺乏城市服务等问题困扰着城市平民；报告倡导城市质量的提升重心是建立包容性城市，认为城市的包容性体现在经济、社会、政治和文化四个方面，它应该具有促进经济集约发展与有利于穷人的经济政策，居民可以逐步通过城市权利来获得更好的服务，包括健康、教育和工作机会。⑤ Ahmadi 和 Toghyani（2012）指出，经济、社会与生态环境是高质量城镇化发展的切入点。⑥ Roy（2014）回顾了过去半个世纪城市社会所出现的社

① Malhotra S. Population Health through Inclusive Urban Planning: Healthier Communities and Sustainable Urban Development in Lndian Cities. [J]. Sustainable Development Law & Policy, 2010 (11): 51-60.

② Lederman D. Internation Trade and Inclusive Growth: A Primer for Busy Policy Analysts [R]. Policy Research Working Paper, 2011.

③ Connell J. Elephants in the Pacific? Pacific Urbanisation and its Discontents [J]. Asia Pacific Viewpoint, 2011, 52 (2): 121-135.

④ Mosiane B. Livelihoods and the Transformative Potential of Cities: Challenges of Inclusive Development in Rustenburg, North West Province, South Africa [J]. Singapore Journal of Tropical Geography, 2011, 32 (1): 38-52.

⑤ Hansen C. J., Harder H., Sørensen M. T. Rethinking and Rebuilding Urban Development [J]. Danish Journal of Geoinformatics and Land Management, 2011 (1): 1-8.

⑥ Ahmadi F., Toghyani S. The Role of Urban Planning in Achieving Sustainable Urban Development [J]. Oida International Journal of Sustainable Development, 2012 (5).

会排斥问题，认为城市公共产品不足与相关政策的不平等是阻碍城市高质量发展的重要因素。① Ali 和 Yao（2015）指出基础设施的质量是推动城市高质量发展和持续减少贫困的可行指标。② Ali 和 Son（2015）认为，提供充分、生产性和体面的就业是促使乡村转移人口融入城市、提高城市化质量的重要支柱。③ Kwan 和 Drolet（2015）认为，城市的质量发展应当将创造就业、提供基础设施作为其主要内容。④ Toussaint - Comeau 等（2016）认为，高质量城市化应该具有包容性的产业集群发展战略，因为只有通过有力的集聚经济才能有效促进城市内部的就业增长。⑤ Alessandria（2016）认为，政府应该发挥公共干预的角色，有计划地通过财政支持和政策支持将公共资源和私人资源结合起来，才有可能将城市发展纳入一条高质量的包容之路。⑥ Abdi（2017）基于埃塞俄比亚各城市地区的教育现状与问题，认为实行包容性教育应当作为城市质量提升的重要方面。⑦ Bank（2017）针对菲律宾城市的贫民现状，认为高质量城市化包含经济、社会、空间三个相互联系、相互促进的维度，政府应着重给城市弱势群体创造正式的就业机会，以及提高基础设施和基本服务的供给速度来满足乡村转移人口的激增需求。⑧

（2）国内外关于高质量城镇化评价的研究。

国内外一些学者基于各自的地域背景与城镇化发展面临的不同问题，提出了对应的城镇化质量评价指标体系。张引（2015）基于对城镇化本质和发展质量的

① Roy A. Slum - free Cities of the Asian Century: Postcolonial Government and the Project of Inclusive growth [J]. Singapore Journal of Tropical Geography, 2014 (3): 136 - 150.

② Ali I., Yao X. Inclusive Growth for Sustainable Poverty Reduction in Developing Asia: The Enabling Role of Infrastructure Development [J]. ERD Policy Brief Series, 2015.

③ Ali I., Son H. H. Defining and Measuring Inclusive Growth: Application to the Philippines [J]. South East Asia Research, 2015, 19 (2): 273 - 291.

④ Kwan C., Drolet J. Towards Age - inclusive Sustainable Development Goals: Exploring the Potential Role and Contributions of Community Development [J]. Community Development Journal, 2015, 50 (4): 36.

⑤ Toussaint - Comeau M., Newberger R., Augustine D. Inclusive Cluster - Based Development Strategies for Inner Cities: A Conference Summary [J]. Economic Development Quarterly, 2016, 30 (2): 171 - 184.

⑥ Alessandria F. Inclusive City, Strategies, Experiences and Guidelines [J]. Procedia - Social and Behavioral Sciences, 2016 (223): 6 - 10.

⑦ Abdi Y. B. Trends of Inclusive Education and Impediments in Urban Schools of Ethiopia [M]. Springer International Publishing, 2017.

⑧ Bank W. Promoting Inclusive Growth by Creating Opportunities for the Urban Poor [J]. World Bank Other Operational Studies, 2017 (4).

理解，建立城镇化质量测度三角模型，运用层次分析方法和计算机数据拟合分析方法构建了城镇化质量评价指标体系，对重庆市城镇化质量在时间序列、空间截面上进行测量和比较，发现重庆市城镇化质量虽然总体在不断提高，但是由于起步晚，整体实力偏小，与东部中心城市相比还有巨大差距。[①] 罗腾飞（2016）在对长江经济带城镇化发展质量内涵界定基础上，从经济发展、社会发展、生态环境和创新能力的研究角度，构建城镇化发展质量的综合评价指标体系，运用主成分分析法、指数聚类法、自然断裂法等测度分析长江经济带城镇化发展质量，发现长江经济带城市群城镇化发展质量差异为：长江上游城市群大于下游城市群大于中游城市群。[②] 吴红霞等（2017）以安徽省为研究区，从人口发展、经济发展、社会发展、生态环境、城乡统筹发展及开放程度6个维度选取了28项指标构建了安徽省区域城镇化质量评价指标体系，并运用粒子群优化投影寻踪模型获得评价值。[③] 陈兵丽（2017）从经济、社会、环境方面选取了工业总产值、服务业总产值、城镇人口就业率、大专以上人口数量、卫生技术人员数量、常住人口城镇化率、森林覆盖率、空气质量等具体指标，构建了新型城镇化质量指标体系，并采用聚类分析法分析了16个地级市城镇化质量水平与差异。[④] 余江等（2018）根据新型城镇化基本内涵与规划目标，通过专家群决策的网络分析法与基于变异系数的因子贡献法，构建三层次四维度的中国新型城镇化发展水平综合评价指标体系，采用中国各省份2000~2016年数据进行了时空维度的测度和比较，发现中国超过一半的地区存在城镇化质量滞后于城镇化率的问题，质量滞后仍然是现阶段中国新型城镇化的主要特征。[⑤] 文波等（2018）从城镇经济发展水平、社会发展水平、居民生活质量三个方面，共选取16个指标，按照系统性、完整性和可行性建立城镇化质量评价指标体系，运用熵值法、ArcGIS空间自相关

① 张引．重庆市新型城镇化质量及其影响因素耦合研究［D］．西南大学博士学位论文，2015.

② 罗腾飞．长江经济带城镇化发展质量研究［D］．中国地质大学博士学位论文，2016.

③ 吴红霞，张雪茹，洪永胜，聂艳．安徽省城镇化质量测度与时空分异研究［J］．华中师范大学学报（自然科学版），2017，51（3）：389－396.

④ 陈兵丽．安徽省新型城镇化质量空间差异的聚类分析［J］．皖西学院学报，2017，33（2）：94－97，109.

⑤ 余江，叶林．中国新型城镇化发展水平的综合评价：构建、测度与比较［J］．武汉大学学报（哲学社会科学版），2018，71（2）：145－156.

和热点区分析法对成渝城市群的城镇化质量进行综合评价与分析，发现成渝城市群城镇化质量的整体水平虽然逐年提升，但是仍以中低水平为主，且质量空间分布不均衡、发展差异较为明显。[①] 李海英（2019）针对民族地区新型城镇化研究存在的不足，在国家规划的新型城镇化主要指标的基础上，以人口城镇化、经济发展、基本公共服务、基础设施、资源环境、城乡一体化为主要方面构建了民族地区新型城镇化质量评价指标体系，运用熵值法对民族地区新型城镇化质量进行综合评价。[②] 李景（2020）从城镇建设水平、城镇化推进效率、包容性和可持续性维度构建新型城镇化质量评价体系，基于熵值法，从县域尺度对武汉城市圈城镇化质量进行评价，发现同步性高但发展水平低是现阶段武汉城市圈城镇化的主要特征。[③]

### 1.2.2 国内外关于城镇化进程的公共投资因素研究

（1）国内外关于城镇化进程的公共投资问题研究。

归纳而言，国内外学者们分别从投资总量、项目结构或者运行效率等方面考察了城镇化进程中公共投资所存在的问题。美国学者萨瓦斯（2002）在将美国纽约市公共卫生部门与纽约市乃至周边城市的私营部门相比较后发现，公共部门在卫生服务设施方面的投资成本比私营部门平均高出35%，进而认为公共部门由于缺乏竞争使得其在城市相关公用设施的支出中存在效率较为低下的问题。[④] 刘洋（2009）认为，我国公共投资长期以经济增长为目标导向，忽视了以需求为供给导向，导致在城镇建设中出现整体投资规模不当、结构不尽合理、效应发挥不充分等问题。[⑤] 何丰等（2012）认为，在城镇化进程中，我国政府公共产品存在的供给不足，区域间差异较大，相关转移支付制度缺乏规范化、标准化，以及监督机制不健全等问题，是阻碍城镇化包容性发展的重要因素。[⑥] 陈怀平等

① 文波，张学儒．成渝城市群城镇化质量时空演变［J］．地理科学研究，2018，7（4）：265－274.

② 李海英．民族地区新型城镇化高质量发展研究［J］．企业经济，2019，38（12）：147－153.

③ 李景，何建华．新型城镇化视角下武汉城市圈城镇化质量研究［J］．特区经济，2020（3）：39－43.

④ ［美］萨瓦斯．民营化与公私部门的伙伴关系［M］．北京：中国人民大学出版社，2002：57.

⑤ 刘洋．公共投资问题研究［D］．华中科技大学博士学位论文，2009.

⑥ 何丰，高礼霞，葛俊．城市包容性发展的制度重构［J］．南京理工大学学报（社会科学版），2012，25（5）：25－34.

（2012）基于公共财政视角，通过对我国环保性公共投资现状的定量分析，认为环保性公共投资存在总额严重不足且投资效率低等问题。[①] 李靖、马景惠（2014）认为，我国城市基础设施投资项目在法律依据、绩效评估体系、审计人员素质、审计责任追究制度等方面存在病灶，应针对性地予以有效治理。[②] 岑树田（2014）分别从总量层面、地区层面以及国际比较层面考察发现我国城市基础设施呈现超常规发展的现象，基础设施资本存量在过去二十多年高速增长，并在1990年后与GDP增长形成“剪刀差”；同时各地区基础设施存量的增长表现与全国相似，与其他新兴经济体相比，基础设施的发展成绩斐然。[③] 吴殿廷等（2014）认为，由于城市教育、医疗、社会保障等公共服务的供给能力薄弱，使得大量进入城市的农民工无法与城市居民享受同等的公共服务。[④] 朱军（2015）通过构建“异质群”的演化博弈模型，研究了公共投资项目中存在的“层层转包”与“拖欠薪资”问题，提出应处理好公共投资支出中的公平与效率问题。[⑤] 张雪（2015）基于中国新型城镇化建设背景，从规模、结构、产出等方面分析了我国公共投资的运行状况，发现地方公共投资普遍存在效率低下的问题，认为公共投资结构不合理、制度不健全、决策者的个人利益与公众需求相偏离是造成问题的主要原因。[⑥] 李晓园（2015）基于中国31个省份城市基础设施投资的投入与产出情况，认为中国部分城市基础设施投资存在规模效益不足与规模不经济的问题，这与相关技术、管理水平不够有一定的关系，但更多的是与相关基础设施投资规模的过度增长有关。[⑦] Silva（2017）基于巴西各地区的面板数据分析发现，当人口的汇聚不能给人们的福利带来积极变化时，在很大程度上是由于城市

---

① 陈怀平，李天姿，胡照龙．公共财政视域下中国环保投资问题研究［J］．长安大学学报（社会科学版），2012，14（4）：64－68．

② 李靖，马景惠．公共建设性投资项目的绩效评估问题探析［J］．西安电子科技大学学报（社会科学版），2014（4）：76－81．

③ 岑树田．中国基础设施“以地谋发展”研究［D］．南京大学博士学位论文，2014．

④ 吴殿廷，杨春志，钱宏胜．中国新型城镇化战略及其推进策略［M］．南京：东南大学出版社，2014：39．

⑤ 朱军．中国公共投资项目层层转包的诱因及农民工欠薪问题［J］．社会科学战线，2015（2）：57－67．

⑥ 张雪．公共投资在新型城镇化建设中的效率研究［D］．吉林大学博士学位论文，2015．

⑦ 李晓园．新型城镇化进程中城市基础设施投资效率分析与政策建议［J］．宏观经济研究，2015（10）：35－43．

公共产品提供不足所造成的，认为公共投资是其他部门的潜在杠杆，与市民福利存在密切关系，建议政府在城市化进程中合理设计与实施公共投资政策。[①] 王晓玲（2019）认为，要提升城镇化质量水平，需要回应新时代人民对美好生活的追求和向往，推进公共物品供给侧结构性改革满足市民多元需求。[②]

（2）国内外关于城镇化进程中的公共投资效应研究。

在国内，赵晶晶、李清彬（2010）运用计量方法，研究了我国 1986 ~ 2008 年 29 个省份以常住人口为衡量指标的城市化进程与交通基础设施投资间的互动关系，结果显示：①二者之间存在稳定的长期促进关系；②城市化对交通基础设施投资的影响更大；③城市化进程对交通基础设施投资增速表现出“U”形特征，交通基础设施投资增速对城市化进程呈倒“U”形特征。赵晶晶、李清彬（2010）构建了公共投资水平与劳动力市场均衡就业量的动态关系模型，采用 2002 ~ 2008 年中国 29 个省份的面板数据进行了实证分析，结果显示公路密度仅在短期内促进就业，普通中学数量的增加虽然在短期内会挤出就业，但在长期内表现出更大的挤入作用，这些影响在不同区域间存在一定的差异。[③] 张丽琴、陈烈（2013）采用主成分回归分析方法，研究了新型城镇化的影响因素，结果显示：基础设施投资的负载系数为 0.992，属于第一主因子中的解释变量，表明基础设施投资对城镇化发展发挥着重要作用[④]。刘文等（2014）利用 1993 ~ 2012 年中国 29 个省份的面板数据，分别通过变截距模型与变系数模型实证分析了固定资产投资对就业的影响，结果显示中国固定资产投资的快速增长未引起就业与之相应的大规模增加，拉动作用比较有限，在某些省份甚至带来了负向影响。[⑤] 王小威（2015）认为，财政约束与公共投资结构是制约城镇化进程的重要因素，

---

① Silva. The impact of Deforestation, Urbanization, Public Investments, and Agriculture on Human Welfare in the Brazilian Amazonia [J]. Land Use Policy the International Journal Covering All Aspects of Land Use, 2017 (65): 135 – 142.

② 王晓玲. 高质量城镇化：外部推动、内在需求与现实路径 [J]. 城市，2019 (9): 39 – 49.

③ 赵晶晶，李清彬. 我国交通基础设施建设与城市化的互动关系——基于省际面板数据的经验分析 [J]. 中央财经大学学报，2010 (8): 69 – 74.

④ 张丽琴，陈烈. 新型城镇化影响因素的实证研究——以河北省为例 [J]. 中央财经大学学报，2013 (12): 84 – 91.

⑤ 刘文，陈秋璇，尹宗成. 中国固定资产投资就业效应的实证分析——基于东、中、西部 1993—2012 年省际面板数据 [J]. 重庆工商大学学报（自然科学版），2014，31 (12): 27 – 33.

并采用时间序列数据，结合向量自回归模型分析了公共投资与农村人口转移的动态协整关系，结果显示公共投资对人口转移的长期效应优于短期效应，其中生产性公共投资的边际贡献率递减，非生产性公共投资的边际贡献率递增，非生产性公共投资对人口集聚的贡献率高于生产性公共投资与私人投资。① 段宗志、王迪（2015）采用安徽省 1998～2013 年的时间序列数据研究基础设施投资与人口集聚的关系，基于主成分分析法发现对人口集聚的影响由大到小的排序依次为水利环境投资、教育投资与交通基础设施投资，认为安徽省基础设施投资与城镇化发展存在局部失调的现象。② 王国婷、任荣明（2015）通过计量分析发现不同的环保投资项目对城镇化的影响不一致，主张政府在制定环保投资政策时应处理好不同类型环保投资项目间的分配问题，以保障城镇化进程。③ 吴俊培等（2016）基于中国 1996～2012 年 27 个省份的面板数据，对政府投资与私人投资对城镇化的影响做了实证检验，发现在城镇化初始阶段，相比政府投资在基础设施投资方面所形成的规模效应而言，民间投资对城镇化的拉动作用不明显，但随着城镇化的进一步发展，民间投资对城镇化的促进作用更强；同时政府投资与民间投资未能形成协同效应，对城镇化产生了一定的负面影响，主张规范政府投资管理，处理好政府投资与民间投资之间的关系。④ 朱敏杰、马骏（2016）基于时间序列数据，采用 VAR 模型分析了我国城镇化与水利公共投资的动态关系，结果显示水利公共投资是城镇化率变化的格兰杰原因；水利公共投资从长期来看会加速城镇化率的提高，但这种影响力度在筹建期和运营期有所差异。⑤ 颜品、原新（2017）认为，提升就业水平是推进高质量城镇化的重要内容，并运用动态监测数据研究了外来人口给本地居民的就业机会所带来的冲击，研究发现外来劳动力对低门槛行业的本地劳动力冲击较小，而对高门槛行业的本地劳动力影响较大，受教育水平

---

① 王小威．我国公共投资对城镇化的影响分析［D］．江西财经大学博士学位论文，2015.

② 段宗志，王迪．基础设施投资对城镇化影响的实证研究——以安徽省为例［J］．青岛科技大学学报（社会科学版），2015（4）：14－17，31.

③ 王国婷，任荣明．中国环保投资对城镇化影响的实证研究——基于中国分区域省份数据的面板回归分析［J］．生态经济，2015（2）：80－84.

④ 吴俊培，艾莹莹，张帆．政府投资、民间投资对城镇化发展差异性影响效应分析［J］．经济问题探索，2016（3）：76－85.

⑤ 朱敏杰，马骏．水利基础设施投资与城镇化进程的关系研究——基于 VAR 模型的实证分析［J］．水利经济，2016（3）：31－35；80.

的高低正在成为城市劳动力寻找就业机会的主要影响因素，建议政府提高劳动培训的教育投入，积极保障外来务工子女的教育权利。[①] 冯楚涵（2019）将经济型城镇公共投资和社会型城镇公共投资作为投入指标，城镇化水平、经济发展水平、基础设施建设水平、基本公共服务水平和环境资源作为产出指标，发现我国用于新型城镇化建设的公共投资的综合技术效率在不断提升，其中经济型公共投资对效率提高的效果明显，但后劲不足。[②]

在国外，相关研究主要从居民迁移、社会福利与城市产业结构提升等方面开展了卓有成效的前期研究，取得了不少优秀成果。Tiebout（1956）最早将地区公共产品的投入状况纳入人口迁移的理论中，基于地方公共产品供给模型说明了城市公共产品的投入水平与组合状况是影响人们迁移与定居的主要因素。[③] Rogers 和 Williamson（1982）分析了第三世界国家城市化中公共产品的供给与需求，指出公共投资不仅满足了城市居民对基础设施与服务的需求，也满足了城市发展与商业结构改变的需求。[④] Nakamura 和 Ueda（1989）以日本 10 个城市作为研究对象，其中 6 个城市有连接高速铁路，另外 4 个城市没有连接高速铁路，通过比较，1975 ~ 1985 年高速铁路沿线城市的第三产业份额明显高于非沿线城市。[⑤] Amano 和 Nakagama（1990）以日本东海道周边多个城市为样本，也发现了改善交通基础设施所带来的城市第三产业份额增加现象。[⑥] Day（1992）通过分析加拿大不同地区间的人口流动趋势，发现各省的公共投资差异对人们居住地的选择具有显著影响。[⑦] Conrad 和 Seitz（1994）以德国西部地区 1961 ~ 1986 年数据为样本研究，结果显示交通运输基础设施投资能显著降低企业生产成本，促进生产

① 颜品，原新. 外来劳动力挤占了本地居民的就业机会吗?［J］. 财经研究，2017，43（1）：51 -62.

② 冯楚涵. 我国城镇化建设中公共投资绩效评估研究［D］. 江西财经大学博士学位论文，2019.

③ Tiebout C. M. A Pure Theory of Local Expenditures［J］. Journal of Political Economy, 1956, 64（5）: 416 -424.

④ Rogers A. , Williamson J. G. Migration, Urbanization, and Third World Development: An Overview［J］. Economic Development & Cultural Change, 1982, 30（3）: 463 -482.

⑤ Nakamura H. , Ueda T. The Impacts of the Shinkansen on the Regional Development［M］. In the Fifth World Conference on Transport Research, 1989.

⑥ Amano K. , Nakagama A. Study on Urbanization Impacts by New Stations of High SpeedRaiway［M］. Conference of Korean Transportation Association, 1990.

⑦ Day K. M. Interprovincial Migration and Local Public Goods［J］. Canadian Journal of Economics Revue Canadienne Déconomique, 1992, 25（1）: 123.

效率提高。[①] Singletary 等（1995）将美国南卡罗来纳州划分为 477 个区域，通过对所在区域的耐用品与非耐用品制造业的研究，发现公共投资对相关行业的劳动力吸附均产生了显著的推动作用。[②] Dalenberg 和 Partridge（1995）通过对加利福尼亚州的 54 个城郊地区的研究，认为公路建设支出对就业形成了负向效应。[③] Bollinger 和 Ihlanfeldt（1997）研究认为美国亚特兰大的铁路投资没有给当地带来显著的人口与就业增长。[④] Haughwout（1999）使用美国 29 个城市市中心与郊区房屋价值的微观数据，实证结果显示城市基础设施投资与房屋价值呈现正相关，但是随着城市基础设施的完善，郊区的房屋价值与市中心的房屋价值差异会逐渐缩小。[⑤] Raurich 和 Amat（2002）以内生增长模型为基础开展研究，表明公共投资对就业具有正效应。[⑥] Kamps（2005）基于 VAR 模型对 OECD 成员国家分析了公共投资、私人投资、经济产出和就业之间的动态关系，结果反映公共投资对就业在一些国家为挤入效应，在一些国家却呈现挤出效应，但私人投资对就业在总体上表现为促进作用。[⑦] Trip（2005）提出基础设施所产生的知识溢出效应是提升城市竞争力与产业结构升级的关键因素。[⑧] Bayoh 等（2006）以美国俄亥俄州的城市为研究样本，发现公共教育服务质量对于人们居住地的选择发挥着有力的影响，公共教育服务质量每提升 1%，人口迁入的概率将平均增加 3.7%。[⑨]

① Conrad, Seitz H. The Economic Benefits of Public Infrastructure ［J］. Applied Economics, 1994 (26): 303 – 305.

② Singletary L., Henry M., Brooks K., et al. The Impact of Highway Investment on New manufacturing Employment in South Carolina: A Small Region Spatial Analysis ［J］. Review of Regional Studies, 1995, 25 (1): 37 – 55.

③ Dalenberg D. R., Partridge M. D. The Effects of Taxes, Expenditures and Public Infrastructure on Metropolitan Area Employment ［J］. Journal of Regional Science, 1995 (35): 617 – 640.

④ Bollinger C. R., Ihlanfeldt K. R. The Impact of Rapid Rail Transit on Economic Development: The Case of Atlanta's MARTA ［J］. Journal of Urban Economics, 1997 (42): 179 – 204.

⑤ Haughwout A. F. Regional Fiscal Cooperation in Metropolitan Areas: An Exploration ［J］. Journal of Policy Analysis & Management, 1999, 18 (4): 579 – 600.

⑥ Raurich X., Amat V. S. Employment and Wage Formation in A Growth Model With Public Capital ［J］. General Information, 2002, 19 (2): 34 – 39.

⑦ Kamps C. The Dynamic Effects of Public Capital: VAR Evidence for 22 OECD Countries ［J］. International Tax & Public Finance, 2005, 12 (4): 533 – 558.

⑧ Trip J. Railway Station Development in Post – industrial Rotterdam: Path Dependency and Shifting Priorities ［C］. Congress of the European Regional Science Association, 2005.

⑨ Bayoh I., Irwin E. G., Haab T. Determinants of Residential Location Choice: How Important Are Local Public Goods in Attracting Homeowners to Central City Locations? ［J］. Journal of Regional Science, 2006, 46 (1): 97 – 120.

Mamatzakis（2007）利用墨西哥产业数据，在公共投资回报率的理论框架下开展研究，认为具有生产性质的基础设施投资不仅能够产生边际递减的利润回报，还能促进全要素生产率增长。① Destefanis 和 Sena（2009）研究指出，可交易部门的就业与公共投资的弹性系数为正。② Masson 和 Petiot（2009）通过对法国铁路沿线与非沿线城市的旅游发展情况的比较，发现虽然市场潜能与发展策略对旅游业发展至关重要，但在同等情况下，有铁路投资的城市旅游业发展得会相对更快。③ Giacinto（2010）以 13 个 OECD 国家作为研究样本，发现高福利国家的政府支出政策普遍带来了积极的民生效应。④ Demetriades 和 Mamuneas（2010）从利润函数导出劳动力需求函数，指出公共投资的就业效应为正。⑤ Dahlberg 和 Eklof 等（2012）利用瑞典微观数据，通过混合 Logit 模型考察了地方公共服务对人口流入的影响，研究发现，儿童保育、义务教育、老年护理方面的高额公共支出有效吸引了外来移民。⑥ Knight（2013）根据政府投资的公共资本属性，阐述了发展中国家在城镇化发展的早期阶段，应积极扩大公共投资以保证基础设施的超前发展。⑦ Shilpi 等（2014）通过分析尼泊尔人口流动数据，发现基础设施投资和社会福利支出在人口流动中发挥着重要作用。⑧

（3）国内外关于城镇化进程的公共投资政策研究。

学者们针对不同的研究背景与内容提出了各具针对性的公共投资政策建议，

---

① Mamatzakis E C. An Analysis of the Impact of Public Infrastructure on Productivity Performance of Mexican Industry ［J］. Cesifo Working Paper, 2007（9）：33.

② Destefanis S., Sena V. Public Capital, Productivity and Trade Balances: Some Evidence for the Italian Regions ［J］. Empirical Economics, 2009, 37（3）：533－554.

③ Masson S., Petiot R. Can the High Speed Rail Reinforce Tourism Attractiveness? The Case of the High Speed Rail between Perpignan and Barcelona ［J］. Technovation, 2009, 29（9）：611－617.

④ Giacinto V. D., Micucci G, Montanaro P. Dynamic Macroeconomic Effects of Public Capital: Evidence from Regional Italian Data ［J］. Giornale degli Economisti, 2010（1）：29－66.

⑤ Demetriades P. O., Mamuneas T P. Intertemporal Output and Employment Effects of Public Infrastructure Capital: Evidence from 12 OECD Economies ［J］. Economic Journal, 2010, 110（465）：687－712.

⑥ Dahlberg M., Eklof M., Fredriksson P., et al. Estimating Preferences for Local Public Services Using Migration Data. ［J］. Urban Studies, 2012, 49（2）：319.

⑦ Knight F. H. Diminishing Returns from Investment ［J］. Journal of Political Economy, 2013, 52（1）：26－47.

⑧ Shilpi F., Sangraula P., Li Y. Voting with Their Feet? Access to Infrastructure and Migration in Nepal ［J］. Policy Research Working Paper, 2014, 52（15）：598－617.

汪雄剑、邹恒甫（2005）将社会福利作为公共投资政策效果的衡量标准，计算了经济由非均衡状态到长期均衡状态的社会福利，并比较了不同政策所带来的福利成本，认为最优的公共投资政策是使社会福利成本最小的政策。[①] 司劲松（2007）认为，在城市主体功能区建设中应合理确定公共投资的政策边界，妥善处理好公共投资政策连续性与灵活调整之间的关系，进一步健全公共投资体制。[②] 李海燕（2007）鉴于我国少数民族自治地区的公共服务设施投资运行体制中所存在的问题，建议各少数民族政府加快职能转变，合理区分公共服务设施投资的范围和界限，建立稳定的投融资渠道，逐步实现投资决策与资金管理的规范化、民主化和制度化。[③] 辜胜阻等（2007）针对我国农民工的流动特点，认为我国在城镇化进程中对农民工存在取而不予、用而不养的突出问题，提出需加大教育、医疗、社会保障等社会性公共投资力度，让城市有充足的公共资源承载农民工人口转移与落户需求，使进城农民工也能平等共享到必要的公共服务资源。[④] 王国刚（2010）认为，在新型城镇化建设中，需着重解决"吃、穿、用"之后的"住、行、学"短缺问题，因此新型城镇化建设的工作重心之一是加大消费性投资力度，文中所指的消费性投资多数属于社会性公共投资范畴。[⑤] 章姗捷（2010）认为，高速公路基础设施具有公共性与私人性的混合特征，不同的投资体制安排使其表现为侧重点不同的特征，并在六个省份案例分析的基础上，主张我国高速公路投资体制应在政府主导下通过体制机制的创新实现与市场的有机结合，适当引进市场化运作作为政府主导体制下的补充。[⑥] Agenor（2009）指出在城市化发展过程中，政府支出的目标并不仅仅是促进地区经济的有力增长，还应努力界定促使"社会福利最大化"的投资规模及其实施方案。[⑦] Alam（2010）通过对南亚、东非地区

① 汪雄剑，邹恒甫．公共投资政策的社会福利成本［J］．北京大学学报（哲学社会科学版），2005（5）：178－190.

② 司劲松．主体功能区的公共投资政策需求及建议［J］．宏观经济管理，2007（8）：38－40.

③ 李海燕．民族自治区公共服务设施投资体制和机制研究［D］．中央民族大学博士学位论文，2007.

④ 辜胜阻，郑凌云，易善策．新时期城镇化进程中的农民工问题与对策［J］．中国人口·资源与环境，2007（1）：1－5.

⑤ 王国刚．城镇化：中国经济发展方式转变的重心所在［J］．经济研究，2010（12）：70－81，148.

⑥ 章姗捷．高速公路的准公共产品属性及其建设投资体制研究［D］．浙江大学博士学位论文，2010.

⑦ Agenor P. R. Infrastructure Investment and Maintenance Expenditure: Optimal Allocation Rules in a Growing Economy［J］. Journal of Public Economic Theory, 2009, 11（2）: 233－250.

城镇化的实践分析，发现当地政府在城市基础设施建设方面普遍存在获取资金能力较低与资金需求量较大之间的矛盾，提出将融资渠道聚焦于资本市场，主张这些地区可以尝试通过市政债券、市政专业中介机构来获取资金与担保。①

徐敏（2012）认为，我国城镇化的驱动力来源于投资建设的不断攀升，为了使人口城镇化向更高层次的城镇化转变，应注重处理好投资结构与消费结构之间的关系，以推动城镇化发展方式的调整。② 夏悦瑶（2012）认为，虽然我国公共服务供给水平不断提高，但由于重增长轻发展的政绩观与官员服务意识淡薄，公共服务供给水平与满足新型城镇化的特殊要求仍然存在差距，针对供给不平衡与效率低下的问题，主张明确各级政府在基本公共服务供给中的主体责任、加大财政部门的投入力度，并建议引入市场机制、充分发动群众自主建设。③ 孙久文等（2012）认为，公共投资政策作为国家宏观调控的重要方式，应与城市发展规划紧密结合，兼顾经济、社会与生态三方面的和谐发展，并在实行过程中应分重点、有针对性地实行差异化策略。④ 巴曙松（2013）认为，从人均存量与资本产出比来看，我国在新型城镇化建设中还需要大量的生产性与社会性公共投资，公共投资存在结构性不足与过度并存的局面，提出今后一段时期内基础设施投资的重点在于连接各城市之间的交通网络、人口市民化所需的服务设施以及人口进一步集聚所需的能源基础设施等方面。⑤ 张重（2013）在分析近年来《政府工作报告》中所出台的一系列促进城镇化的配套政策时指出，维持固定资产投资的稳定增长是城镇化建设的重要物质保障。⑥ 刘怡泱（2014）根据公共财政理论与我国财政体制现状，建议重新界定中央与地方事权，适时调整中央与地方的交通基础设施投资支出体系，提高跨区域与全局性交通项目的人本导向与资金使用效

---

① Alam M. Municipal Infrastructure Financing: Innovative Practices from Developing Countries [M]. Commonwealth Secretariat, 2010: 35.

② 徐敏. 城市化对我国投资需求和消费需求的影响分析 [J]. 哈尔滨师范大学学报（社会科学版），2012（6）: 23-26.

③ 夏悦瑶. 新型城镇化背景下地方政府公共服务研究 [D]. 湖南大学博士学位论文，2012.

④ 孙久文，李爱民，夏文清. 十二五”时期区域公共投资政策体系建设 [J]. 经济与管理评论. 2012（6）: 12-17.

⑤ 巴曙松. 从城镇化的推进看不同区域的基础设施投资重点 [J]. 现代产业经济，2013（9）: 7-11.

⑥ 张重. 投资及民生配套政策对城镇化的促进作用 [J]. 对外经贸，2013（7）: 118-120.

率。[①] 惠恩才、刁清华（2014）对我国城镇化进程中的投资现状进行了剖析，认为存在投资主体单一、建设资金不足、管理效率低下等问题，主张在政府的主导下建立多元化投资机制和经营方式。[②] 林炳华（2015）基于地方官员追求政绩最大化与公共投资的外部性，通过博弈模型分析得出由于公共投资结构与社会福利最优之间的偏差致使我国公共投资存在过剩与不足并存的局面，鉴于改革相关政绩导向与补贴政策来纠偏公共投资决策与行为。[③] 李晓园（2015）认为，在新型城镇化建设中，需保持合理的城市基础设施投资规模、优化区域配置与项目配置、优化城市基础设施项目建设的协调性与运营管理水平。[④] 邹一南（2015）认为，中小城市在未来城镇化建设中，应以特色产业与公共服务资源为引导，既要依托地方产业优势，也需加强市政基础设施和基本公共服务的投资建设，吸引农民向城市永久性转移。[⑤] 刘渝琳、付宏恩（2016）针对学界关于基础设施投资政策利弊的众说纷纭，通过构建动态博弈模型提出在经济面临各种潜在风险及严重的下行压力时，不宜贸然否定大规模基础设施投资的刺激政策，应在保持政策连续性的前提下根据具体情况做出差异化调整，为经济复苏创造时间和空间。[⑥] 刘耀彬（2017）基于我国城镇化发展的现状与影响机制，认为应该提高对城镇基础设施和基本公共服务的投资水平，建立规范透明的投融资体系来完善城镇公共产品的资金保障机制与统筹使用，加快城镇基本公共设施建设与扩大基本公共服务的受益范围，以此促进人本导向的高质量城镇化发展。[⑦] 欧纯智、贾康（2017）认为，在城镇化进程中，地方政府间的财政拨付竞争以及传统的筹融资方式给基本公共服务带来了供给无序与低效等问题，建议引入 PPP 模式来发挥合

① 刘怡泱．基于公共财政及改革的交通建设投资政策建议［J］．综合运输，2014（6）：33－35.

② 惠恩才，刁清华．我国新型城镇化建设的投资机制分析［J］．农业经济问题，2014（8）：78－87.

③ 林炳华．基于博弈视角的城镇化政府公共投资效用与行为研究［J］．福建论坛（人文社会科学版），2015（8）：22－28.

④ 李晓园．新型城镇化进程中城市基础设施投资效率分析与政策建议［J］．宏观经济研究，2015（10）：35－43.

⑤ 邹一南．农民工永久性迁移与城镇化投资政策取向［J］．人口与经济，2015（4）：28－38.

⑥ 刘渝琳，付宏恩．经济下行压力下转移支付与基础设施投资政策研究［J］．财政研究，2016（2）：41－51.

⑦ 刘耀彬．中国新型城市化包容性发展的道路与政策［M］．北京：社会科学文献出版社，2017：52－60.

作各方的比较优势与协作优势，有助于延伸与提高城镇基本公共服务的覆盖范围与质量。① Maiti 和 Faria（2017）在考察印度城市化实践进程时，认为目前遇到的诸多问题不能依靠遥远的中央机构，应该在宪法上进一步调整中央与地方的权力分配，让地方机构更接近于实际问题，以便更快、更有效地做出反应，并建议建立公民参与城市建设的有效模式，避免公民与行政部门之间的沟通脱节，从制度化与非制度化两方面寻找提升城市化质量的可能办法。② 杨飞虎等（2018）结合国情，提出加大现代化交通网络投资、构建可持续的就业体系和产业体系、改造大中城市郊区及旧城区等公共投资政策设计，推进高效、可持续的城镇化进程。③

### 1.2.3 文献评述

从以上研究文献来看，国内外学者对高质量城镇化、城镇化进程中的公共投资因素进行了一定的理论分析与实证研究，形成了一批优秀成果。在高质量城镇化发展的内涵、评价等方面较好地奠定了高质量城镇化发展的研究框架，为本书提供了较好的研究基础；现有成果也丰富地阐释了城镇化进程中公共投资的基本问题、效应及其政策，为后续研究提供了良好的研究共识与启示。但随着城镇化发展形势的变化，目前在以下方面可以做进一步拓展与延伸：

第一，国内外关于公共投资对传统城镇化影响的研究较多，但在新型城镇化框架下研究公共投资的文献不多，其中尤以在马克思主义城市观视域下，基于高质量发展理念研究公共投资的文献不成系统。从现有文献研究可知，我国各省以常住人口比率所衡量的城镇化水平具有空间相关性，而以综合指标所评价的高质量城镇化水平是否具有空间相关性？若存在，则在考虑空间相关性的情况下，不同类型的公共投资对高质量城镇化发展整体水平的支持作用如何？由于公共投资具有正外部性的天然特征，从理论上讲其与高质量城镇化发展的关系是密切的，

① 欧纯智，贾康．以 PPP 创新破解基本公共服务筹资融资掣肘［J］．经济与管理研究，2017（4）：85－94.

② Maiti S.，Faria J. V. D. Participatory Planning Processes in Indian Cities：Its Challenges and Opportunities［J］. Urban Forum，2017，2（1）：18.

③ 杨飞虎，孟祥慧．新型城镇化建设中公共投资政策探析［J］．学习与探索，2018（4）：101－107，176.

但是现有文献多数单从制度治理的角度来研究高质量城镇化，未能考虑到城镇公共投资的供给优化及其相关政策选择既是顺利推进制度治理的物质基础，也是支持高质量城镇化发展的重要因素。

第二，目前关于公共投资的研究文献多数将研究对象集中于生产性公共投资。虽然近年来有关社会性公共投资、环保性公共投资的研究文献数量有所增多，但总体上关于它们在城镇化建设中所发挥的现实作用的研究还不够深入，理论阐述较多，计量文献偏少。考虑到社会性公共投资、环保性公共投资是我国高质量城镇化发展所亟须的，有必要将其纳入一并进行比较研究。另外，以时间序列数据为基础分析全国公共投资状况的成果较多，以面板数据为基础研究各地区城镇公共投资差异的成果较少。

第三，现有关于城镇化建设的成果大多认为，提升常住居民的就业水平是推动人口市民化、实现高质量城镇化发展的关键环节。但是目前关于公共投资对城镇居民的就业增长研究，由于学者们的研究样本与方法不同，所得结论见仁见智，无法达成共识。多数学者在线性关系的假设前提下予以研究，存在一定的局限性。本书拟抛弃此假设前提，采用门限效应模型进行研究，以使研究结论对现实区域政策的制定具有更好的启示意义。

## 1.3　研究思路与内容

### 1.3.1　研究思路

本书沿着理论构建—现实考察—经验分析—政策引申的逻辑主线，首先，从公共投资和高质量城镇化的内涵解析开始，以马克思主义城市观作为理论视域，从多角度考察我国城镇公共投资的供给现状。其次，运用德尔菲法与层次分析法构建高质量城镇化发展评价指标体系并予以测度；然后以测度结果为数据基础，结合空间计量方法，研究不同类型的公共投资对高质量城镇化发展水平的现实支持作用；接着基于高质量城镇化发展中的重要过程与内容，运用面板向量自回归模型着重考察不同类型的公共投资与农村人口转移之间的动态关系，利用面板门限模型探究公共投资与城镇居民就业增长之间的非线性结构关系，采用静态面板模型研究近年来我国环保性公共投资的环境治理效应以及区域差异。最后，总结研究结论，并为我国城镇公共投资的供给优化提出政策建议。

### 1.3.2 研究内容

依据研究思路与方法，全书共分为7章，具体安排如下：

第1章为绪论，阐述研究缘起与意义，梳理国内外文献，安排研究内容，介绍研究思路、方法以及相关贡献等。

第2章为相关概念与理论基础。首先从投资的概念阐述出发，界定与研究公共投资的含义、范围、基本性质与特征；其次在说明城镇化含义的基础上，根据我国城镇化的发展现状与问题，提出与诠释高质量城镇化发展的内涵与过程；最后具体阐述马克思主义城市理论，将其作为本书开展研究的理论支点。

第3章为城镇化进程中公共投资的制度变迁与供给演化。为准确把握我国公共投资的发展现状与问题，分别从制度变迁与供给演化两方面进行研究。一方面，分析我国城镇化进程中公共投资制度变迁的基本历程、特征以及动因；另一方面，采用定量方法研究我国城镇公共投资流量的供给规模与区域结构，及城镇公共投资存量分布的区域差异与时空演化过程。

第4章为高质量城镇化发展的指标体系构建与综合测度。为研究公共投资对高质量城镇化发展所发挥的具体支持作用，需要先对高质量城镇化发展水平予以科学量化。为此，本章在明确评价指标体系构建原则与流程的基础上，首先运用文献分析法进行指标初选；其次基于德尔菲专家调查法对初选指标进行筛选，以确定高质量城镇化发展评价指标体系；最后采用层次分析法对指标体系予以赋权，并对各省高质量城镇化发展水平予以测度，为后续实证研究提供考察依据。

第5章为公共投资对高质量城镇化发展的支持机理。从理论和实证两方面开展研究，首先从理论上分析公共投资对高质量城镇化发展的支持机理；其次据此提出研究假设；最后采用空间计量模型，引入相关制度因素，实证研究不同类型公共投资对高质量城镇化发展的现实支持作用。

第6章为公共投资在高质量城镇化发展中的支持效应。为进一步认识公共投资在高质量城镇化发展过程中的具体支持效应，本章基于高质量城镇化发展中的重要过程与内容，分别研究城镇公共投资的人口包容效应、就业包容效应与环境治理效应。首先，运用PVAR模型研究城镇生产性公共投资、社会性公共投资、环保性公共投资与城镇人口增量之间的动态关系；其次，面对现有文献的争论，运用面板门限模型研究城镇公共投资与居民就业增长之间的非线性结构关系；最后，尝试运用静态面板模型实证考察了近年来我国城镇环保性公共投资的环境治理效应与区域差异，进一步为公共投资政策的调整优化提供经验依据。

第7章为研究结论与政策建议。首先，总结前文的主要研究结论；其次，结合研究结论从引导城镇公共投资规模的合理增长、深化城镇公共投资结构的优化调整、完善城镇公共投资的监控管理机制方面提出具体政策建议；最后，提出研究不足与展望。

具体研究结构框架如图1－1所示。

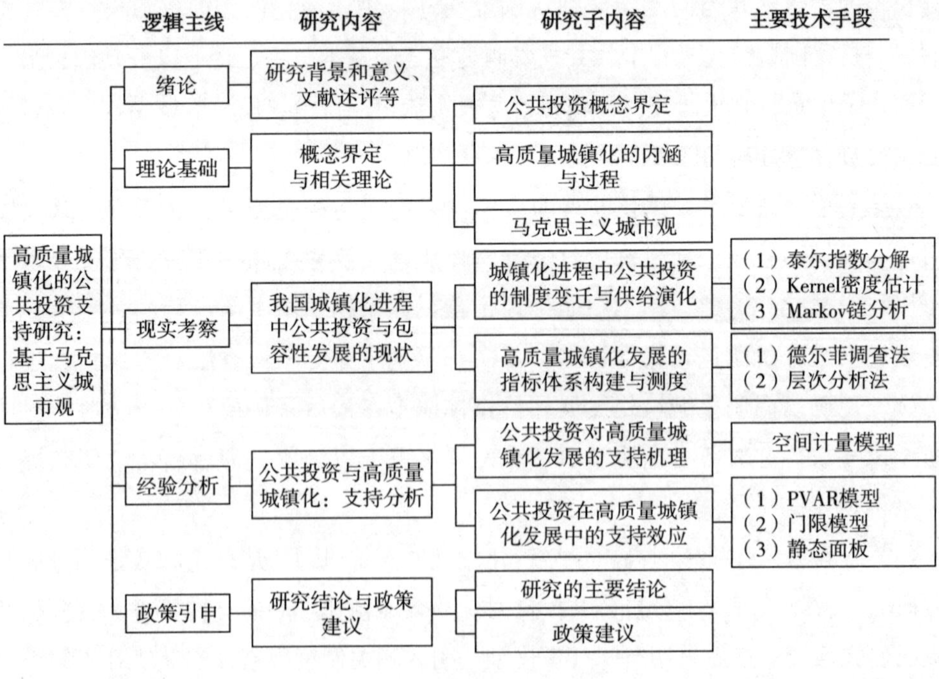


**图1－1　研究结构框架**

# 1.4 核心观点、理论支点与研究方法

## 1.4.1 核心观点与理论支点

核心观点：在我国高质量城镇化发展进程中，随着户籍制度对人口流动限制的放松，生产性和社会性公共投资对高质量城镇化发展的整体支持作用有所增强。其中从早期的人口包容过程来看，不同类型的公共投资对城镇人口集聚产生了不同程度的动态效应；从就业包容过程来看，盲目扩大公共投资规模并非促进居民就业增长的灵丹妙药；从环境治理方面来看，环保性公共投资在总体上有效促进了城镇环境治理水平的提升，但在投入规模偏小的中部地区未能产生较为有效的支持效应。

理论支点：马克思主义城市观。

## 1.4.2 研究方法

第一，横向比较与纵向比较相结合。城镇公共投资既具有空间上的区域差异性，又具有时序上的历史动态性，是一个可以进行比较的经济变量。这使得本书在研究过程中可以根据需要采取横向比较与纵向比较相结合的方法，对所研究的问题在我国的区域差异以及发展变化进行清晰的定位和阐述，以做出较全面和合理的判断。

第二，定性分析与定量分析相结合。定性分析指对事物“质”的特征进行剖析。定量分析则采用数据进行统计研究，对社会现象发展过程中的数量特征、数量关系变化等进行精确化认识。本书在研究过程中首先提出研究对象在“质”上的规定性，然后给予“量”上的统计与评价，从而将定性分析与定量分析相结合，二者互为补充。

第三，实证分析与规范分析相结合。实证分析与规范分析是学术研究中互为对应、相互联系的两种方法。实证分析解决研究对象“是什么”或“怎么样”

的问题，对基本事实予以判断；规范分析回答研究对象“应该是什么”的问题，对价值予以判断。本书在研究公共投资对高质量城镇化发展的影响时，面临上述彼此相关联的两个问题，拟将实证分析与规范分析结合起来，首先通过实证分析回答公共投资对高质量城镇化发展的影响“是什么”；其次通过规范分析做出价值判断，回答“应该如何”安排公共投资的政策供给，以使公共投资更好地支持高质量城镇化发展。

## 1.5 本书的贡献之处

第一，在研究视角上具有一定的新颖性。有关公共投资的研究，多数学者都将视角集中于经济增长领域与传统城镇化领域，而较少在高质量理念下关注其在城镇化进程中的具体影响，即便在为数不多的相关文献中，其研究也尚不成系统。以往文献多数采用常住城镇人口占总人口比重这一指标来代表城镇化水平，这与目前新型城镇化的建设要求存在一定的偏差，无法较全面地评估现阶段公共投资在深入推进城镇化过程中所发挥的作用。本书基于马克思主义城市观，以高质量发展理念为引领，摆脱采用单一指标来描述城镇化水平的局限性，基于综合指标体系评价我国各省份高质量城镇化发展水平，更有效地评估现阶段公共投资在高质量城镇化发展中的现实支持作用。

第二，在研究方法上做了一些有益的尝试。首先，通过引入核密度估计、马尔可夫链方法，对我国各省城镇公共投资的时序与空间演化过程做了较为系统的定量分析，从而对我国城镇公共投资的项目结构与区域结构能够有较精准的趋势把握，为优化相关政策提供客观依据。其次，现有文献多采用时间序列或省际面板数据进行常规计量分析，忽视了高质量城镇化发展在地理空间上可能存在的相关性，在方法上存在进一步优化的余地。本书采用空间计量方法，在传统地理相邻权重矩阵的基础上，还分别构建了地理距离权重矩阵、经济距离权重矩阵来验证我国各省高质量城镇化发展水平的空间相关性，而后根据模型选择检验的结果构建出合适的空间计量模型。最后，学者们在研究公共投资的就业效应时，忽略了其中可能存在的非线性结构关系，导致结论不够统一，本书利用面板门限模型研究城镇公共投资和居民就业增长之间的非线性结构关系，摆脱了前期文献以线性关系为前提假设的窠臼。

第三，在研究观点上的新看法。在高质量城镇化发展过程中，随着户籍制度对人口流动限制的松绑，生产性公共投资、社会性公共投资对高质量城镇化发展水平的支持有所增强。在人口包容与就业包容两个阶段中，公共投资发挥着重要的支持效应。其中，不同类型的公共投资在人口包容过程中存在不同的动态效应，生产性与环保性公共投资对城镇人口增量均存在一定的时滞效应，而社会性公共投资既弥补了前者的时滞效应，也对城镇人口增量起到了一定的长期促进作用；公共投资对城镇居民就业增长的影响存在双重门限效应，即在不同的资本存量区间，其对就业增长的影响存在较大的差异，说明公共投资并非总是促进居民就业增长的灵丹妙药，需要依据具体情况做出不同的公共投资政策选择。

# 2 相关概念与理论基础

## 2.1 公共投资的概念界定

### 2.1.1 投资

投资概念是厘定公共投资概念的逻辑起点，对其进行认识是理解城镇化建设中公共投资活动的基础。通常而言，投资既是现代微观经济活动的初始要素，也是启动宏观经济运行的源头力量。作为众多市场活动过程中一种常见的经济现象，投资在不同的场合有不同范围的含义，国内外不少学者从不同思考角度阐释了对投资的认识与理解，主要有以下几种类型的论述：

第一，从投资目的与过程出发的认识。美国学者滋维·博迪（Zvi Bodie）在《投资学》中认为，投资是人们付出资金或其他资源，以期在未来得到更多好处。日本学者太田正孝在《新经济辞典》中认为，投资是在某一事业活动中预想收获一定的增值收益而事先投入的资本。迪克西特（Dikshit）则将投资理解为在获得未来回报之前所需承受的瞬时成本行为。中国学者张仲敏在《投资学》中将投资定义为经济主体基于预期收益，将一定量的货币转化为资产的经济活动过程。

第二，从资本形成与积累出发的认识。亚当·斯密（Adam Simth）认为，投资是对资本的使用，他按照用途将财富分成消费与生产两部分，其中生产部分是为财富拥有者继续提供收入或利润的资本，对这部分资本的使用被看作是投资。

约翰·梅纳德·凯恩斯（John Maynard Keynes）认为，投资是人们购买新的或旧的资产的经济行为，并将投资分为总投资与净投资，净投资是总投资扣除资本设备折旧后的净增益。保罗·萨缪尔森（Paul A. Samuelson）在《经济学》中认为，对于生产者而言，投资的意义在于资本的积累，即增加存货的生产，或者新厂房与工具的建设与购买；对于一般人而言，投资的意义则在于购买有价证券、开立存款户头或者购买地基等行为。《新帕尔格雷夫经济学大辞典》将投资定义为资本形成——创造或获得用于生产的资源，并强调投资不仅指有形资本，也包括人力资本等无形资本。

第三，从投资与消费关系的认识出发。威廉·F. 夏普（William F. Sharpe）认为，投资是以付出目前确定的消费价值为代价，以获得将来不确定的消费价值行为。中山伊智郎等在《经济学辞典》中认为，投资既是某段时期实物资本的增量部分，也是国民收入中未被消费的部分。

第四，从我国实践情形的认识出发。早期受苏联计划经济学派的影响，我国曾长期将投资限定为基本建设投资，专指土木建设工程中的建造、安装以及设备购置费用。但在实践中，基本建设支出与技术改造支出的界限有时难以区分，使得当时主管基本建设的计划委员会与主管技术改造的经济贸易委员会，以及管理基本建设资金的中国建设银行和管理技术改造资金的中国工商银行，往往为项目应纳入基本建设还是应纳入技术改造的问题所困，形成了当时所谓的“两委之争”与“两行之争”，直至20世纪80年代，我国政府才将基本建设与技术改造并称为固定资产投资。而后随着经济社会的发展以及西方经济学成果的引入，学者们逐渐认识到投资主体、投资方式与资金来源的多元化，以及投资对象与地域选择的广泛性，使我国理论界对投资概念的认识也日益拓宽与深化，认为投资不单是指将资本投入土地、建筑物、道路桥梁、厂房和机械设备等有形物品的经济行为，还包括将资本投入可间接形成生产能力的无形物品的经济行为。

简而言之，基于以上各种关于投资定义的认识以及本书研究的特定范畴，投资是特定经济主体为获得未来某种形态的收益（这种形态可以是多样的，非货币或者货币形态）而事先直接或间接付出货币成本或者其他成本的经济活动过程。

### 2.1.2 公共投资

（1）公共投资的含义。

目前，经济学界对公共投资含义没有达成共识，但是无不认为公共投资作为投资的一种形式，在满足于一般性投资特点的同时，还应具有其特殊性——公共性。在一些有关文献中，公共投资被界定为中央和地方政府的公共支出中扣除消费支出的剩余部分，将其投资主体限定为政府，这种界定局限和违背了公共投资主体的多元化趋势，未将公共投资的本质作用体现出来。因此，结合投资目的与过程出发的认识，将公共投资含义概括为：为了弥补经济活动中的市场失灵，保障广大生产者和居民享有预期的公共产品，特定经济主体在一定时期内建造和购置相应的公共设施和服务而事先付出货币成本的经济行为。

就公共投资主体而言，我国在相当长时期内曾完全由政府与国有企业充当投资主体，而后随着公共投资领域朝着市场化运作的方向深化改革，逐渐向私人企业、国内个人投资者以及外商开放，形成了目前以政府投资为主，鼓励其他类型主体积极参与的多元化投资主体格局。目前，政府投资在公共产品的资金起初主要来源于财政拨款、各种税收以及使用费用，但随着城镇化推进过程中公共投资项目对资金的需求规模迅速增加，有限的财力使得地方政府难以承担日益增长的建设任务。面对这一矛盾，地方政府尝试通过搭建国有控股的投资公司来筹集公共项目资金，其中成立于1992年的上海城市建设投资开发公司是我国最早的地方政府投融资平台，为当时浦东新区的重大公共投资项目建设提供了充裕的资金。而后这种平台模式在全国各地级市迅速推广开来，其在政府引导下依靠市场化运作手段向城镇化建设提供了大量优质的基础设施与公共服务，灵活提升了政府的投资主导作用。但是，地方政府控股下的融资平台由于存在过度举债而造成债务风险累积膨胀、妨碍金融系统安全的弊端，于是鼓励私有企业与个人作为投资主体参与公共项目建设成为现今相关领域改革的重要方向和趋势，充分发挥民间资本力量、形成多元化的投资主体是促进公共投资稳定增长、实现公共产品可持续生产和消费的关键。就公共投资客体而言，是维持居民生产和生活需求的公共设施和服务，任何一项公共设施和服务都不是为特定部门和个人服务的，而是为众多生产者与居民提供服务的，使得公共投资项目具有明显的公共产品属性——使用的非竞争性、受益的非排他性。使用的非竞争性是指公共设施或服务在未达到充分消费之前，任一消费者对其的使用并不影响其他消费者的使用，如敞开式的城市道路与桥梁、非满载的公共汽车与火车、未满负荷运行的义务教育学校等公共设施与服务。受益的非排他性是指消费者在受益于某项公共设施或服务时，很难阻止其他消费者也因此受益，如城市绿地、水体净化和污染处理等基础设施。但需要指出的是，由于公共产品有纯公共产品与混合公共产品之分，使得并非所有公共投资项目同时具备使用的非竞争性与受益的非排他性，如水、电及燃气供应，交通运输等基础设施为了避免过度消费、平衡受益者与非受益者的负担，一般可以通过有偿支付或者技术障碍来设置消费门槛，从而将未支付费用的消费者排除在受益范围之外。公共投资的目的是弥补经济活动中的市场失灵，保障广大生产者和居民享有公共产品所带来的经济、社会与生态效益。在城镇化建设中，公共投资带来的经济效益主要是间接的，体现在为城镇生产者提供能源、交通便利，促进区域产业集聚与结构升级。公共投资的社会效益主要体现在为城镇居民提供必要的生活设施，以满足居民生存和发展的基本需求。在传统意义上，生活设施通常是指维持居民基本生存的设施，如水、电、燃气等公共设施，但是对于现代城镇居民而言，必要的生活设施已不局限于维持基本生存的公共设施，还包括保障个人发展权利、提高生活质量的基本公共服务，即教育、卫生与社会福利业。公共投资的生态效益则主要体现在通过建造或者购置生态基础设施给城镇生态环境提供保护和修复服务，使城镇生态环境对生产条件和生活质量产生有利的影响，提升城镇建设的可持续发展能力。

（2）公共投资的范围界定。

在我国城镇化进程中，由于公共投资范围比较复杂以及相关认识的模糊，导致公共投资长期存在缺位与越位的现象。一方面，传统意义上的公共投资是指供水、供电、交通等有形基础设施领域的投资，缩小了公共投资的范围。另一方面，盲目泛化公共投资的范围，这不仅干预了正常的市场活动，还导致了有限资源的浪费。亚当·斯密（Adam Simth）认为，公共投资的职能在于“建设并维持某些公共设施与公共事业，这些建设与维持绝不是基于任何个人或任何少数人的利益”。[①] 美国经济学家阿尔文·汉森（Alvin Hansen）则认为，有些公共投资项目由于投资规模或风险的巨大，私人企业难以承担；有些公共投资项目无法指望其经济收益能够弥补直接成本，但是对扩大国民总收入能够产生间接作用，且其促使国民总收入扩大的数量至少等于其成本；有些公共投资项目对于国民总产值贡献极为有限，但是就社会价值而论，其带来的福利贡献值得人们将经济资源投入于这些项目活动中。[②] 可见，公共投资领域一般被理解为私人企业无力、不愿进入或者市场失灵的领域，但是在具体范围的实际划分中却无统一的定论。

目前，由于公共投资所涵盖的行业范围差异较大，主要存在三种范畴的划分：一是狭义的公共投资范畴，主要指水、电、能源供应、交通运输、邮政仓储等可直接为商品生产和流通提供服务的公共设施；二是中义的公共投资范畴，其在狭义范畴的基础上引入了教育、卫生与社会福利、环保等保障现代居民发展机会与可持续权利的公共设施；三是广义的公共投资范畴，其进一步引入了司法、行政等制度性设施，显得相当宽泛。然而，按照不同的标准与研究需要，公共投资范围又可以分为不同的类型。依据地域分布或者受益范围，可分为全国性、地区性以及局部性的公共投资；依据服务区域，可分为城镇公共投资与农村公共投资，它们分别为城镇或乡村的生产者与居民提供公共设施与服务；依据规模或者影响力大小，可分为大型、中型和小型的公共投资；依据盈利情况，可分为非经营性、准经营性与经营性的公共投资，例如城市绿地、桥梁、道路等设施可以无偿使用，属于非经营性的公共投资，而水、电、燃气、通信等设施需要生产者与居民缴纳服务费用，根据政府财政的支持程度分别属于准经营性或者经营性的公共投资。

在高质量城镇化发展中，狭义的公共投资范畴显然无法满足这一新理念的实施，公共投资不能囿于传统意义上的“铁公基港”范畴，必须拓展到用于提高教育水平、改善医疗服务和社会福利、保障生态环境等的“软性”设施，这些恰恰是目前我国城镇化建设的短板。同时为了避免范围过于宽泛，本书基于

① 亚当·斯密．国民财富的性质和原因的研究［M］．北京：商务印书馆，1988.

② 阿尔文·汉森．美国的经济［M］．北京：商务印书馆，1962.

高质量城镇化发展的框架背景，运用中义的城镇公共投资范畴来开展研究，即不仅包括可直接为商品生产和流通提供服务的公共设施，也包括保障现代居民发展机会与可持续权利的公共设施与服务。从功能效用来讲，目前学术界通常习惯于将中义范畴的公共投资划分为生产性公共投资与社会性公共投资，但本书并不打算沿用这种做法，而是结合传统城镇化发展所暴露的环境弊端以及高质量城镇化发展的要求，将有关环境保护的公共设施单独分离出来划列为环保性公共投资，使中义范畴的城镇公共投资范畴细分为生产性公共投资、社会性公共投资以及环保性公共投资，以完整地支撑高质量城镇化发展的内容体系，如图 2－1 所示。同时为了使数据收集工作具备可行性，借鉴万道琴、杨飞虎（2011）的做法，[①] 结合中国统计局对分行业固定资产投资的统计口径，将生产性公共投资分为水、电、燃气的生产与供应设施、交通运输、邮政和仓储设施等方面的投资；社会性公共投资包括教育、卫生和社会福利等方面的投资；环保性公共投资指绿化、污水处理、垃圾处理、大气污染治理等方面的投资。在后文中如未另附具体说明，则所研究的公共投资均为中义范畴的城镇公共投资。

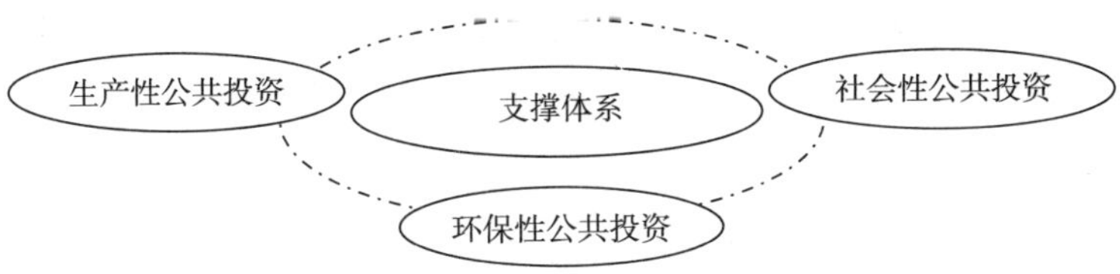


**图 2－1　高质量城镇化的公共投资支撑体系**

（3）公共投资的基本性质。

其一，基础性。一方面，公共投资作为城镇化活动的先行资本，为高质量城镇化创造了前提条件，既是承载和维持人口长期集聚的物质基础，也是促进城镇经济起飞阶段的资本前提，这种先行职能直接决定了公共投资在城镇化各项事业建设中的基础性地位与作用。另一方面，公共投资不仅在经济发展和社

① 万道琴，杨飞虎．严格界定我国公共投资范围探析［J］．江西社会科学，2011（7）：73－77.

会生活中具有先行的地位和作用，而且其所形成的公共设施与服务由于可替代性很弱，在可预见的时期内几乎不存在替代性的产品，这使其成为保障其他商品与服务顺利生产、城镇居民赖以正常生活与发展的必需品，否则直接性的生产经营与居民生活将难以为继。这些载体的存在和发展还为人口聚集所带来的交通堵塞、环境污染等问题进行了疏导和缓解，促使城镇化建设进入良性循环，为城市开发和物质财富的再积累创造适宜的客观环境。尤其在快速城镇化的进程中，如果出现公共投资长期不足、基础设施和公共服务严重滞后的情况，人口集聚所带来的高效率不仅得不到发挥，反而容易使城市集聚效应发生逆转。

其二，战略性。一般而言，公共投资的战略性表现在两个方面：一是在优化资源配置、进行宏观调控方面具有战略性的作用。公共投资通常由政府主导，便于在经济社会发展的不同阶段集中调配和决策，是政府进行宏观调控的重要手段。当社会总需求不足、失业增多时，政府可以通过增加基础设施建设等方面的投资支出，依靠乘数作用带动社会投资需求与消费需求，弥补社会总需求不足，进而通过总需求效应提高均衡国民产出；当社会总需求过剩时，政府可通过削减公共投资支出，降低社会总需求，避免导致通货膨胀。二是在改善投资环境、塑造未来城市结构等方面发挥着重要的战略性作用。公共投资所形成的公共设施与服务，能够为城市营造良好的投资环境，并且由于其直接参与了社会资源的配置，资金规模与流向的变动在很大程度上会对城市经济、社会资源的供给与分配产生直接影响。尤其在城镇化的低水平时期，公共投资的合理运用有利于打破城市低水平循环发展，对于城市结构的调整与提升具有现实的战略性意义。

其三，公共性。公共性是公共投资区别于其他投资的特有属性，主要表现在三个方面：首先，公共投资的资金来源具有明显的公共属性，尽管我国公共投资的融资方式逐渐趋于多元化，但是在政府主导的局面下，有相当部分仍出自中央政府与地方政府的财政支出。其次，公共投资是为多数人服务、以满足公共需求为出发点的经济行为，其形成的公共产品在消费上一般具有非排他性和非竞争性，效用为整个社会成员或者多数成员所共享。最后，由于公共投资涉及多数人的利益，其决策过程也带有较明显的公共属性，凡在健全的公共投资决策机制中，公众对于投资决策过程都享有一定的知情权、参与权甚至监督权，例如重大公共建设项目的立项应举行听证会，政府提供公众参与经费并建立专门的监督小组，确保公民在公共投资中依法享有的权利，防止公众利益受到侵害，制定出符合公众利益的合理政策。

（4）公共投资的基本特征。

其一，投资资金规模较大。随着城镇化的持续推进，我国公共投资的资金规模长期高位运行，在全社会固定资产投资中的比重基本保持在20%～30%的范围波动。庞大的资金需求是公共投资的典型特征，这一特征主要源于以下几个方面原因：首先，公共设施与服务在城镇化建设中的基础性地位以及公共产品属性为整个生产与生活过程提供了共同的基本条件，使其消费群体非常广泛。倘若对公共设施与服务的投资达不到一定规模，则无法形成对经济、社会与生态的预期效益，无法满足城镇化深入推进的广泛需求。其次，随着经济社会的进步，人们对日常必要的公共设施与服务的需求与要求随之提高，相关公共投资项目逐渐表现出较明显的层次性与多样性，促使公共投资范围扩大，总体投资规模上升。然后，在公共投资项目的具体规划建设过程中，通常都需协调其与其他公共投资项目的配套关系，以及协调其自身与未来需求可能上升之间的关系，因此公共产品的系统性与超前性是导致公共投资所需资金规模庞大的另一因素。例如，在修建城市道路时，不仅园林与绿化、路灯、地下管网等项目需统一配套跟进，而且还需预期未来车流量的膨胀而适当增加车道数量。

其二，投资回收周期较长。公共投资普遍存在成本回收周期较长的特点，主要体现在以下几个方面：首先，公共投资项目的初期建设成本通常都较高，普遍呈现资金规模高度积聚的状态，并且后期运营管理、维修、更新也是一个需长期持续投入的过程。其次，由于公共投资项目的公共产品属性，其建设初衷通常侧重于考虑长远利益、增进社会福利，并非追逐短期的直接经济利益。例如，非经营性的公共投资项目由政府直接出资，在投入使用过程中不向消费者收取费用，并无直接的经济回报。即使是经营性的公共投资项目，考虑到基础设施和公共服务作为国民经济部门的重要生产要素以及居民家庭的生活必需品，其价格水平会较大程度地直接影响到企业生产成本、最终产品的价格以及居民的生活成本。政府为了保持市场价格稳定，一般会对准经营性或经营性公共产品采取限价、低价等价格管制政策，限制了经营性公共产品的经济回报率，相对延长了投资回收周期。最后，在公共投资项目运营过程中，倘若新的投资部门进行重复投资或者生产出替代产品，新旧投资部门之间为了争夺市场份额难免产生价格竞争，这种竞争将进一步削弱原有投资部门的成本回收能力。因此，受投入成本高、政府价格管制以及市场风险等因素的影响，公共投资项目的成本沉淀时间普遍较长，其中经营性项目的投资回收周期普遍长达15年以上。

其三，投资的外部性明显。外部性又称溢出效应，指在经济活动过程中，经济主体的行为对其他未参与该经济活动的个体所产生的影响，这种影响可以是正向的也可以是负向的，但受影响者不会因得到利益而支付费用，也没有因遭受损失而获得补偿。① 公共投资所伴随的外部性一般更多的是指正的外部性，由于涉及较为广泛的公共利益，其所产生的正外部性通常更为明显。因此在城镇化进程中，通常都将大量公共投资作为社会先行资本，不仅是由于其基础性地位，也在于其对经济与社会所产生的明显正外部性。但是，由于我国公共投资领域尚未形成有效的外部性补偿反馈机制，使城镇化进程中公共投资项目建设存在较大的资金缺口，以及民间资本参与项目建设的积极性还有待进一步调动。

## 2.2 高质量城镇化概念界定

### 2.2.1 城镇化

“Urbanization”这一概念最早出现在马克思于1858年发表的《政治经济学批判》一文中，他在谈及城市形成与发展时提出：“现代的历史是乡村城市化，而不像在古代那样，是城市乡村化。”② 在我国，“Urbanization”一词通常被译为

① 黄渝祥，张庆洪．现代应用经济学［M］．北京：高等教育出版社，2003：282.

② 马克思，恩格斯．马克思恩格斯全集［M］．北京：人民出版社，2006：480.

"城市化"或者"城镇化"，其中"城市化"一般用于说明国外乡村人口向城市转移的过程。与国外不同的是，我国在行政区域级别的划分中设有镇的建制，不少镇的人口规模和区域面积也与国外小城市相当。为不忽略众多建制镇在我国版图布局中的重要地位以及其在人口转移中的重要吸纳作用，统一使用"城镇化"较为适宜，目前我国实务界与学术界在描述国内乡村人口向城市转移的过程时，也一般统一称为"城镇化"，以符合中国的实际国情。

关于城镇化的含义，不同学科基于不同的研究视角与目的对其的理解也有所不同。人口学认为，城镇化是农村人口由分散的乡村逐渐向城镇转移和集中的过程，主要表现在农村人口比例不断下降，城市人口比例持续上升。人口学家威尔逊等在《人口学辞典》中认为，人口城市化是指居住在城市地区的人口比例上升的现象。① 地理学侧重于认为城镇化是农村地域景观向城镇地域景观转变的过程，体现在生活聚落与产业布局的空间扩大与再分布。经济学则从经济与城市的关系出发强调城镇化是从农业经济向非农业经济转化的过程和结果，认为城市是人类从事非农业生产的中心，人口集聚带来的社会和专业分工促使城市经济向着更高效率发展。社会学家则从社会发展的角度出发，认为城市代表着人类先进的生活方式，侧重强调城镇化是人们由农村的生活方式和价值观向城市生活方式和价值观转化的过程。可见，多学科视野下的城镇化包含着更为丰富的内容，不仅拓宽了城镇化的含义边界，也为城镇化发展内涵的深化提供了依据。

### 2.2.2 高质量城镇化

我国城镇化进程的持续推进使我国从农业社会步入了工业社会，显著改变了城市面貌与人们的生活方式，但同时还应看到，由于我国多年来走的是一条粗放型的城镇化道路，目前面临着一些突出问题，如片面追求城镇空间扩张、"半市民化"问题、城镇环境污染加剧等，制约着城镇化进程的健康发展。为此，我国适时提出了以高质量发展为引领的新型城镇化战略。高质量发展理念

① Wilson C, Pressat R. The Dictionary of Demography [J]. New York and Oxford: Basil Blackwell, 1985 (5).

是在总结中外城镇化进程中的经验教训基础上形成的，以尊重人、接纳人以及满足人的需求为出发点，关注重点由物向人、由速度向质量、由眼前向长远转变，为实现高质量的城镇化指明了方向，是新时代背景下实现新型城镇化建设的重要道路选择。因此，作为经济、社会与环境发展的载体，高质量城镇化强调提高对“人”的包容性，以经济基础、服务普及和环境友好为主要内容来满足和保障城镇常住居民的基本生存与发展权利，不仅要实现人口数量的包容，更要促进以就业包容为引导的城镇化，以深入推动城镇化进程的健康持续发展。

（1）高质量城镇化发展的三个方面。

其一，经济基础。良好的经济基础是开展城镇化活动的重要物质支撑，是实现高质量城镇化的重要内容，倘若没有良好的经济基础作为支撑，那么城镇对“人”的包容性显然无从谈起。从宏观角度看，良好的经济基础应该是集约型的。长期以来，我国城镇经济普遍依靠大量的资源耗费来取得快速增长，但在耕地减少、资源有限的现实约束条件下，粗放式的发展方式不仅带来了经济投入产出的低效益，也限制了城镇化进程中人口、土地、技术等要素的有机结合与配置，无法持续地为城镇化带来丰富的物质基础。集约型的城镇经济强调摆脱盲目扩大经济体量的粗放模式，充分发挥人口集聚带来的规模效应与专业分工优势，通过协调资源配置来有效组合各种生产要素与科技创新要素，通过深化资源的利用率来提高生产活动的质量，更加注重以单位产出为指标来衡量地区经济发展状况，以在资源约束条件下实现经济效益的最优化。从微观角度看，良好的经济基础还应该是民生型的。在改革开放以来的相当一段时期内，我国为迅速实现经济起飞，采用了唯 GDP 论的政绩考核模式来激励地方政府在短时期内扩大地区经济体量，在取得显著成绩的同时，也付出了牺牲弱势群体利益、贫富差距扩大的沉重代价。在经济成功实现起飞后的当今，倘若继续沿用之前的激励模式，我国城镇化进程将容易落入拉美陷阱，农村转移人口无法在城镇获得较充裕和稳定的就业机会，长期处于失业或者半失业状态，收入水平始终在低位徘徊，从而造成城镇失业人口较多，出现大量弱势群体集聚区的局面。因此，高质量城镇化的发展内容还应具备侧重民生型的经济基础，将保障和改善中低收入者的生活条件和水平贯穿于城镇经济活动中，缩小城镇弱势群体与高收入人群之间的贫富差距，为不断转移至城镇的农业人口提供经济上的包容空间，从而务实农村转移人口在城镇长期定居、扎根落户的经济基础。

其二，服务普及。城镇基础设施和公共服务是维持常住居民基本生产、生活正常运转的必要因素，提升城镇基础设施和公共服务的普及水平是促进城镇化高质量发展的重要内容之一。为满足城镇化建设的基本需求，我国每年都有大量的资金进入公共投资领域，使得城镇基础设施和基本公共服务的供给能力有了较大的提升。据2016年城乡建设统计公报显示，在我国4个直辖市、293个地级市以及360个县级市中，城市供水综合生产能力达3.03亿立方米/日，公共用水普及率由1981年的53.7%上升到98.42%；城市天然气供气总量1171.7亿立方米，燃气普及率由1978年的13.9%上升到95.75%；人均城市道路面积由1978年的3.4平方米提升到15.80平方米。但是，由于我国在基础设施和基本公共服务方面的供给不均衡、城镇常住人口的迅速增长以及人们的公共需求由生存型向发展型转变等因素，部分城镇基础设施和公共服务的普及水平仍然受到了一定的限制，尤其是教育、卫生以及社会保障等基本公共服务的覆盖面尚不能满足大量农村转移人口向市民化转变的诉求。从现象表征上看，是二元户籍制度阻碍了基本公共服务普及水平的提升，但实质上是由于城镇基本公共服务资源的投入不足以及地方政府事权与财权不匹配等因素造成基本公共服务与户籍制度相捆绑，成为优先供城镇部分群体享用的稀缺资源。为让农村转移人口能够尽快融入正常的市民生活，实现城镇化高质量发展需通过深度革除阻碍基础设施和基本公共服务普及的因素，让城镇常住居民都能够有机会享受基础设施和公共服务带来的便利与福利，以扩大其在不同群体间的覆盖程度，既维护农村转移人口在城市的基本生存权，也积极保障农村转移人口在城市的发展权利，以满足所有城镇常住居民对应有基础设施和公共服务的可获得性，为不同群体提供同等的服务平台与机会。

其三，环境友好。高质量城镇化还强调通过保护和治理城镇生态环境来实现可持续发展。我国城镇化建设在快车道上驰骋了几十年，相伴而来的雾霾频发、绿地湖泊萎缩、河流污染等生态问题集中显现，严重威胁着城镇化的健康稳步推进。基于人口众多、生态较脆弱的国情，党的十八届五中全会提出了绿色发展理念，要求在深入推进城镇化和工业化进程中坚持树立绿色发展理念，将绿色发展摆在突出位置予以落实，建设环境友好型的社会。建设环境友好型的社会是国内外在经济社会发展过程中为众多环境污染事件付出沉重代价后所形成的一种系统理念，既是顺应城市演变规律的必然要求，也是城镇化进入成熟阶段的必然选择。环境友好型的城镇型社会，要求构建人与自然和谐共处的空间格局，建立绿色循环的生产与生活方式，控制和减少各种生产、生活废弃物给环境所带来的污染负荷，突出园林绿化的作用，形成有利于人口集聚和长期定居的城镇宜居环境。如今随着人们环保意识的增强以及生活取向的多元化，经济要素已不再是人口转移的唯一动力，环境要素已成为各城市体现综合竞争力与质量高低的重要内容，也是影响人们迁徙决策的重要因素。虽然目前我国城镇化率仍远低于发达国家，存在较大的提升潜力，但是在交通日益发达的现代社会，不断恶化的城镇生态环境有可能过早地带来城镇化进程减速甚至逆城镇化的现象，导致人们不愿意生活在高密度的城市人群中，偏好于向环境友好的乡村分散回流，这对于尚处于发展中国家行列的我国来说，显然不利于工业化任务的完成与长期经济发展目标的实现。因此，为深入推进城镇化进程，有必要重视友好型城镇环境的建设，在生态环境保护和治理上算好全局账与长远账，这既是城镇化高质量发展的重要内容，也是我国顺利完成城镇化这一历史任务的重要保障。

（2）高质量城镇化发展的两个过程。

高质量城镇化的核心是提高对“人”的包容性，对此至少需经历两个过程：一是人口包容过程；二是就业包容过程。

第一，人口包容过程。所谓人口包容过程，是指城市对农村户籍流动人口数量的大量吸纳，是城镇化在早中期发展阶段中必然经历的重要过程。长期以来，我国农村人口众多，耕地资源相对稀少，这一基本国情造成农村劳动力供大于求的局面，不少农村劳动力长期处于显性或者隐性失业的状态之中，严重滞缓了我国的经济社会发展。改革开放后，随着我国农业生产力的提升、耕地资源的逐年递减以及人口流动政策的松绑，由传统农业排斥出的劳动力进一步增多，以致农村青壮年劳动力往往选择进城寻求生存和发展机会，这也就形成了我国城镇化进程中第一批流动人口，也是至今最为常见的流动人口。近年来，我国城镇数量的迅速增加与空间规模的不断扩容为持续涌入的农村富余人口提供了较为广阔的流动空间和物质基础。2018 年国家卫生计生委发布的《中国流动人口发展报告》显示，从城市群流动人口的发展趋势来看，长期居留流动人口上升，城市群仍将是我国农村转移人口的主要吸纳地；同时，近年来省内县际流动人口比重有所上升，非中心城市对人口的吸纳能力也有较大提高。① 这既反映了我国农村人口主动转移至城市的迫切需求，也说明各大小城市在对农村户籍流动人口的吸纳方面均取得了显著的进展，摆脱了以往农村户籍人口主要向沿海发达地区、大城市流动的单一局面。

第二，就业包容过程。高质量城镇化不仅是城市对农村人口在空间转移上的吸纳过程，还是对农村剩余劳动力的重新配置过程。所谓就业包容，是指城市能够为大量农村转移人口提供较为充裕、持续的就业机会，以保障他们在城市长久定居所需的收入来源，是城镇化逐渐趋于成熟发展阶段的显著特征与重要过程。在持续推进城镇化的进程中，尽管我国城镇对流动人口数量展现出了较大的包容空间，但是同时也给城镇带来了不小的就业压力。多年来，我国第二、第三产业的长足发展为农村转移人口提供了众多的就业机会，但是相对于人口转移的速度而言，就业岗位的增量还远远满足不了农村剩余劳动力的就业需求。除了少数农村精英通过政府机关考试、大中型企事业单位招聘、服兵役等方式进入稳定性较强、待遇较好的就业部门外，多数农村户籍流动人员则只能以自谋职业的方式进入流动性强、待遇偏低的部门，从事城镇户籍居民不愿做的建筑工地、环卫清扫、物流搬运等高强度工种，或者从事不被公共当局认可的行业而经常遭到市政管理部门的清理和追赶。在缺乏基本保障的非正规从业群体中，迈向非农职业的农村户籍流动人员占据了大多数，非正规就业部门成为了吸纳农村户籍流动人员的巨大“海绵”和“蓄水池”。工作流动性强以及就业权益缺乏相关的保障使这些农村户籍流动人员在城镇生活中经常处于半失业的暂居状态，也使多数农村剩余劳动力不敢轻易放弃农村的生产活动，经常候鸟式地往返于城乡之间，难以融入城市市民的正常工作与生活，这不利于城镇化进程的深入推进。因此，推进就业包容是实现高质量城镇化不可或缺的一个过程，这对我国城镇化进程的持续稳定、防止流动人口回流具有重要的意义。

① 国家卫生健康委员会．中国流动人口发展报告 2018［M］．北京：中国人口出版社，2019.

## 2.3 理论基础

马克思主义认为，城市是社会生产力发展的结果，也是资本运动的结果。近年来，我国城镇化发展方兴未艾，正史无前例地承载着中国发展的未来。作为城镇化的先行资本，近年来我国公共投资规模持续扩大，在这样的形势下，重温马克思主义城市观，将其作为本书研究的理论基础，对于研究中国特色城镇化发展规律、确定城镇公共资本发展战略、优化城镇公共投资供给具有重大的理论指导意义。

### 2.3.1 经典马克思主义的城市观

经典马克思主义城市观是产生于19世纪40年代的欧洲，以马克思、恩格斯为代表的思想先驱基于唯物史观对城市发展的基本看法和总的观点。虽然受历史条件与研究目标的限制，马克思未能对城市发展进行全面系统的理论阐述，但在政治经济学研究中关于城市的经济哲学思考不乏精彩论述，有助于我们从马克思主义层面对城市的产生、问题、本质给予基础性的分析与理解。

（1）经典马克思主义城市产生观。

作为社会经济关系的中心，特别是作为“资本集中的地点”和无产阶级运动发源地，城市受到了马克思、恩格斯的高度重视，他们从不同的历史阶段精辟地分析了城市形成的条件和过程，以及不同阶段的性质、特点与功能，认为物质资料生产方式的变革决定着城市的变革，揭示了城市发展的一般规律和趋势。马克思、恩格斯在《德意志意识形态》论述中曾指出：“各民族之间的相互关系取决于每一个民族的生产力、分工和内部交往的发展程度……任何新的生产力都会引起分工的进一步发展，因为它不仅仅是现有生产力的量的增加……一个民族内部的分工，首先引起工商业劳动同农业劳动的分离，从而也引起城乡的分离和城乡利益的对立。”① 可见，经典马克思主义从社会生产力、社会分工的视角来研

① 马克思，恩格斯．马克思恩格斯全集（第1卷）［M］．北京：人民出版社，1995：68.

究城市的起源，认为城市不是一开始就存在的，而是随着社会生产力发展到一定程度，在工商业劳动逐渐独立出来、社会分工不断细化的现实前提下逐渐形成与发展起来的。

马克思、恩格斯指出，人类在野蛮时期的早期城市是用石墙、城楼、雉堞围绕起来，用于攻防需要的一个孤立的据点。[①] 铁器的广泛使用使农业产生了剩余，“随着生产分为农业和手工业者两大主要部门，便出现了直接以交换为目的的生产，即商品生产”。[②] 工商业的产生使得城市的空间形态与功能得到了质的提升，中世纪的东西方文明因此产生了很多著名的城市，但由于当时自然经济占据统治地位，所以“交换是有限的，市场是狭小的，生产方式是稳定的，地方和外界是隔绝的”。[③] 这些城市建立在农业生产与土地财产的基础上，是地主阶级与王公贵族实现行政统治的独立岛屿。近代以来，由于蒸汽机的发明和广泛使用，工业发展摆脱了水力、风力的动力限制，也扩大了工厂选址的地域范围，工厂得以利用更为自由的生产空间集中建立起物质技术基础，促进了工业的迅速发展，形成了巨大的经济利益。企业的扩大再生产需要增加资本和人力投入，人们为了生活则成群结队地涌向这个地方，当人口和资本聚集到一定程度后，工业城市就如同雨后春笋般出现，正如马克思和恩格斯所说：“大工业企业需要许多工人在一个建筑物里面共同劳动；这些工人必须住在近处，甚至在不大的工厂近旁，他们也会形成一个完整的村镇。他们都有一定的需要，为了满足这些需要，还须有其他的人，于是手工业者、裁缝、鞋匠、面包师、泥瓦匠、木匠都搬到这里来了……于是村镇就变成小城市，而小城市又变成大城市。”[④] 近代城市突破了城围的限制，“现代的城市不知道从何处开始，界限在哪里……大不列颠的巨大的工商业城市就是这样诞生的。”[⑤] 近代城市与外界有着密切而广泛的经济联系，劳动力、资金、技术、产品的不断流入与输出，高度的开放性使其与周围地区经济连成一片，这也成为近代城市最显著的特征。因此，马克思、恩格斯多次

---

① 马克思，恩格斯．马克思恩格斯全集（第4卷）［M］．北京：人民出版社，1995：159－160.

② 马克思，恩格斯．马克思恩格斯全集（第4卷）［M］．北京：人民出版社，1995：162.

③ 马克思，恩格斯．马克思恩格斯全集（第3卷）［M］．北京：人民出版社，1995：313.

④ 马克思，恩格斯．马克思恩格斯全集（第2卷）［M］．北京：人民出版社，1995：300.

⑤ 马克思，恩格斯．马克思恩格斯全集（第2卷）［M］．北京：人民出版社，1995：269.

使用“城市地区”这一概念，目的就是为把其与历史上的城市区别开来。

（2）经典马克思主义城市问题观。

马克思、恩格斯在考察城市产生的历史后，对近代城市给予了高度评价，认为它们不仅是现代文明的标志，还是国家经济社会发展水平的重要体现，聚集着社会快速发展的“历史动力”。在《德意志意识形态》中，马克思和恩格斯说：“现代的历史是乡村城市化，而不像在古代那样，是城市乡村化。”① 恩格斯对伦敦和巴黎有这样的惊叹描述，“他们把伦敦变成了全世界的商业首都，建造了巨大的船坞，并聚集了经常布满泰晤士河的成千的船只……这一切是这样雄伟，这样壮丽，简直令人陶醉，使人还在踏上英国的土地之前就不能不对英国的伟大感到惊奇。”② “只有法国这样的国家才能创造巴黎。只有当你看到了这一美丽国家的惊人的财富时，你才懂得这个光辉灿烂、宏伟壮丽的无与伦比的巴黎是怎样产生的”。③

但是，马克思、恩格斯通过繁荣的表象洞察到了城市深层次的问题。他们发现：一方面，城市的不断扩张以及城乡之间的巨大差异带来了诸多社会问题与阶级对立。社会资本越是积累到少数人手中、为少数人服务时，普通民众则越是被排斥到城市的边缘，生存空间愈发狭小。他们指出 19 世纪的英国几乎每个大城市都有挤满工人阶级的贫民窟，“这是城市中最糟糕的地区的最糟糕的房屋，最常见的是一排排的两层或一层的砖房，几乎总是排列得乱七八糟，有许多还有住人的地下室……这里的街道通常是没有铺砌过的，肮脏的，坑坑洼洼的，到处是垃圾，没有排水沟，也没有污水沟，有的只是臭气熏天的死水洼”。④ 并强调这种现象只是社会资本累积到少数人手中而产生出来的无数比较小、次要的祸害之一。

另一方面，大量人口在短时期内涌进城市，给城市内部带来了一系列严重的“城市病”。对此，马克思、恩格斯主要谈及了城市环境问题与失业问题。在城市环境问题方面，在《资本论》第一卷中提到：“由于资本和劳动的大量流动，一个工业城市的居住状况今天还勉强过得去，明天就可能变得恶劣不堪。”⑤ 他

---

① 马克思，恩格斯．马克思恩格斯全集（第46卷）［M］．北京：人民出版社，1979：297.
② 马克思，恩格斯．马克思恩格斯全集（第2卷）［M］．北京：人民出版社，1995：303.
③ 马克思，恩格斯．马克思恩格斯全集（第5卷）［M］．北京：人民出版社，1958：551.
④ 马克思，恩格斯．马克思恩格斯全集（第2卷）［M］．北京：人民出版社，1995：306－307.
⑤ 马克思，恩格斯．资本论（第1卷）［M］．北京：人民出版社，1972：726.

们还在《英国工人阶级状况》中详细地描述了大城市的“城市病”：“大城市人口集中这件事本身就已经引起了不良后果。伦敦的空气永远不会像乡村地区那样清新，那样富含氧气……大城市的居民……患慢性病的却多得多。”① 最终，这些城市病带来的危害大多由以工人阶级为主的普罗大众来承受。在城市失业问题方面，经典马克思主义指出：“工人数量的自然增长不能满足资本积累的需要，但同时又超过这种需要，这是资本运动本身的一个矛盾。”② 指出城市劳动力的相对过剩来自于资本需求与人口数量之间的相对不协调，并强调这一现象在诸多城市中具有普遍性，“英国工业在任何时候，除短促的最繁荣的时期外，都一定要有失业的工人后备军……在一切大城市中都可以遇到许多这样的人”。③

（3）经典马克思主义城市本质观。

马克思、恩格斯不仅对近代城市异化问题进行了揭露与批判，还对城市的应然本质、发展趋势进行了论述与设想。在他们看来，虽然城市的形态与功能随着生产力发展而产生变化，但是在这些变化的后面，总有一些保持不变的基本属性，即城市的本质。经典马克思主义认为，城市的本质主要表现在以下三个方面：

一是城市由“人”创造。在现实生活中，人们往往会因为城市纷繁复杂的物质形态表象而忽视了人作为城市主体在城市建设中发挥的决定性作用，以致在城市运作决策中重物轻人，甚至见物不见人，颠倒了人与城市之间的正确关系。但在马克思恩格斯的话语体系中，城市始终是人的创造物，它不是由物质或者资本组成，而是由活生生的个体组成。无论城市如何发展变化，都不会脱离“人的创造物”这一属性，在人的辛勤劳动与创造下才会有城市的丰富多彩，城市繁荣的维持与发展也最终都离不开人，肯定了人在城市中的主体性质与地位。

二是城市发展的动力来自人的需求。城市要满足人的需要，包括物质需要与精神需要。作为物质财富与人口的聚集地，城市应该满足人们衣食住行等基本需要，为“人”的基本需要提供长期而稳定的保障。同时，随着生产力的变革，城市形态与功能发展极大地改变了人们的生活方式，让人们产生了更高级的精神

① 马克思，恩格斯．马克思恩格斯全集（第1卷）［M］．北京：人民出版社，1995：409－410.

② 马克思，恩格斯．马克思恩格斯全集（第23卷）［M］．北京：人民出版社，1957：703.

③ 马克思，恩格斯．马克思恩格斯全集（第2卷）［M］．北京：人民出版社，1995：369－370.

文化需求，如对科学的向往、知识的渴望、艺术的欣赏、广泛的交际、娱乐的活动、道德的提升和对自身发展的追求，这些都应当视为城市本质应有的内涵。

三是城市发展要处理好与自然环境的关系。城市是人类改造自然环境的集中体现，也是人与环境之间矛盾爆发的高发地。自然环境的优劣能直接影响居民生活环境的质量，深刻影响着城市的可持续发展。马克思和恩格斯在近代资本主义工业城市发展的时代场景中，直接体验和深刻意识到了环境问题，认为以物欲为导向的非理性生产方式，以强大的生产能力不断地向大自然索取资源，而忽视了自然环境的承载能力，造成了人类与自然之间逐渐尖锐的矛盾。为此，恩格斯在《自然辩证法》中提醒，人类不能陶醉于对自然界的胜利，自然界对人类的每一次胜利都进行了报复。因此，就经典马克思主义论述而言，城市的本质内涵还应体现人与自然的和谐发展，这样才能更长远地满足城市进步与人的需要。

综上可见，马克思、恩格斯虽然未对城市本质进行专门系统的论述，但是他们关于城市产生、问题、本质论述的现实逻辑与超前观点却力透纸背。在他们看来，城市存在发展的意义在于实现每个人的自由而全面发展，以人为最终目的和归宿是未来城市发展的目标与趋势。尤其是经典马克思主义对城市本质的认识与深化，为我们克服现代城市异化带来的种种问题提供了理论遵循。

### 2.3.2 马克思主义中国化的城市观

经典马克思主义所说的现代社会指的是资本主义社会。虽然现在资本主义国家特别是发达资本主义国家发生了许多重要的新变化，但其根本性质没有发生实质变化，这就意味着马克思主义对现代社会的考察仍然具有适用性。经典马克思主义理论传入中国后，在经历无数次中国革命、建设、改革实践后，已经和中国国情紧密融合在一起，形成了一系列的马克思主义中国化重大理论与实践成果。同时，鉴于马克思没有像中国在实践中构想出社会主义初级阶段这个概念，而社会主义初级阶段与资本主义社会是并存发展的，且二者在资源配置方式上均承认市场的决定性作用，因此我们可以把社会主义初级阶段的社会概括到马克思所说的现代社会范畴中，并把现代城市范畴的外延扩大到社会主义初级阶段的城市。这样，我们就突破了经典马克思主义的界定，而认可现代社会包括资本主义社会和社会主义初级社会阶段这两方面的内容，由此就使经典马克思主义城市观与当代中国的共在性成为显而易见的现实，也就更进一步凸显出马克思主义中国化的城市观对当代中国城市建设实践的重要指导作用。①

（1）以人为本的城市本质观。

我国是社会主义国家的典型代表，但由于生产力未得到充分发展，将长时间处于社会主义初级阶段。尽管在社会主义初级阶段不存在阶级对立，但必须承认社会阶层多样性与差异性的现实国情。同时，虽然我国存在着公有制和国家权力对于城市资本属性的部分矫正，但是作为世界难题的现代城市病也随着工业化进程而逐渐在我国蔓延开来。中国特色社会主义的城市发展必须重视克服城市的资本属性和人本属性的矛盾，使城市真正成为人民的城市，而不是资本的城市。②因此，如何坚持以人为主体，满足社会各阶层的需要成为我国在城市建设中一直提倡与追求的目标，其中以人为本的城市本质观就是经典马克思主义城市本质观在中国特色社会主义建设道路上的继承与发展。

随着我国社会主要矛盾转化为人民日益增长的美好生活需要和不平衡不充分的发展之间的矛盾，习近平同志在前几代领导集体城市思想的基础上，于中央城市工作会议上提出："做好城市工作要顺应城市工作新形势、改革发展新要求、人民群众新期待，坚持以人民为中心的发展思想，坚持人民城市为人民。这是我们做好城市工作的出发点和落脚点。"③ 这一重要论述明确而牢固地树立了以人为本的城市观，体现了新时代城市本质观。但现实与理念之间仍然存在差距，面对我国城市发展中缺少的"人情味"，习近平同志在中央城镇化工作会议上曾尖锐指出："我们很多城市的马路是以车为本，动辄八车道，都要建自己的'长安街'，反而搞得居民出行很不方便，亮一个绿灯的时间根本过不了马路，缺乏起码的人情味。一个地方弄得生活不便、交通不便、房价飙升、环境恶化，群众还有什么幸福感啊！我们要吸取教训，把让群众生活更舒适这一理念融入城市建设的血脉里、体现在每一个细节中。"④ 对于如何落实以人为本的城市观，习近平

① 袁吉富．马克思现代城市思想及其启示［J］．北京行政学院学报，2017（3）：71－77.

② 章璇．习近平对马克思主义城市思想的继承和发展［J］．福建党史月刊，2019（4）：13－15.

③ 中共中央文献研究室．十八大以来重要文献选编（下）［M］．北京：中央文献出版社，2018：78.

④ 中共中央文献研究室．十八大以来重要文献选编（上）［M］．北京：中央文献出版社，2014：604.

同志提出了具体要求，就是要解决好与人民群众切身利益相关的就业、教育、医疗、社会保障等问题，让城市成为人民追求更加美好生活的有力依托。

（2）保护开发的城市生态观。

改革开放以来，随着工业化进程与人口向城市集中的持续推进，中国城市发展中的环境危机问题逐步引起社会各界的关注。尤其是进入新时代以来，如何推进环境保护及其科学规划成为中国城市乃至社会发展的重大议程问题。习近平同志的执政理念中具有浓厚的生态保护思想，提出“绿水青山就是金山银山”，强调不能走西方资本主义国家“先污染、后治理”的老路，并把这些尊重自然、保护与开发并重的思想贯彻到城市的发展建设中，他多次在中央会议以及地方考察时指出：“粗放扩张、人地失衡、举债度日、破坏环境的老路不能再走了，也走不通了。”①并要求摆脱过度开发的资本逻辑，提出在开展城市经济活动的同时，强调必须重视城市的生态保护，形成生产空间、生活空间和生态空间的合理布局。不仅如此，习近平同志还从古代先哲的生态城建中汲取养分，将山水林湖田作为城市建设与发展的有机组成部分来深入思考，并在中央城镇化工作会议中引用管子“因天材，就地利，故城郭不必中规矩，道路不必中准绳”② 的观点，把顺应自然规律的古代先哲观点提到了前所未有的高度，与经典马克思主义城市观相结合，形成了建立在实际国情与人本逻辑基础上、符合中国优秀传统文化底蕴、独具特色的马克思主义中国化的城市生态观，开启了新时代生态城市建设的大门，习近平同志对此形象地提出建设目标与要求，就是“要让城市融入大自然，不要花大气力去劈山填海，很多山城、水城很有特色，完全可以依托现有山水脉络等独特风光，让居民望得见山、看得见水、记得住乡愁”。③ 着力提高城市宜居性、持续性，最终把中国城市建设成为人与人、人与自然和谐共处的美丽家园。

（3）协调平衡的城市发展观。

作为一个人口大国，大量农村人口顺着市场经济浪潮在短时期内向城市集中，难以避免地会夹杂着人口要素两极分化、各方资源难以均衡调配的问题。这个问题主要表现在两个方面：一是从城市区域发展方面看，我国本就面临着东、

① 中共中央文献研究室．十八大以来重要文献选编（上）［M］．北京：中央文献出版社，2014：590.

②③ 中共中央文献研究室．十八大以来重要文献选编（上）［M］．北京：中央文献出版社，2014：603.

中、西部发展不平衡不协调的长期问题，这在客观上造成了不同区域不同城市之间的发展差异问题，经典马克思主义曾提出“协调安排生产力”的观点，恩格斯在《反杜林论》中指出，要实现城乡融合以及城市病的根治，“只有按照统一的总计划协调地安排自己的生产力的那种社会，才能允许工业按照最适合于它自己的发展和其他生产要素的保持或发展的原则分布于全国”。[①] 二是从城市内部发展方面看，资金的大量持续注入极大地推动了中国城市的空间生产，满足了其现代化、工业化和城市化的迫切需求，使人们从普遍低效状态中摆脱出来。但是，资本逻辑主导下的空间生产活动也带来了资源配置不合理、城市阶层分化等问题，拉低了城市整体的发展质量。

进入新时代以来，习近平同志在领导城市建设的过程中，结合经典马克思主义与前四代中央集体的思想基础，针对城市协调平衡发展问题有过多次论述。一方面，他指出：“我国有十三亿多人口，只发展京津冀、长三角、珠三角三大城市群是不够的。在中西部和东北有条件的地区，如成渝、中原、长江中游、哈长等地区，要依靠市场力量和国家规划引导，逐步发展形成若干城市群。”[②] 其中，提出要依靠市场力量和国家规划引导来协调区域城市协调发展，是马克思主义中国化在经典马克思主义基础上的创造性运用。另一方面，他认为我国城市中还有大量“半市民化”的农民工与其他人员，他们虽然身处城市，但是无法充分享受到城市发展的成果，从而提出共享发展理念，要求促进有能力在城镇稳定就业和生活的常住人口有序实现市民化，并稳步推进城市基本公共服务常住人口全覆盖。

在强大生产力的推动下，以及人们对城市发达文明的着迷，众多现代城市的快速发展已形成了城市化的现实大趋势。国际上普遍用“城市化”来表述乡村人口向城市转移的进程，但是由于我国存在2万多个建制镇，建制镇的镇区人口从几千到几十万，多数建制镇的人口规模与国外中小城市相当，我国官方在一系列政策文件中对乡村人口向各类城镇转移过程的表述通常都是“城镇化”。鉴于研究场景是中国国情，且“城镇化”与“城市化”所表达的内涵在本质上并无区别，本书在接下来的内容中将统一采用“城镇化”来予以表述。

---

① 马克思，恩格斯．马克思恩格斯全集（第23卷）［M］．北京：人民出版社，1972：320.

② 中共中央文献研究室．十八大以来重要文献选编（上）［M］．北京：中央文献出版社，2014：601.

## 2.4 本章小结

首先，从阐述投资的含义出发，界定了公共投资的概念与范围，认为公共投资是为了弥补经济活动中的市场失灵，保障广大生产者和居民享有预期的公共产品，特定经济主体在一定时期内建造和购置相应的公共设施和服务而事先付出货币成本的经济行为。基于高质量城镇化的发展背景，选定中义范畴的城镇公共投资作为本书的主要研究对象，并将其分为生产性公共投资、社会性公共投资与环保性公共投资。同时结合中国统计局对分行业固定资产投资的统计口径，将水、电、燃气的生产与供应设施、交通运输、邮政仓储等方面的投资纳入生产性公共投资范围；将教育、卫生和社会福利等方面的投资划为社会性公共投资；将绿化、污水处理、垃圾处理、大气污染治理等方面的投资划为环保性公共投资。在对公共投资的概念与范畴进行界定的基础上，进一步归纳了公共投资的基本性质与特征，提出公共投资作为城镇化建设的先行资本，具有基础性、战略性与公共性的基本性质，以及投资资金规模较大、回收周期较长与外部性明显的基本特征。

其次，描述了在不同学科视角下城镇化的含义，并提出积极推进高质量城镇化是我国新时代背景下实现新型城镇化的重要道路选择，其核心内涵是强调提高对“人”的包容性，以经济基础、服务普及和环境友好为主要内容来满足和保障城镇常住居民的基本生存与发展权利，不仅要实现人口数量的包容，更要促进以就业包容为引导的城镇化，以深入推动城镇化进程的健康持续发展。

最后，将经典马克思主义的城市观和中国化马克思主义的城市观作为本书研究的理论基础。一方面，从经典马克思主义城市产生观、问题观、本质观三方面阐述了经典马克思主义城市观的主要内容。另一方面，从以人为本的城市本质观、保护开发的城市生态观、协调平衡的城市发展观阐述了马克思主义中国化城市观的主要内容。这有助于我们从马克思主义层面对城市的产生、问题、本质给予基础性的分析与理解，对于研究中国特色城镇化发展规律、确定城镇公共资本发展战略、优化城镇公共投资供给具有重要的理论指导意义。

# 3 城镇化进程中公共投资的制度变迁与供给演化

## 3.1 我国城镇化进程中的公共投资制度变迁①

### 3.1.1 我国城镇化进程中公共投资制度变迁的基本历程

在我国，人们对城镇化进程的理解受人口学观点的影响较大，多数学者从人口数量变化的角度来研究城镇化进程，政府部门也是以城镇常住人口在总人口中的比例为指标来衡量城镇化进程。《中国统计年鉴》显示，我国城镇化进程曾长期受到严格的城乡人口流动限制政策的束缚，导致城镇化进程十分缓慢。城镇常住人口比重曾由1961年的19.29%降至1972年的17.13%，出现了逆城镇化的现象。1978年，我国城镇常住人口比重为17.92%，比1949年仅提高了7.52%。1980年，国务院召开全国城市规划工作会议，明确提出了“控制大城市规模、合理发展中等城市、积极发展小城市”的方针，扭转了以往反对乡村人口向城镇转移的政策局面，由此正式拉开了我国城镇化快速发展的大幕。

从图3-1可知，我国城镇化率由1980年的19.39%上升至2019年的

① 晏朝飞．城镇化进程中公共投资制度变迁的基本历程与特征［J］．现代商贸工业，2017（18）：81-83.

60.60%，年均提高约1.04%，增幅约两倍，呈现出较快的发展趋势。由图3－1还可以直观地观察到，城镇化进程在1995年附近存在一个比较明显的拐点，当年我国城镇化率为29.04%，之后每年上升幅度基本维持在1%以上，恰好印证了“纳瑟姆曲线”的拐点论，即当城镇化水平在达到30%左右时，城镇化进程将进入加速阶段。2011年，我国城镇化率首次突破50%，城乡结构发生了历史性变化；2012年，城镇化率达到52.57%，首次达到世界平均水平。2019年末，我国城镇人口数量由改革开放之初的1.72亿上升到8.48亿，实现了史上最大规模的人口转移。在此期间，不仅城乡人口结构发生了巨大变化，大中城市的数量也急剧攀升，国家统计局资料显示，仅在2000～2018年，我国市辖区人口数量在400万以上的城市数量由8个上升到20个，市辖区人口数量在200万～400万的城市数量由12个上升到42个，市辖区人口数量在100万～200万的城市数量由70个上升到99个。

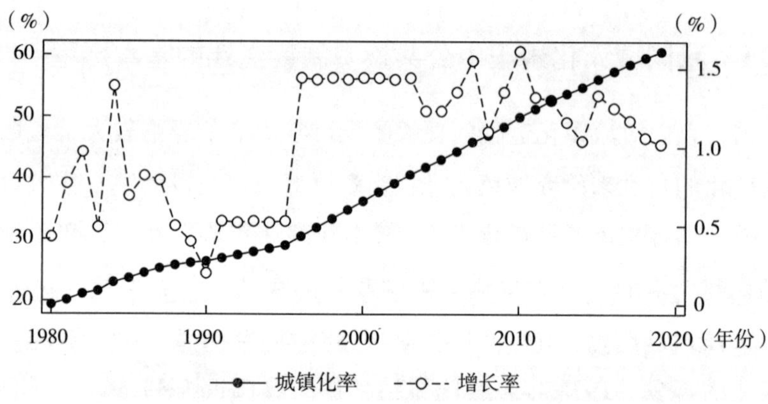


**图3－1　1980年以来中国城镇化率及其增长率**

资料来源：根据《中国统计年鉴》相关数据整理所得。

我国城镇化进程的持续推进既深刻改变了城乡人口结构，也为公共投资制度的变迁带来了新的历史机遇与要求。为此，作为国家投资体制的重要组成部分，我国公共投资制度在城镇化进程中经历了多次的调整与改良，以适应城镇化快速发展的需要。在制度经济学中，经济学家们对制度的含义有多种理解，拉坦

（Ruttan）认为制度是表示一种建制结构、[1] 康芒斯（John R. Commons）认为制度是一种秩序、[2] 诺思（Knous）则将制度只理解为约束规则。[3] 这里认为公共投资制度既表示一种投资秩序，也包含其内在的投资建制结构，其建立有助于应对现实中反复面临的投资问题，从而降低交易成本、合理配置资源以服务于经济发展。它的变迁意味着现实投资秩序与建制结构的历史性更新，具体包含投资主体、资金来源、投资方式、项目治理等方面的变化。基于上述变化，可将改革开放以来我国城镇化进程中公共投资制度的变迁历程分为以下三个阶段：

（1）财政分权前的投资体制探索时期（1979～1993 年）。

在改革开放前，高度集权的投资制度曾通过集中力量的方式为我国投资框架体系的形成以及重大公共投资项目的建设做出了阶段性贡献，但是始终未能跳出计划经济体制的藩篱，投资主体与资金来源的单一性造成公共投资项目建设步伐较为缓慢，未能从根本上改变我国公共产品长期落后的局面，满足不了经济建设中日益扩大的物质需求。为顺应城镇化的发展战略，我国公共投资体制展开了一些突破性的转变举措。

一方面，体现在投资资金来源由单一向多元转变。1979 年国务院批转国计委等部门下发《关于基本建设拨款改贷款的报告》，在部分省份的电力、交通、商业等十多个行业开始试点一批“拨改贷”项目，鼓励中国建设银行吸收再生产领域的闲散资金，按照国家计划的基建投资方向发放贷款，以解决投资资金单一化和财政拨款不足等问题。1984 年 12 月出台的《关于国家预算内基本建设投资全部由拨款改为贷款的暂行规定》，进一步明确了“拨改贷”细则，要求从 1985 年起开始全面施行基建“拨改贷”制度，形成了财政拨款和银行贷款并行的局面。同时针对多数公共投资项目投资大、周期长的建设特点，1988 年成立了中央基本建设基金，以保持公共投资项目资金来源的稳定性。

另一方面，体现在投资主体由一重政府向多重政府转变。随着经济体制改革重点由农村向城市转移，我国基本建设项目需求逐渐增多，为了有效发挥地方建设的积极性，1984 年 10 月，国务院针对计划体制中指令性计划过多、管得过死

① 拉坦．诱致性制度变迁理论［M］．上海：上海三联书店，1994：329.

② 康芒斯．制度经济学［M］．北京：商务印书馆，1962：87.

③ 诺思．经济史中的结构与变迁［M］．上海：上海三联书店，1994：226.

等问题，批转国家计委下发了《关于改革计划体制的若干暂行规定》，按照“大的方面管住管好，小的方面放开放活”的指导意见，对基本建设投资实行两级（中央和省级）管理，下放了非大型项目的审批权，其中明确公共投资项目建设只需报省计委备案，不受基本建设规模的控制；省预算内科技、教育、文化、卫生、体育、广播电视等事业的基本建设投资，各地市可根据需要进行统筹安排。1988 年国务院颁布了《关于投资管理体制的近期改革方案》，削减了国家计委对投资活动的直接管理，赋予了地方更多的重点建设责任，并引入招投标的市场竞争机制，简化和规范了项目审批与建设程序，使得地方政府逐渐成为投资建设的重要角色。

（2）财政分权后的投资体制改革时期（1994～2003 年）。

随着投资政策的重大调整以及城镇化进程的有效推进，地方政府的建设热情得到高涨，各种建设项目急剧增多，建设支出的迅速增加使在包干体制中处于弱势的中央政府面临财政危机，需要国家投入的各项必需资金严重匮乏；同时，中央政府与地方政府的财权、事权边界在众多的投资项目建设过程中逐渐暴露出划分不够清晰的问题。在此形势下，中央政府以事权与财权相结合为原则，决定从 1994 年 1 月 1 日起实行分税制财政管理体制，在确保地方既得财力的基础上，建立中央与地方两套税收管理体系，将部分财权向中央集中，部分事务向地方下放，并建立分级预算制度以合理确定各级政府的财政支出范围，这次税制改革一方面加强了中央政府对宏观经济的调控能力，另一方面进一步赋予了地方政府更多的事务审批与建设责任。同年，为了更好地从政策与资金上满足社会重要公共项目和基础产业的需求，国务院将建设银行的政策性金融职能剥离，组建了国家开发银行、中国农业发展银行和中国进出口银行三家政策性金融机构，实现了商业性投资贷款与政策性投资贷款的分离。

随着我国投资建设权力的下放以及市场化运作的开始，由于相应的监督治理机制尚未形成，工程项目建设逐渐成为投资腐败的高发领域。为此，我国开始重视公共投资项目建设领域的腐败预防与治理工作，财政部于 1999 年发布《关于加强基础设施建设资金管理和监督的通知》，要求加强投资建设资金的管理工作，对于使用财政资金或者国债资金投资建设的项目均须认真搞好工程概算审查，以确保资金的有效利用；同年，国家计委发布了《重大项目违规问题举报方法》，建立了相关举报渠道与程序，以监督和发现公共投资领域的腐败问题。在此期间，公共投资项目的投资主体进一步多元化，除了中央与地方政府主导相关投资外，民间资本开始被允许参与到公共项目中来，2001 年国家计委发布了《促进和引导民间投资若干意见》，提出创造公平竞争的条件，鼓励民间投资者参与公共投资项目建设，并要求改进政府和民间投资的管理工作，在项目投资过程中需依法维护好民间投资者的合法权益等。这些改革措施使中央政府与地方政府间的公共投资分工更为明确、资金来源渠道趋于稳定与专业化、管理工作开始建立监督与约束机制、投资领域逐渐向民间资本开放，促进了我国投资建设的蓬勃发展。

（3）投资管理体制建立时期（2004 年至今）。

前期虽然取得了一些突破性的改革成果，为城镇化建设的持续推进创造了条件，但是相关管理配套机制还比较滞后，使得公共项目的投资决策缺乏相应的有效约束。为加强和改善投资管理工作，国务院于 2004 年 7 月发布了《国务院关于投资体制改革的决定》（以下简称《决定》），这标志着我国公共投资体制从探索、改革时期进入到规范治理时期。《决定》针对我国投资改革现状，从六个方面提出完善政府投资体制、规范政府投资行为：①在投资范围界定方面，进一步明确了中央政府与地方政府的投资事权，跨地区、跨流域以及对发展全局具有重大影响的公共投资项目由中央政府安排，地区性的公共投资项目则由地方政府承担；②在投资决策方面，要求引入专家评议、公示制度以提高投资项目决策的科学化与民主化；③在投资资金安排方面，要求根据预算内资金、专项建设基金、国内外贷款等不同的资金来源与项目性质采取相对应的管理办法，实现投资资金管理的规范化；④在投资审批方面，根据资本金注入、投资补助、直接投资、转贷和贷款贴息等具体的资金运用方式采取不同的审批方式，以做到按照投资的实际情况来简化和规范审批程序；⑤在项目管理方面，要求对中介服务机构实行资质管理，对于公共投资项目加快推行招标方式，并建立和完善投资项目的风险管理机制；⑥在引入市场机制方面，进一步鼓励民间资本参与公共投资项目建设，要求各级政府拿出具有合理回报的项目，甚至包括一些具有垄断性质的项目，通过特许经营、投资补助等多种方式吸引民间投资者。《决定》影响深远，延续至今，为我国新时期的公共投资管理工作搭建了较完整的框架体系。

在这一框架基础上，为优化投资结构、发挥投资效益，2006 年国家发展改革委和建设部还联合发布了《关于建设项目经济评价工作的若干规定》，将建设项目的财务评价和国民经济评价列为项目前期工作的重要内容，对拟建项目的财务可行性和经济合理性进行论证，为项目的科学决策提供经济依据，并明确要求涉及公共利益的投资项目应重视国民经济评价，以评估其对区域乃至宏观经济的影响。在国务院《关于 2009 年深化经济体制改革工作的意见》与《关于 2010 年深化经济体制改革重点工作的意见》中，均要求稳步推行公共投资项目代建制，即通过招标的方式引入专业化的管理机构，负责项目管理与建设工作，并完善相关项目的评价、公示与责任追究制度。

随着城镇化的快速发展，政府有限的财力逐渐难以满足城镇化建设对公共项目的投资需求，同时项目融资渠道不够畅通，存在融资难、融资贵等问题，这一矛盾成为束缚我国城镇化发展的重要桎梏。为此国务院分别于 2015 年与 2016 年发布《基础设施和公用事业特许经营管理办法》和《关于深化投融资体制改革的意见》，表示为了集中有限的财力做好资源配置工作，政府投资资金以支持公共领域的项目为主，原则上不支持经营性项目，明确其在公共投资领域的引导与带头作用，还以构建更加开放的投融资体制为理念指导，进一步鼓励政府在扩大公共产品供给上采取单个、组合、连片开发等形式积极与社会资本合作，鼓励以股权、债权、资产等方式支持城镇化建设中的重大公共投资建设项目。从监督与管理机构的硬件配置来看，我国现有的公共投资管理体系可以说是兼收并蓄，博采众长，与先进国家相比并不逊色，但是监管效果却要逊色得多，因此文件还强调注意及时跟进配套改革，强调规范政府与社会资本合作、特许经营管理，强化事中事后监管，并推动项目建设信息公开，以引入社会监督机制。

### 3.1.2 我国城镇化进程中公共投资制度变迁的基本特征

（1）计划与市场相结合的双轨制特征。

长期以来我国公共投资项目处于计划经济体制的支配下，完全由政府规划、决策、投资与建设。在这种不完全市场中，作为单一投资主体的政府受到信息认知不完全、交易成本攀升、财政支出有限等方面的约束，使我国公共投资在相当长的一段时期内都处于供给不足的状态，无法满足国民日益增长的公共产品需求。随着我国城镇化进程的开启，出于避免财政约束、提供充足公共产品的初衷，我国公共投资领域也逐步尝试打开市场大门，随之而来的是具备一定竞争性的市场，我国公共投资项目的建设势头开始蓬勃发展起来，说明制度变迁的轨迹是有效的。市场竞争的有效性在国外公共投资实践中也得到了验证，20 世纪 70 年代末至 80 年代，美国公众渐渐对约束公共项目领域竞争的规章制度表现出不满，使立法部门开始削减相关垄断性规章，这较大地提升了美国部分公共项目领域的竞争性，由此带来可观的估计收益。

我国公共投资制度尽管也在努力尝试朝着竞争性市场的方向变迁，但是公共产品属性决定了其社会效益优先的地位，市场的逐利本性并不能完全为其实现社会效益。同时由于涉及公众利益的项目建设需要具备一定的超前性，不仅需满足现有人口的需求，也需应对未来一段可预见时期的需求变化，而市场的投机性使其很难具备长远眼光。另外，市场化意味着原有垄断部门的既得利益丧失，相关垄断利益部门则力求巩固原有计划制度，阻挠竞争市场的形成。因此，为了避免市场失灵所带来的公众利益受损等严重后果，以及既得利益部门为维护和巩固原有的制度租金，我国公共投资制度并未完全脱离以往的计划模式，政府继续在其中发挥其特有的作用，从而在变迁过程中表现出计划与市场相结合的双轨制特征。

（2）渐进式强制性与诱致性相结合的变迁特征。

为了更好地阐释制度变迁的内在规律性，新制度经济学依据变迁主体不同，将经济制度变迁划分为强制性制度变迁与诱致性制度变迁两种方式。强制性制度变迁的主体是政府部门，通过行政命令与法律调整推动新旧制度之间的转换与替代。诱致性制度变迁的主体是社会团体或个人，为响应获利机会而自发倡导和组织的制度变更。我国公共投资制度变迁是以强制性制度变迁方式为主，诱致性制度变迁方式作为补充的过程。在从高度集中的计划投资时期到财政分权前的投资体制探索时期的过渡阶段，作为投资制度的终极供给者，中央政府通过强力的经济变革，将公共投资主体由一重政府向多重政府转变，资金来源由财政拨款向财政拨款、银行贷款和建设基金等多渠道扩充。在从财政分权前的投资体制探索时期到财政分权后的投资体制改革时期的过渡阶段中，政府部门发挥强制性制度变迁方式执行力强、效率高的优点，重新划分了中央与地方的财权与事权范围，使地区性公共投资项目的审批与建设权基本上全由地方政府管辖与承担。强制性制度变迁能以效率高、执行力强的优点突破旧体制的桎梏，但也面临着有限理性、官僚政治、利益集团冲突以及知识经验局限等问题。随着预期性制度框架的形成，在地方政府为扩充建设资金以及企业与个人为获得经济利益的双重需求下，诱致性制度变迁方式开始具备发挥作用的空间，公共产品领域的投资准入门槛逐渐放宽，市场微观主体在与政府的合作中努力谋求双赢局面，BOT、TOT、PPP、ABS 以及市政债券等新型投融资方式应运而生，充分展示了诱致性制度变迁主体的灵活性，但是诱致性制度变迁时常会面临外部性和“搭便车”等问题。由于强制性与诱致性制度变迁各自的优缺点，因此，总体而言我国公共投资制度经历了早期以强制性方式推动、后期以诱致性方式作为补充的变迁历程，并在先试点后推广的渐进式做法中稳步推进。

（3）卡尔多—希克斯与帕累托相结合的改进特征。

制度调整必然触及利益分配的变化，公共投资制度的发展变迁也同样伴随着利益格局的调整变化。为减少制度调整的阻力，以及使更多人获得调整之后的红利，如何以较小的利益损害取得最大程度的改革，是制度变迁主体在设计考量中必须面临和解决的问题。根据社会福利经济学理论，利益格局变化的理想结果是实现帕累托最优状态，即没有利益方在制度格局调整中受损的情况下，至少有一利益方的境况变得更好。这在经济学家看来是最具效率与公平的利益分配改善方式，但较严格的假设限制条件使其在现实经济与社会利益调整中难以达成，这也给我国公共投资制度的发展过程带来了不小的难度。作为对帕累托效率的潜在改进，以及对现实公共政策调整环境的妥协，卡尔多—希克斯改进不失为一种能够较广泛适用于现实制度调整中的利益分配方式。卡尔多—希克斯改进实质是一种利益补偿机制，指当某一利益方由于改革而获利，当他能够补偿利益受损方且仍有剩余，则社会整体的利益就改进了。与帕累托标准相比，卡尔多—希克斯标准的条件更宽，且在谈判成本不高的情况下，卡尔多—希克斯存在转化为帕累托改进的可能。纵观我国城镇化进程中公共投资制度的变迁历程，无论是作为变迁主体的中央政府、地方政府还是参股企业，每次制度调整及新的政策措施出台，大致都未使它们任何一方的境况变得更糟糕，且在周期长、回报低的公共项目建设中，为了保证参股企业的利润，政府多数时候都会采取一定比例的成本补偿措施。这种以卡尔多—希克斯与帕累托相结合的利益平衡方式有效催生了各方的投资热情，推动了我国城镇化进程中公共投资项目建设的蓬勃发展。

### 3.1.3 我国城镇化进程中公共投资制度变迁的基本动因

（1）功能性需求增长的因素。

由于历史和政策等原因，我国公共投资项目曾长期处于供给严重不足的状态。但是，由于城镇化水平低下，国民对完善公共设施与服务的诉求并不十分强烈。改革开放后，我国将经济建设确定为中心路线，受国家政策偏好转变的影响，经济增长逐渐成为各级政府的核心任务之一。作为经济增长的重要驱动要素，公共资本逐渐成为我国经济起飞阶段的重要助推器。出于提高公共产品供给水平与服务经济发展的双重迫切需要，我国对公共投资的潜在巨大需求逐渐显现出来，高度集中的投资体制也随之逐渐成为制约投资增长的制度性障碍。各地区将大量新增投资建设需求逐级汇总上报，再由面临一定程度信息障碍的中央政府和相关部委统一决策、审批和拨款，其中所经历的冗长周期已经显得不合时宜，制度供给过剩的问题逐渐暴露；同时有限的中央财政在迅速增长的投资需求面前逐渐捉襟见肘，严重制约了项目审批效率和投资进度。为了解决制度供给过剩带来的投资低效率以及缓解中央财政约束，高度集中的投资审批建设权逐渐向行政中间层级扩散，从而缩短项目审批周期，扩大了地方政府的建设权限。另外。随着城镇化水平的不断提升以及新型城镇化建设的质量要求，每年我国城镇公共产品的投资需求一直呈现扩大趋势，相对应的供给要及时跟上则需要进一步借助市场的力量。尽管政府在调控社会总供给与总需求的宏观平衡上具有明显优势，然而对于具体的商品而言，市场调节在维持供需平衡上则有着天然的灵活优势。因此在这一系列需求的引导下，我国公共投资制度逐渐放松了一些公共产品的生产管制，开始有选择地向私人部门开放，在一些公共项目的投资建设中，公与私、公与公以及私与私众多生产厂商之间的竞争格局初露端倪，直接推动了我国公共投资制度的发展变迁。

（2）外部性内化的驱动。

外部性概念由马歇尔于 1890 年首先提出，而后由英国福利经济学家庇古对其进行了比较深入的阐述，其一般意义上是指某种经济个体的经济行为对其他经济个体所产生的伴生影响，但相关利润或成本并未通过交易在市场价格中体现出来。按其伴生影响的好坏可分为正外部性与负外部性。对于公共产品而言，正外部性是普遍存在的，其带来的“搭便车”问题意味着投资单元很可能在付出高昂成本的同时却无法获得相应的利润，最终无助于有效的市场结果。因而即使政府对私人部门放低公共项目的投资门槛，但由于外部性的存在使私人部门仍旧不太愿意冒险涉足。新制度经济学理论对此问题的传统解决思路是对造成正外部性的经济主体给予补贴或奖励，以提高该经济主体的私人收益，使其与社会收益相对等，从而获得最优产量。如图3－2中，当边际成本（$MC$）等于私人边际收益（$MR_P$）时，此时的$Q^*$并非最优产量。社会边际收益（$MR_P+ME$）大于私人边际收益（$MR_P$），其差距为$ME$，即产品正外部效应。要使产品的产量趋于最优产量$Q^{**}$，政府需根据厂商生产$Q^*$产量时正外部效应的大小来给予补贴，使得厂商愿意继续增加产量。随着产量的增加，政府可以根据新的正外部效应来实施新的补贴，当最后一单位产量所得的补贴$CD$加上私人边际收益恰好等于私人边际成本时，即可实现社会最优产量$Q^{**}$。①

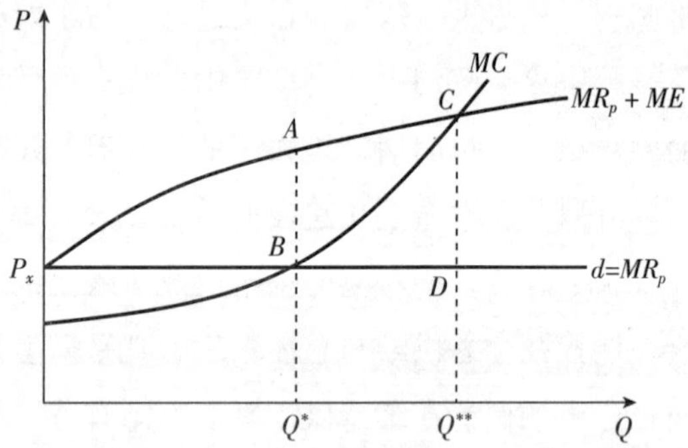


**图3－2　正外部性的传统解决办法**

在此思路的启发下，为了鼓励私人部门参与公共产品生产的积极性，政府对特许经营方式集合予以扩充与创新，通过赋予规定时间内的产权经营或税收补偿

① 袁庆明．新制度经济学教程［M］．北京：中国发展出版社，2014：81.

等政策减少“搭便车”的现象，让在之前制度安排下无法获得的潜在利益通过制度的再组织转移到投资者手中，使投资活动过程中所产生的外部性内在化，从而克服私人部门对公共投资风险的厌恶。值得说明的是，由于政府的补偿政策不是没有成本的，当所需成本太大以致大于正外部性所带来的利益时，则会降低政府施行补偿干预的积极性，这也是目前外部性内化驱动的局限所在。

（3）其他制度安排的结构性关联。

在国家运作体系集合中，各种制度安排相互交织与配合以达到均衡状态。我国公共投资制度作为制度集合的一分子，也深受其他制度结构的关联影响。从城镇化进程来看，我国公共投资制度是紧密跟随经济体制的改革方向而变迁的，在投资项目决策与监管制度方面予以创新与完善，努力发挥好政府应有的职能，在项目建设与运营方面则逐步朝着市场化方向探索，重视利用市场的优势；从局部关联来看，国家行政管理体制、财政体制、金融体制乃至人事体制的调整都会直接影响公共投资制度的发展和变化，其实质融合在上述各种体制内，并受它们的支持与制约。国家投资主管部门在具体修订与完善投资制度过程中，需要与规划、土地、金融、建设、法律等主管部门相协商，多次制定的系统改革方案不乏在其他部门的否定声中而不得不再次修改的情况发生；同时，其他部门配套制度的修改推进也给予了公共投资制度改革往前推进的空间与支持，并直接影响了公共投资的成本与收益。另外，投资主管部门自身的调整也直接影响到投资制度的变迁过程，一些重要的公共投资管理工作也逐渐从分散趋向集中。因此，现有其他制度安排的结构性变化也是影响公共投资制度变迁发展的关联动因。

## 3.2 我国城镇公共投资流量的供给规模与结构①

依据第 2 章对公共投资范围的界定与分类，本节对城镇公共投资的流量开展数据统计，直观描述我国城镇公共投资流量的供给规模与结构。

① 晏朝飞．我国城镇公共投资的流量规模与区域结构［J］．当代经济，2018（9）：19－23.

### 3.2.1 我国城镇公共投资流量的供给规模

在第2章关于公共投资范围的界定中，结合目前中国统计局对全社会固定资产投资的项目分类情况，选择了水、电、燃气的生产和供应业，交通运输、邮政和仓储业，水利、环境和公共设施管理业，教育，卫生、社会保障和社会福利业作为公共投资的行业部门。因而本节将上述行业部门的数据作为统计基础，开展对我国城镇公共投资规模的供给研究。公共投资流量的供给规模是指在一定时期内，某个国家或地区在公共项目建设领域内所投入的资金增量或者相对增量。由于统计口径变化、部分历史数据统计不够全面等因素，在目前官方公开的统计资料中，只能够较系统地查询到1981年以来我国城镇公共项目的投资数据、1990年以来的固定资产投资价格指数以及2003年以来各省（市、自治区）的城镇公共投资数据，因此为了保持研究数据的连续性与可比性，以及获得客观的研究结论，这里用1990~2018年的数据研究城镇公共投资的全国性规模，用2003~2018年的数据研究城镇公共投资的区域性规模，且二者均依据固定资产投资价格指数进行折算以剔除通货膨胀因素的影响。

表3-1反映了1990~2018年我国城镇公共投资流量规模的发展态势。从绝对规模上看，按1990年价格计算，全社会固定资产投资总额从1990年的4517亿元增长到2018年的259426.96亿元，其中城镇公共投资总额由1990年的897.27亿元增长到2018年的60602.14亿元，除个别年份外，城镇公共投资规模在此期间始终处于明显的上升态势，历年增长率普遍在20%上下浮动，总量增加约67.5倍。这段时期也是我国城镇化水平快速提升的历史阶段，常住人口城镇化率由1990年的26.41%上升到59.58%，意味着城镇常住人口增加了1倍多。从相对规模来看，我国城镇公共投资规模在全社会固定资产投资中的比重基本在20%~30%波动，但是分别在1998年亚洲金融风暴与2008年国际金融危机期间，由于积极宏观经济政策的实施，我国城镇公共投资额增长迅速，相对规模均有明显抬升，表明我国城镇公共投资的相对规模波动一般较为平稳，但在面临经济危机冲击的特殊年份会出现明显的骤增势头。

表 3-1 中国城镇公共投资流量规模（1990~2018 年，按 1990 年价格计算）

| 年份 | 公共投资额（亿元） | 公共投资增长率（%） | 全社会固定资产投资额（亿元） | 全社会固定资产投资额增长率（%） | 公共投资占全社会固定资产投资比重（%） |
|---|---|---|---|---|---|
| 1990 | 897.27 | — | 4517.00 | — | 19.86 |
| 1991 | 1008.44 | 12.39 | 5109.13 | 13.11 | 19.74 |
| 1992 | 1193.36 | 18.33 | 6399.90 | 25.26 | 18.65 |
| 1993 | 1510.09 | 26.54 | 8178.52 | 27.79 | 18.46 |
| 1994 | 1810.24 | 19.88 | 9657.77 | 18.09 | 18.74 |
| 1995 | 2295.40 | 26.80 | 10712.89 | 10.93 | 21.43 |
| 1996 | 2895.76 | 26.15 | 11790.06 | 10.05 | 24.56 |
| 1997 | 3513.90 | 21.35 | 12618.83 | 7.03 | 27.85 |
| 1998 | 4580.14 | 30.34 | 14400.78 | 14.12 | 31.80 |
| 1999 | 5086.25 | 11.05 | 15195.90 | 5.52 | 33.47 |
| 2000 | 5439.52 | 6.95 | 16572.67 | 9.06 | 32.82 |
| 2001 | 5767.77 | 6.03 | 18660.75 | 12.60 | 30.91 |
| 2002 | 6457.62 | 11.96 | 21769.55 | 16.66 | 29.66 |
| 2003 | 7743.92 | 19.92 | 27209.72 | 24.99 | 28.46 |
| 2004 | 9293.25 | 20.00 | 32681.07 | 20.11 | 28.44 |
| 2005 | 11311.59 | 21.72 | 40517.39 | 23.98 | 27.92 |
| 2006 | 12879.39 | 13.86 | 49459.60 | 22.07 | 26.04 |
| 2007 | 13865.09 | 7.65 | 59422.94 | 20.14 | 23.33 |
| 2008 | 14864.08 | 7.20 | 68637.17 | 15.51 | 21.66 |
| 2009 | 21148.19 | 42.27 | 91374.60 | 33.13 | 23.14 |
| 2010 | 24438.31 | 15.56 | 98854.58 | 8.19 | 24.72 |
| 2011 | 22743.29 | -6.94 | 114769.76 | 16.10 | 19.82 |
| 2012 | 26022.20 | 14.42 | 136550.56 | 18.98 | 19.06 |
| 2013 | 30231.72 | 16.18 | 162170.82 | 18.76 | 18.64 |
| 2014 | 35464.01 | 17.31 | 185112.31 | 14.15 | 19.16 |
| 2015 | 41050.05 | 15.75 | 206921.88 | 11.78 | 19.84 |
| 2016 | 47924.07 | 16.75 | 224784.57 | 8.63 | 21.32 |
| 2017 | 55142.38 | 15.06 | 240901.62 | 7.17 | 22.89 |
| 2018 | 60602.14 | 9.90 | 259426.96 | 7.69 | 23.36 |

资料来源：根据历年《中国固定资产投资统计年鉴》《中国城市统计年鉴》《中国环境统计年鉴》《中国统计年鉴》整理而得。

另外，从图 3 - 3 中投资增长率的波动态势来看，城镇公共投资增速的波峰出现在 2009 年，绝对增长率达到 42.27%；谷底则出现在 2011 年，绝对增长率跌至 -6.94%，是样本考察期内唯一出现负增长的年份，这种放缓态势与当时中央政府为防范经济过热而采取的紧缩性宏观调控政策有关。若忽略随机波动的影响，1990 ~ 2015 年我国城镇公共投资增长率的波动大体可分为 4 个周期，第 1 个周期是 1990 ~ 1998 年，周期长度为 9 年；第 2 个周期是 1999 ~ 2006 年，周期长度为 8 年；第 3 个周期是 2007 ~ 2013 年，周期长度为 7 年，是样本考察期内我国城镇公共投资增长振幅最大的一段时期；第 4 个周期是从 2013 年开始但还尚未结束的周期，投资年增长率从上个周期的剧烈振幅中逐渐趋向较为平稳的状态。

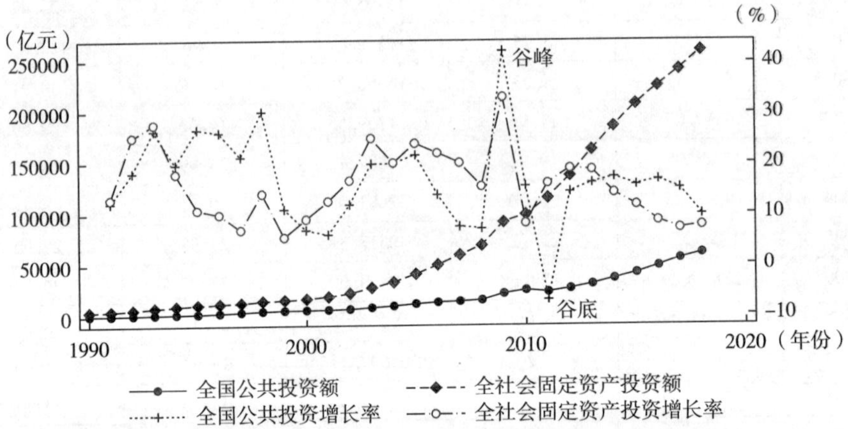


**图 3 - 3　全国历年相关投资额与增长率（按 1990 年价格计算）**

### 3.2.2　我国城镇公共投资流量的供给结构

为进一步了解城镇公共投资的行业结构，表 3 - 2 列示了 1990 ~ 2018 年生产性、社会性与环保性公共投资流量的绝对规模及其增长态势。以 1990 年价格为基期，生产性公共投资额从 1990 年的 501.71 亿元增长到 2015 年的 27983.32 亿元，年均复合增长率为 17.45%，[①] 总量增加约 55 倍。社会性公共投资额则从 353.74 亿元增长到 2015 年的 10814.33 亿元，年均复合增长率为 14.66%，总量增加约 30 倍。环保性公共投资额从 41.82 亿元增长到 2015 年的 2252.39 亿元，年均复合增长率为 17.29%，总量增加约 53 倍。可见，生产性公共投资增速最快，其次分别是环保性公共投资与社会性公共投资。在绝对规模上，生产性公共投资规模始终远超社会性与环保性公共投资，而环保性公共投资规模最小，并且增速起伏较大，这既与突遇自然灾害与环境污染等事件而临时加大环保性投入有关，也反映了我国环保性公共投资未形成稳定的增长机制，在环境治理方面重在事后治理，而相对忽视了事先预防。从图 3－4 中不同类型城镇公共投资相对规模的走势曲线来看，1990～2018 年生产性公共投资占全社会固定资产投资的比重在 10%～20% 区间范围波动，且在两次金融危机期间均有明显的抬升势头。社会性公共投资比重的波动幅度相对较小，在 5%～10% 区间范围内起伏，在两次金融危机期间的抬升势头均相对平缓。环保性公共投资比重的波动幅度最小，徘徊在 1%～3.5% 区间范围。这虽然与生产性公共投资项目大多处于资本密集型行业有关，但其增速情况从一定程度上反映出我国在城镇化进程中偏重于提升“硬”环境，而相对忽略了“软”设施建设，且在应对金融危机时政府往往偏好于增加生产性公共投资份额。

**表 3－2　分类型的城镇公共投资流量统计（按 1990 年价格计算）**

| 年份 | 生产性公共投资额（亿元） | 生产性公共投资增长率（%） | 社会性公共投资额（亿元） | 社会性公共投资增长率（%） | 环保性公共投资额（亿元） | 环保性公共投资增长率（%） |
|---|---|---|---|---|---|---|
| 1990 | 501.71 | — | 353.74 | — | 41.82 | — |
| 1991 | 603.06 | 20.20 | 348.58 | 1.46 | 56.80 | 35.82 |
| 1992 | 751.07 | 24.54 | 367.83 | 5.52 | 74.46 | 31.09 |
| 1993 | 979.42 | 30.40 | 396.74 | 7.86 | 133.93 | 79.87 |
| 1994 | 1181.27 | 20.61 | 466.09 | 17.48 | 162.88 | 21.62 |

① 年均复合增长率＝（现有价值/基础价值）^（1/年数）－1。

续表

| 年份 | 生产性公共投资额（亿元） | 生产性公共投资增长率（%） | 社会性公共投资额（亿元） | 社会性公共投资增长率（%） | 环保性公共投资额（亿元） | 环保性公共投资增长率（%） |
|---|---|---|---|---|---|---|
| 1995 | 1477.65 | 25.09 | 648.10 | 39.05 | 169.65 | 4.16 |
| 1996 | 1829.48 | 23.81 | 897.82 | 38.53 | 168.46 | -0.70 |
| 1997 | 2170.92 | 18.66 | 1038.50 | 15.67 | 304.48 | 80.74 |
| 1998 | 2874.49 | 32.40 | 1212.97 | 16.80 | 492.68 | 61.81 |
| 1999 | 3158.49 | 9.88 | 1383.40 | 14.05 | 544.36 | 10.49 |
| 2000 | 3312.94 | 4.89 | 1640.43 | 18.58 | 486.15 | -10.69 |
| 2001 | 3417.30 | 3.15 | 2003.29 | 22.12 | 347.18 | -28.59 |
| 2002 | 3603.20 | 5.44 | 2238.68 | 11.75 | 615.74 | 77.35 |
| 2003 | 4780.01 | 32.66 | 2438.82 | 8.94 | 525.08 | -14.72 |
| 2004 | 6068.54 | 26.96 | 2695.71 | 10.53 | 529.00 | 0.75 |
| 2005 | 7644.11 | 25.96 | 3078.98 | 14.22 | 588.50 | 11.25 |
| 2006 | 9084.26 | 18.84 | 3204.66 | 4.08 | 590.47 | 0.33 |
| 2007 | 9820.21 | 8.10 | 3409.85 | 6.40 | 635.03 | 7.55 |
| 2008 | 10431.54 | 6.23 | 3717.36 | 9.02 | 715.18 | 12.62 |
| 2009 | 14750.27 | 41.40 | 5377.05 | 44.65 | 1020.87 | 42.74 |
| 2010 | 16624.63 | 12.71 | 6154.63 | 14.46 | 1659.05 | 62.51 |
| 2011 | 15100.84 | -9.16 | 5963.29 | -3.11 | 1679.15 | 1.21 |
| 2012 | 17229.78 | 14.10 | 6947.75 | 16.51 | 1844.68 | 9.86 |
| 2013 | 20521.95 | 19.11 | 7816.59 | 12.51 | 1893.18 | 2.63 |
| 2014 | 24265.19 | 18.24 | 9224.25 | 18.01 | 1974.57 | 4.30 |
| 2015 | 27983.32 | 14.91 | 10814.33 | 17.24 | 2252.39 | 19.13 |
| 2016 | 31917.77 | 14.06 | 13295.52 | 22.94 | 2710.78 | 20.35 |
| 2017 | 36823.53 | 15.37 | 15136.20 | 13.84 | 3182.65 | 17.41 |
| 2018 | 40316.23 | 9.48 | 16794.59 | 10.96 | 3491.32 | 9.70 |

资料来源：根据历年《中国固定资产投资统计年鉴》《中国城市统计年鉴》《中国环境统计年鉴》《中国统计年鉴》整理而得。

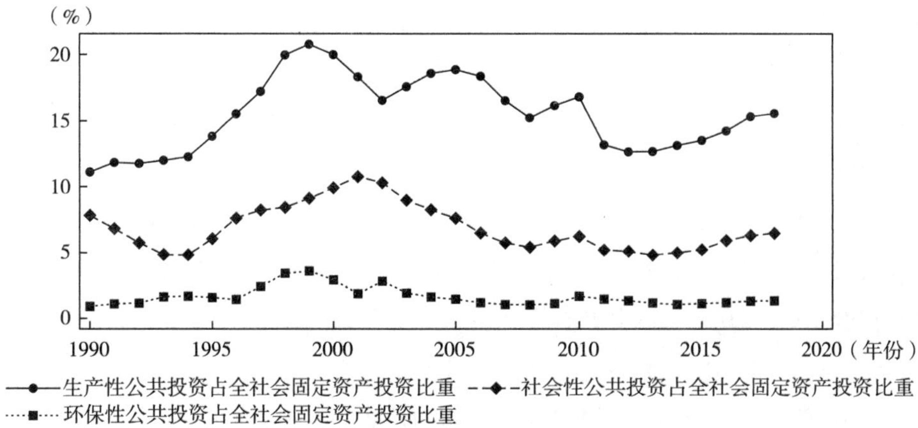


**图3-4　不同类型城镇公共投资占全社会固定资产投资的比重**

## 3.3　我国城镇公共投资存量分布的区域差异与时空演化①

通过对我国城镇公共投资流量的统计分析，大体可知我国是一个公共投资发展不平衡的国家，由于国家发展政策的偏好、地方经济基础的差异以及投资需求的变化等原因，使得同一段时期不同区域、不同类型的城镇公共投资流量规模与增速呈现出较大的差异。投资流量反映的是某段时期内投资增量的变化情况，但是对其长期以来累积的投资水平无法做准确的判断。而投资存量的多寡能够反映该地区的建设基础，这对城镇化建设往往起着基础性的支撑作用，因而有必要进一步考察我国城镇公共投资的存量情况。为了更清晰地展现我国城镇公共投资存量分布的具体差异和差异来源，并准确分析其中的演进特征，本节基于人口分布

① 晏朝飞．中国城镇公共投资的区域差异与时空演进：2003—2015［J］．江西社会科学，2017，37(6)：74-85.

的视角分别采用多重尺度——泰尔指数分解、核密度估计以及马尔可夫链分析来研究城镇公共投资存量分布的区域差异与演进特征。

一般而言，投资存量的衡量方式有两种：一种是以实物形式的存量来进行衡量，如以运输里程、邮电业务量等作为统计指标；另一种是以货币形式的存量进行衡量，一般采用戈登史密斯（1951）提出的永续盘存法进行测算。[①] 由于实物形式的城镇公共投资存量数据不全，本书采用后一种较为常用的永续盘存法来测算各省份 2003 ~ 2015 年的公共投资存量，计算公式为：

$$k_{it}=k_{it-1}\left(1-\delta_{it}\right)+I_{it}/p_{it} \tag{3-1}$$

其中，$k_{it}$为 $i$ 地区第 $t$ 年的城镇公共投资存量，$I_{it}$为 $i$ 地区第 $t$ 年的城镇公共投资流量，$\delta_{it}$为资本折旧率，$p_{it}$为固定资产价格指数。由于具体研究对象和统计方法有所差异，现有文献在测算物质资本存量时选择的资本折旧率不尽相同，例如王小鲁等（2000）对全社会固定资产投资存量估算时采用的资本折旧率为 5%；[②] 张军等（2004）依照几何效率递减模式，采用的资本折旧率为 9.6%；[③] 金戈（2012）对基础设施资本存量测算时，沿用张军等（2004）的方法计算出我国基础设施的资本折旧率为 9.2%。[④] 由于本书研究的公共投资范围与金戈（2012）的研究范围相似，故采用 9.2% 作为折旧率加以计算。另外，关于基年公共资本存量的确定，张军等（2004）、金戈（2012）将基年的资本形成额或者固定资产投资额除以 10% 来计算基年资本存量，本书沿用这一做法。由于目前我国没有分行业的资本形成额数据，故采用分行业的全社会固定资产投资额作为分子。据此，将中国内地 30 个省份作为研究样本（西藏数据不全，故未纳入），选取 2003 年作为城镇公共投资存量估算的基年，通过永续盘存法计算出 2003 ~ 2015 年我国各地区的城镇公共投资存量，并采用各地区固定资产投资价格指数对其进行平减折算，以消除通货膨胀带来的影响。

---

① Goldsmith R W. A Perpetual Inventory of National Wealth [M]. National Bureau of Economic Research, 1951.

② 王小鲁，樊纲等. 中国经济增长的可持续性——跨世纪的回顾与展望 [M]. 北京：经济科学出版社，2000.

③ 张军，吴桂英，张吉鹏. 中国省际物质资本存量估算：1952—2000 [J]. 经济研究，2004 (10)：35 - 44.

④ 金戈. 中国基础设施资本存量估算 [J]. 经济研究，2012 (4)：4 - 14，100.

### 3.3.1 我国城镇公共投资存量分布的区域差异——基于泰尔指数分解

泰尔指数（Theil Index）也称泰尔熵标准（Theil's Entropy Measure），是由荷兰经济学者泰尔（1967）在《经济学与信息论》一书中引入信息理论的熵概念计算收入差异程度而得名，[①] 其与基尼系数是目前测度不平等性问题时的两种主要方法。然而在涉及地区分组的差异研究时，泰尔指数则在组间与组内的具体分解上比基尼系数更具备优势，因此本节参照 Theil（1967）、Bourguignon（1979）、Shorrocks（1980）等关于泰尔指数及其分解方法的研究成果，通过总体泰尔指数、区域间与区域内泰尔指数来反映与判断中国省际人均城镇公共投资存量的区域差距与变化趋势，相关计算方法如下：

$$T = \sum_{i=1}^{30}\left[\frac{S_i}{S}\right]\ln\left[\frac{S_i/S}{P_i/P}\right] \tag{3-2}$$

$$T_j = \sum_{i=1}\left[\frac{S_{ji}}{S_j}\right]\ln\left[\frac{S_{ji}/S_j}{P_{ji}/P_j}\right] \tag{3-3}$$

$$T_b = \sum_{j}\left[\frac{S_j}{S}\right]\ln\left[\frac{S_j/S}{P_j/P}\right] \tag{3-4}$$

$$T_w = \sum_{j}\left[\frac{S_{ji}}{S_j}\right]T_j = \sum_{j}\sum_{i}\left[\frac{S_{ji}}{S_j}\right]\ln\left[\frac{S_{ji}/S_j}{P_{ji}/P_j}\right] \tag{3-5}$$

式（3－2）测算的是中国内地30个省份（除西藏）人均城镇公共投资存量的总体泰尔指数，用于衡量城镇公共投资存量规模与人口分布之间的匹配程度，数值在0～1。其中 $T$ 表示总体泰尔指数，$S_i$ 代表各省份城镇公共投资存量规模，$S$ 代表各省份城镇公共投资存量规模之和，$P_i$ 和 $P$ 分别表示各省份城镇常住人口数量及总和。依据泰尔指数原理，当各省份城镇公共投资存量规模与人口分布之间的匹配度越高，即泰尔指数越接近于0，表示各省份间人均城镇公共投资存量水平差异越小；反之，当泰尔指数越接近于1，表示差异越大。式（3－3）用于测算某一区域各省份间人均城镇公共投资存量规模的泰尔指数。式（3－4）和

① Theil H. Economics and Information Theory [M]. Amsterdam: North Holland Publishing Company, 1967.

式（3-5）分别用于中国内地30个省份总体泰尔指数的区域间和区域内分解，其中 $S_{ji}$ 表示 $j$（$j=1$，2，3）区域内 $i$ 省份的城镇公共投资存量规模；$S_j$ 表示 $j$ 区域内城镇公共投资存量规模的总和；$P_{ji}$ 和 $P_j$ 分别表示 $j$ 区域内 $i$ 省份的人口数量和 $j$ 区域的人口数量。基于以上分析方法，从2003~2015年中每相隔四年抽取一个年份来分析我国不同类型城镇公共投资的全国总体泰尔指数及其分解指数，计算结果如表3-3所示。

**表3-3　人均城镇公共投资存量分布的泰尔指数及其分解**

| | 年份 | 总体泰尔指数 | 东部 | 中部 | 西部 | 区域内 | 区域间 | 区域内贡献率（%） | 区域间贡献率（%） |
|---|---|---|---|---|---|---|---|---|---|
| 生产性公共投资 | 2003 | 0.0941 | 0.0925 | 0.0540 | 0.0754 | 0.0786 | 0.0155 | 83.53 | 16.47 |
| | 2007 | 0.0853 | 0.0795 | 0.0282 | 0.0834 | 0.0708 | 0.0146 | 82.90 | 17.10 |
| | 2011 | 0.0656 | 0.0467 | 0.0270 | 0.0779 | 0.0550 | 0.0106 | 83.84 | 16.16 |
| | 2015 | 0.0595 | 0.0247 | 0.0323 | 0.0695 | 0.0457 | 0.0167 | 73.24 | 26.76 |
| 社会性公共投资 | 2003 | 0.1240 | 0.0819 | 0.0419 | 0.0669 | 0.0678 | 0.0563 | 54.63 | 45.37 |
| | 2007 | 0.0880 | 0.0637 | 0.0322 | 0.0541 | 0.0544 | 0.0336 | 61.82 | 38.18 |
| | 2011 | 0.0575 | 0.0415 | 0.0182 | 0.0636 | 0.0442 | 0.0133 | 76.87 | 23.13 |
| | 2015 | 0.0472 | 0.0430 | 0.0147 | 0.0561 | 0.0415 | 0.0057 | 87.92 | 12.08 |
| 环保性公共投资 | 2003 | 0.3994 | 0.2564 | 0.1505 | 0.2730 | 0.2485 | 0.1510 | 62.20 | 37.80 |
| | 2007 | 0.3271 | 0.2075 | 0.1027 | 0.2488 | 0.2046 | 0.1225 | 62.55 | 37.45 |
| | 2011 | 0.2111 | 0.1210 | 0.0545 | 0.2168 | 0.1381 | 0.0730 | 65.42 | 34.58 |
| | 2015 | 0.2295 | 0.2175 | 0.0509 | 0.2173 | 0.1867 | 0.0427 | 81.39 | 18.61 |
| 公共投资 | 2003 | 0.0953 | 0.0873 | 0.0193 | 0.0584 | 0.0650 | 0.0303 | 68.21 | 31.79 |
| | 2007 | 0.0784 | 0.0709 | 0.0100 | 0.0648 | 0.0569 | 0.0215 | 72.58 | 27.42 |
| | 2011 | 0.0539 | 0.0353 | 0.0160 | 0.0636 | 0.0420 | 0.0119 | 77.92 | 22.08 |
| | 2015 | 0.0480 | 0.0261 | 0.0182 | 0.0593 | 0.0382 | 0.0119 | 76.25 | 23.75 |

根据上述泰尔指数及分解结果可获得如下信息：

其一，2003~2015年，省际生产性公共投资存量水平的总体泰尔指数呈下降趋势，从2003年的0.0941下降到2015年的0.0595，其中2007~2011年泰尔指数下降幅度最明显。其中东部地区的泰尔指数下降趋势明显且稳定，从2003

年的0.0925下降到2015年的0.0247；中部地区与西部地区的泰尔指数虽然在总体上呈现下降趋势，但期间存在一定的波动，其中中部地区的泰尔指数在2011～2015年存在向上波动的态势，西部地区的泰尔指数在2003～2007年也出现过向上波动的态势，且整体的下降幅度较小；从区域泰尔指数来看，区域内的泰尔指数不断下降，而区域间的泰尔指数虽然在2003～2011年不断下降，但在2015年出现较大的反弹；从区域间与区域内对总体泰尔指数的贡献率来看，区域内贡献率始终大于区域间贡献率，但区域内贡献率在2003～2015年有所下降，而区域间贡献率则相对上升。从上述生产性公共投资的泰尔指数变化情况可知，全国各省份之间生产性公共投资存量水平的差异性在减小，存量水平与人口分布间的关系逐步向良性的协调状态发展。从分区域的情况来看，东部地区内部的生产性公共投资存量的差异性在不断减小；中部地区的差异性虽然整体呈现减小趋势，但值得警惕的是在2011～2015年出现了扩大迹象；西部地区的差异性则只是略有减小，呈现固化倾向；在2003年，东、中、西部地区生产性公共投资存量水平的差异性由大到小依次排列，而至2015年，各区域生产性公共投资存量水平的差异性大小则完全倒转，即东部地区的差异性最小，其次是中部和西部；从全国总体泰尔指数的分解及其贡献率来看，东部、中部和西部区域内部的差异性在减小，区域间的差异性则有所扩大，这使得全国生产性公共投资存量水平的差异性虽然多数来自于各区域内部的贡献，但区域之间差异性的贡献率存在一定的上升趋势。

其二，2003～2015年，省际间社会性公共投资存量水平的总体泰尔指数在不断下降，由2003年的0.1240下降到2015年的0.0472，下降幅度高于生产性公共投资，其中东部、中部地区的泰尔指数的下降趋势明显，而西部地区的泰尔指数则呈现反复波动的态势。另外，该期间区域内和区域间的泰尔指数逐渐下降，区域内的泰尔指数由2003年的0.0678显著下降至0.0415，区域间的泰尔指数由2003年的0.0563大幅下降至0.0057，其中区域内贡献率由2003年的54.63%上升到87.92%，区域间贡献率由2003年的45.37%下降到12.08%。从上述社会性公共投资的泰尔指数变化情况可知，我国社会性公共投资存量水平的总体差异程度在不断缩小，社会性公共投资存量规模与人口分布的协调程度在不断提升；东部与中部地区内部的社会性公共投资存量水平的差异性在减小，而西部地区内部的差异性未出现明显变化，与该地区生产性公共投资的差异性一样存在固化倾向；从全国总体泰尔指数的分解情况来看，东部、中部和西部地区内部以及它们之间的社会性公共投资存量差异性都在减小；从全国总体差异性的贡献程度变化来看，目前全国社会性公共投资存量水平的差异性多数来自各区域内部，少数来自各区域之间，且区域之间的差异对总体差异水平的贡献比重呈明显的下降趋势。

其三，2003～2015 年，省际间环保性公共投资存量水平的总体泰尔指数在多数年份也呈现出不断下降态势，由 2003 年的 0.3994 下降到 2015 年的 0.2295；虽然 2015 年的总体泰尔指数较 2011 年略有上升，但整体上还是处于明显向下运行的通道中。从分区域的情况来看，东、中、西部地区的泰尔指数在整体上均呈现出下降态势，但值得注意的是，东部地区的泰尔指数在 2015 年出现了较为明显的反弹，由 2011 年的 0.1210 上升至 2015 年的 0.2175。另外，该期间区域内和区域间的泰尔指数逐步下降，区域内的泰尔指数由 2003 年的 0.2485 下降至 0.1867，区域间的泰尔指数由 2003 年的 0.1510 大幅下降至 2015 年的 0.0427，其中区域内贡献率由 2003 年的 62.20% 上升到 2015 年的 81.39%，区域间贡献率由 2003 年的 37.80% 下降到 2015 年的 18.61%。从上述环保性公共投资的泰尔指数变化情况可知，虽然全国各省份之间环保性公共投资存量水平的差异性在整体上逐步缩小，但于 2015 年出现了扩大迹象。从分区域的情况来看，我国各区域省际间的差异性在整体上不断缩小，但是东部地区的差异性在 2015 年出现了较为明显的扩大趋势；到 2015 年，东部地区的差异性最大，其次是西部和中部。从全国总体泰尔指数的分解情况来看，区域内部和区域之间的差异性均在缩小，但由于区域之间的缩小幅度高于区域内部，使得区域间的贡献率相对下降，而区域内部的贡献率相对有所上升。

其四，2003～2015 年，省际城镇公共投资存量水平的总体泰尔指数由 2003 年的 0.0953 降至 2015 年的 0.0480，下降趋势与幅度均较为明显。从分区域的情况来看，东部地区的泰尔指数下降明显；中部地区的泰尔指数在近些年有逐步扩大的态势，由 2007 年的 0.0100 上升到 2015 年的 0.0182；西部地区的泰尔指数较为平稳，一直在 0.0600 上下小幅波动。该期间区域内和区域间的泰尔指数逐步下降，区域内的泰尔指数由 2003 年的 0.0650 降至 2015 年的 0.0382，区域间的泰尔指数由2003年的0.0303大幅降至2015年的0.0119，其中区域内贡献率由2003年的68.21%上升到2015年的76.25%，区域间贡献率由2003年的31.79%下降到2015年的23.75%。以上城镇公共投资存量水平的泰尔指数变化表明，在考察期内我国省际城镇公共投资存量水平的差异性逐步缩小，其中东部地区城镇公共投资存量水平的差异性明显缩小，中部地区的差异性则呈现逐步扩大的态势，西部地区的差异性表现出明显的固化特征；区域内部和区域间的差异性均在缩小，目前全国总体的差异性源头多数来自各区域内部，少数来自各区域之间。

上述分析进一步表明，我国多年来实行的区域协调发展战略是具有一定成效的，显著缩小了各区域在城镇化进程中公共投资存量水平的不均程度。但区域内部的差异性不容忽视，其已成为我国城镇公共投资存量水平差异的重要来源，尤其在中部地区，城镇公共投资的存量规模与其人口数量之间的不协调程度存在趋于扩大的态势。

### 3.3.2 我国城镇公共投资存量分布的时序演化——基于 Kernel 密度估计

核密度估计（Kernel Density Estimation）是一种用来研究数据分布与运动特征的重要非参数估计方法，由罗森布拉特（1955）和伊曼纽尔·帕尔逊（1962）提出。在参数估计方法中，一般需要事先设置某种假定，使数据样本服从特定的形态分布，这使得其与实际模型往往容易产生较大的偏差，尤其在数据分布具有多峰形态特征时更难以取得令人满意的结果。非参数相比参数估计方法而言，核密度估计方法放松了函数形式的设定限制，且对数据分布不强附形态假定，从样本本身出发来研究数据特点，并可通过平滑的概率密度曲线直观表现变量的分布形态，其基本原理如下：

设 $x$ 为一个随机变量，$x_1$，$x_2\cdots$，$x_n$ 为 $x$ 的样本观测值，其密度函数 $f(x)$ 未知。在通过样本估计核密度函数 $f(x)$ 之前，首先设定样本的经验分布函数为：

$$F_n(x) = \frac{1}{n}\sum_{i=1}^{n} I(x_i \leqslant x) \tag{3-6}$$

其中，$n$ 为观测值个数，$I(z)$ 为指针函数；用 $x_i \leqslant x$ 表示 $z$，当 $x_i \leqslant x$ 时，$I(x_i \leqslant x)=1$，否则取值为0。

取核函数为均匀核：

$$K_0(x)=\begin{cases}1/2 & -1\leqslant x\leqslant 1\\ 0 & \text{其他}\end{cases} \tag{3-7}$$

继而导出核密度函数估计式为：

$$\begin{aligned} f(x) &= \frac{[F_n(x+h_n)-F_n(x-h_n)]}{2h} \\ &= \frac{1}{2h}\left[\frac{1}{n}\sum_{i}^{n} I(x-h\leqslant x_i\leqslant x+h)\right] \\ &= \frac{1}{nh_n}\sum_{i=1}^{n} K\left(\frac{x-x_i}{h_n}\right) \end{aligned} \tag{3-8}$$

其中，$n$ 为观测值个数，$h$ 为窗宽或平滑系数，$K$（·）为核函数，核函数包括高斯核、三角核、Epanechnikov 核、四次核等类型。采用式（3－8）估计城镇公共投资存量水平的分布密度函数，并选择高斯核函数，窗宽设定 $h=0.9Se\times n^{-1/5}$，$Se$ 表示样本观测值的标准差。在利用上式开展核密度估计时，通常需要较大的样本数据，但由于在研究过程中需对具体某一年份的数据进行核密度估计，可能存在样本信息不足的问题。为弥补此缺陷，借鉴孙才志、李欣（2015）的信息扩散方法对样本数据进行了集值化处理，① 以得到较精确的核密度估计结果。根据以上介绍的方法，利用 STATA 软件，可分别估计出 2003～2015 年的全国城镇生产性公共投资、社会性公共投资、环保性公共投资以及公共投资存量水平分布的密度函数，这里分别选取 2003 年、2007 年、2011 年、2015 年进行分析。

其一，图 3－5 是采用高斯核函数绘制出的中国内地 30 个省份城镇生产性公共投资存量水平分布的核密度估计二维图，图中由左及右分别呈现了 2003 年、2007 年、2011 年、2015 年的核密度函数曲线。依据核密度估计原理，当核密度曲线向右发生移动时，意味着研究对象的整体水平在提升，说明我国生产性公共投资存量水平在 2003～2015 年处于不断上升的态势中。其中，相比 2007 年而言，2011 年与 2015 年的右移幅度有所增大，表明这段时期我国城镇生产性公共

① 孙才志，李欣．基于核密度估计的中国海洋经济发展动态演变［J］．经济地理，2015（1）：96－103.

投资存量水平的提升速度相对较快，这与2008年国际金融危机发生后我国在基础设施领域投入大量建设资金密切相关。从核密度曲线波峰的变化情况来看，考察期内四个年份的主峰高度呈向上趋势，并且2003年、2007年、2011年核密度曲线右下角的次峰在2015年已不再明显，表明省际城镇生产性公共投资存量水平间的差异在减小，这与多年来中央政府在欠发达地区持续实施的开发战略是分不开的。

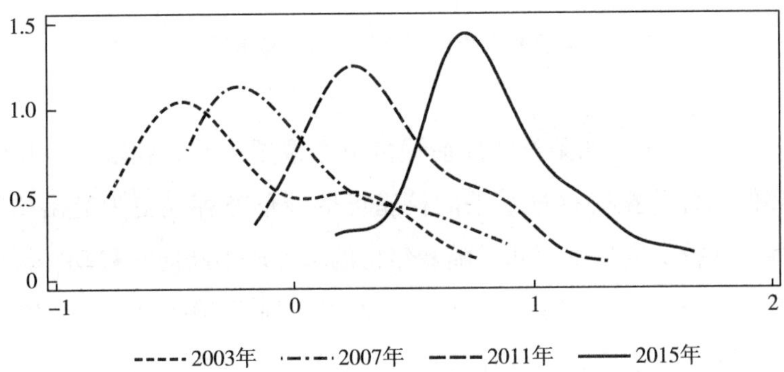


**图3-5　全国城镇生产性公共投资存量水平的核密度**

其二，从图3-6中四条核密度曲线的分布位置可知，2003~2015年我国城镇社会性公共投资存量的整体水平依年份次序在不断提高，但始终远低于城镇生产性公共投资存量水平。实际数据也表明，2015年我国省际城镇社会性公共投资存量均值比2003年翻了一番多，由2003年的0.429万元/人提高到2015年的0.874万元/人，但2015年省际城镇生产性公共投资存量均值达2.408万元/人，两者差距明显。从核密度曲线的延展性来看，2003年、2007年核密度曲线两尾的跨度较大，说明这两年我国城镇社会性公共投资存量水平分布非常分散，省际间存在较严重的极化现象。虽然2011年、2015年核密度曲线的两尾跨度逐渐减小且波峰高度有所上升，但曲线形态出现双峰结构。表明该期间虽然极化现象有所缓解，但集中度有所分化，部分省份开始在一个相对更高的水平区间集中，使曲线右方出现了一个次峰形态，出现了较明显的"双俱乐部"特征。

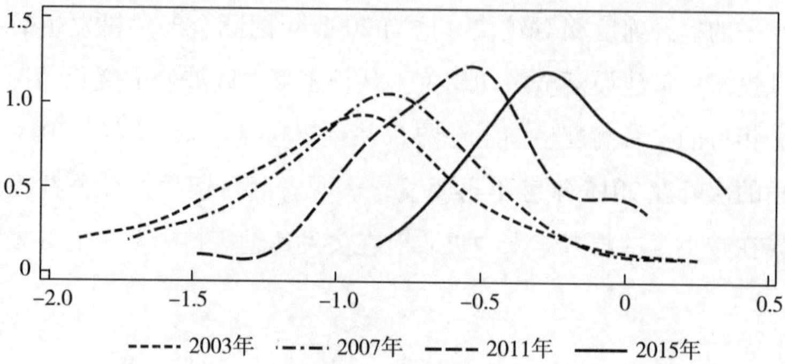


图 3－6 全国城镇社会性公共投资存量水平的核密度

其三，从图 3－7 中四条核密度曲线的分布位置可知，相较其他城镇公共投资而言，环保性公共投资存量水平的核密度曲线形态存在更为突出的问题。首先，环保性公共投资的核密度曲线随着年份的增加而不断向右移动，说明其存量水平在提高，即从 2003 年的 0.106 万元/人提高到了 2015 年的 0.215 万元/人，但是相对其他公共投资而言，其存量水平严重偏低。其次，从核密度曲线的延展性来看，2003 年与 2007 年的核密度曲线跨度非常明显，虽然随着年份的增加，2011 年与 2015 年的核密度曲线跨度有所收敛，且波峰高度在 2015 年明显上升，但是相比较而言，核密度曲线跨度依旧较大，说明环保性公共投资存量水平的分布情况相当分散，始终存在较为突出的分布不均问题。

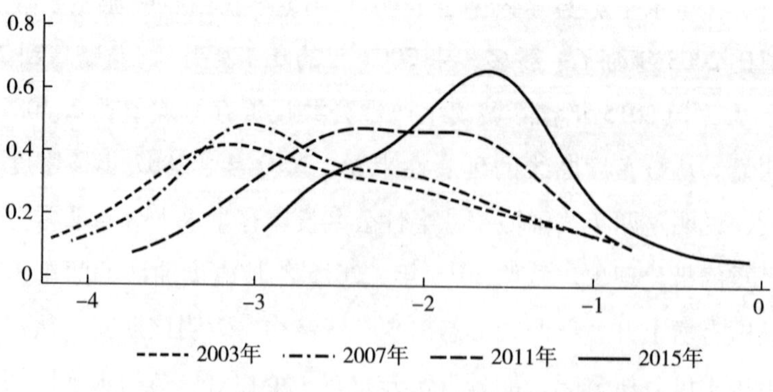


图 3－7 全国城镇环保性公共投资存量水平的核密度

其四，由图3-8可知，我国内地30个省份城镇公共投资存量水平的核密度曲线在样本考察期内随年份的增加而不断向右移动，其中2011年与2015年向右平移的幅度相对较大。说明我国城镇公共投资力度在不断提升，尤其在2008年以后，我国城镇公共投资存量水平的提升速度有所加快。相关数据也表明，我国省际城镇公共投资存量的平均水平由2003年的1.423万元/人提升到了2015年的3.497万元/人。从分布的形态来看，2003~2015年核密度曲线的波峰高度有明显抬升，说明省际城镇公共投资存量水平的差异性明显减小。但值得警惕的是，相比2011年而言，2015年核密度曲线的波峰高度和两尾跨度基本维持不变，且波峰宽度有所增大，说明在2012~2015年，我国各省份之间城镇公共投资存量水平差异逐步缩小的趋势有所减缓，存在将来有可能往反方向发展的迹象。

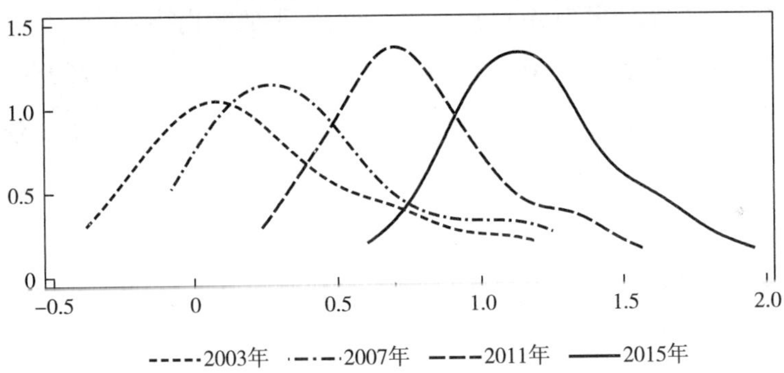


图3-8　全国城镇公共投资存量水平的核密度

### 3.3.3　我国城镇公共投资存量分布的空间演化——基于Markov链分析

Kernel密度曲线直观地刻画了我国城镇公共投资存量分布形态随时间推移的变化情况，但无法具体反映出其空间动态变化的趋向规律和发生概率。为有效获得更多的动态演进信息，可以引入马尔可夫链分析方法做进一步研究。马尔可夫链（Markov Chain）是以俄国科学家安德烈·马尔可夫（A. A. Markov）命名的，指具备马尔可夫性质的离散事件随机过程，其一般依据现有信息通过构造马尔可夫转移概率矩阵来描述事物从一种状态向另一种状态转变的发生概率，相关数学定义如下：

设 $\{X_t\}$ 为随机序列，$\{i, j\}$ 表示状态类型，则有

$$P\{X_{(t+1)}=j \mid X_{(t)}=i, X_{(t-1)}=i_{(t-1)}, X_{(t-2)}=i_{(t-2)}, \cdots, X_{(0)}=i_0\}=P\{X_{(t+1)}=j \mid X_{(t)}=i\} \tag{3-9}$$

其中，$\{X_t\}$ 序列称为马尔可夫链，并假设马尔可夫链 $\{X_t\}$ 具有无后效性质，即随机变量 $X_t$ 在 $t+1$ 时期的 $j$ 状态取决于其在 $t$ 时期所处的 $i$ 状态，而与 $t$ 时期之前所经历的任何状态均无关。根据此性质，可将从 $t$ 时期状态 $i$ 出发经过一步转移到达 $t+1$ 时期状态 $j$ 的转移概率记为 $p_{ij}$，并可通过公式 $p_{ij}=n_{ij}/n_i$ 计算得出，其中 $n_i$ 为 $t$ 时期处于 $i$ 状态的研究对象个数之和，$n_{ij}$ 为由 $t$ 时期状态 $i$ 转移为 $t+1$ 时期状态 $j$ 的研究对象个数之和，通过上述过程可以计算出所有 $p_{ij}$ 组成的 $L \times L$ 维的马尔可夫转移概率矩阵 $p$，从而分析其中的变化特征。

首先，根据我国 2003 ~2015 年城镇公共投资存量水平的相对大小划分为相互不交叉且完备的四种状态类型，用 $L_1$、$L_2$、$L_3$、$L_4$ 分别代表相对比较意义上的低水平、中低水平、中高水平与高水平投资状态，所对应的人均城镇公共投资存量区间分别为：(0，1.441]、(1.441，2.172]、(2.172，2.943]、(2.943，+∞]。2003 年，我国多数省份的城镇公共投资存量水平处于相对的低水平状态，且在东、中、西部地区均有所分布；新疆、青海、宁夏、内蒙古、山西、天津、江苏、浙江则处于相对的中低水平状态；北京、上海则处于相对的高水平状态。至 2015 年，全国各省城镇公共投资存量水平基本摆脱了相对的低水平与中低水平状态，仅江西、河南两省处于相对的中低水平状态；其余省份处于相对的中高水平与高水平状态，其中广东、广西、云南、湖南、贵州、四川、湖北、河北、黑龙江、海南处于相对的中高水平状态，其余省份则处于相对的高水平状态。

表 3 -4 给出了 2003 ~2015 年全国城镇公共投资存量水平的相对状态分布情况。从时间纵向分布来看，在考察期间我国各省公共投资存量均在逐渐往中高水平（$L_3$）或高水平（$L_4$）状态演进；从空间横向分布来看，我国城镇公共投资与当地的经济发展水平以及人口情况具有一定的关联，人口稀少或经济发达省份的城镇公共投资存量水平在多数时期处于类型 $L_3$ 或类型 $L_4$ 状态，如北京、天津、上海、江苏、浙江等经济发达地区；一些经济欠发达的西部省份，如青海、

宁夏的城镇公共投资存量水平在多数时期也处于较高的区间状态，原因在于稀少的人口数量以及国家投资政策在西部地区的倾斜在一定程度上拉高了其人均水平。而人口众多或经济欠发达省份的城镇公共投资存量水平多数处于低水平（$L_1$）或者中低水平（$L_2$）的状态。例如，广东省的城镇公共投资存量水平曾在2003～2012年始终处于中低水平，这似乎与其经济发展水平不相称，但经查阅该省的人口数据后发现这应该与其是人口流入大省有关，尽管其总量水平处于前列，但外来人口的迅速涌入拉低了其人均水平。虽然北京、上海也是外来人口不断流入的重要地区，但其在历史上就是政治、经济重镇，基础设施和公共服务建设底子比广东省更为扎实，且投资力度一直保持较强的态势，因而人口的快速增长并未影响到其实质水平。

**表3-4　2003～2015年全国城镇公共投资存量水平的相对状态分布情况**

| 省份 | $L_1$ | $L_2$ | $L_3$ | $L_4$ | 省份 | $L_1$ | $L_2$ | $L_3$ | $L_4$ |
|---|---|---|---|---|---|---|---|---|---|
| 北京 | 0 | 0 | 0 | 13 | 河南 | 10 | 3 | 0 | 0 |
| 天津 | 0 | 0 | 5 | 8 | 湖北 | 6 | 4 | 3 | 0 |
| 河北 | 6 | 4 | 3 | 0 | 湖南 | 8 | 4 | 1 | 0 |
| 山西 | 0 | 8 | 4 | 1 | 广东 | 2 | 8 | 3 | 0 |
| 内蒙古 | 0 | 1 | 3 | 9 | 广西 | 8 | 3 | 2 | 0 |
| 辽宁 | 4 | 3 | 2 | 4 | 海南 | 6 | 4 | 3 | 0 |
| 吉林 | 5 | 4 | 3 | 1 | 重庆 | 4 | 4 | 3 | 2 |
| 黑龙江 | 6 | 4 | 3 | 0 | 四川 | 7 | 4 | 2 | 0 |
| 上海 | 0 | 0 | 0 | 13 | 贵州 | 8 | 4 | 1 | 0 |
| 江苏 | 0 | 7 | 4 | 2 | 云南 | 6 | 4 | 3 | 0 |
| 浙江 | 0 | 1 | 9 | 3 | 陕西 | 4 | 3 | 4 | 2 |
| 安徽 | 7 | 3 | 2 | 1 | 甘肃 | 6 | 4 | 2 | 1 |
| 福建 | 3 | 4 | 2 | 4 | 青海 | 0 | 4 | 4 | 5 |
| 江西 | 8 | 5 | 0 | 0 | 宁夏 | 0 | 6 | 3 | 4 |
| 山东 | 3 | 6 | 2 | 2 | 新疆 | 0 | 8 | 2 | 3 |

其次，运用Markov链原理计算得出全国城镇公共投资存量水平的Markov转移概率矩阵，如表3-5所示。通过表3-5进一步反映了我国城镇公共投资存量

水平在2008年前后两段时期的内部动态性特征：从2003～2008年的Markov转移概率矩阵来看，主对角线元素大于非对角线上的元素，表明各省城镇公共投资存量水平发生状态转移的概率要小于维持原类型状态的概率，在状态分布上存在一定的稳定性，组间流动性较差；各省城镇公共投资水平普遍呈现向上转移的概率，但是跨状态向上转移的概率为零，其中相对低水平状态的向上转移概率最小，仅为7.8%，说明2003～2008年低水平投资状态存在较明显的固化现象。从2009～2015年的Markov转移概率矩阵来看，主对角线元素并非都大于非对角线元素，低水平的状态已完全向上转移，中低水平与中高水平状态向上转移的概率分别为30.9%与24.5%，表明此期间各省城镇公共投资存量水平发生状态转移的概率比前一段时期明显增大，呈现出较好的组间流动性，这与2008年国际金融危机发生以来我国采取的大规模投资政策密切相关。各省城镇公共投资水平也均普遍呈现向上转移的概率，不存在向下转移与跨状态向上转移的可能。

**表3-5　2003～2008年、2009～2015年全国城镇公共投资存量水平的Markov转移概率矩阵**

| $t/t+1$ | 2003～2008年 | | | | 2009～2015年 | | | |
|---|---|---|---|---|---|---|---|---|
| | 类型$L_1$ | 类型$L_2$ | 类型$L_3$ | 类型$L_4$ | 类型$L_1$ | 类型$L_2$ | 类型$L_3$ | 类型$L_4$ |
| 类型$L_1$ | 0.922 | 0.078 | 0.000 | 0.000 | 0.500 | 0.500 | 0.000 | 0.000 |
| 类型$L_2$ | 0.000 | 0.917 | 0.083 | 0.000 | 0.000 | 0.691 | 0.309 | 0.000 |
| 类型$L_3$ | 0.000 | 0.000 | 0.846 | 0.154 | 0.000 | 0.000 | 0.755 | 0.245 |
| 类型$L_4$ | 0.000 | 0.000 | 0.000 | 1.000 | 0.000 | 0.000 | 0.000 | 1.000 |

表3-6进一步量化描述了2003～2015年全国城镇公共投资存量水平的初始分布与Markov的稳态分布情况，其给出的信息表明各省城镇公共投资存量水平的长期发展趋势是逐渐向类型$L_3$与类型$L_4$的状态空间靠拢。大量存在于初始分布中的类型$L_1$与类型$L_2$在稳态分布已逐渐消失，类型$L_3$与类型$L_4$的分布比例大幅提升并居于主导地位。可见，在考察期内，类型$L_1$与类型$L_2$具有不稳定性，类型$L_3$与类型$L_4$相对稳定。因此，随着我国城镇化的深入推进，可以预期，在将来一段时期我国各省城镇公共投资存量水平将普遍达到类型$L_4$状态，从而进入新的发展阶段。

表 3－6 城镇公共投资存量水平的初始分布与稳态分布

| $t/t+1$ | 类型 $L_1$ | 类型 $L_2$ | 类型 $L_3$ | 类型 $L_4$ |
|---|---|---|---|---|
| 初始分布 | 0.667 | 0.233 | 0.033 | 0.067 |
| 稳态分布 | 0.000 | 0.067 | 0.367 | 0.567 |

## 3.4 本章小结

首先，从制度供给上梳理了我国城镇化的公共投资制度变迁历程。出于功能性需求的增长、外部性内化的驱动、其他制度安排的结构性关联等动因，我国相关公共投资主体、资金来源、投资方式与项目治理发生了较大的变化与更新，由此将改革开放以来我国城镇化进程中的公共投资制度变迁过程分为财政分权前的投资体制探索时期、财政分权后的投资体制改革时期与投资管理体制建设时期三个基本阶段，变迁过程表现出明显的计划与市场相结合、渐进式强制性与诱致性相结合、卡尔多—希克斯与帕累托相结合的基本特征，有效地推动了我国公共投资项目建设的蓬勃发展。

其次，随着投资体制的多次变迁与城镇化进程的持续推进，我国城镇公共投资的供给状况发生了巨大的变化，为对其有直观的把握与准确的认识，先对全国不同类型、不同省份的城镇公共投资流量进行了统计分析，可知我国城镇公共投资流量增速较快，但由于发展政策的偏好、地方经济基础的差异以及投资需求的变化等原因，同一段时期不同类型的城镇公共投资流量在规模与增速上表现出较大的差异，生产性公共投资流量的绝对规模与相对规模始终远超社会性公共投资与环保性公共投资，且环保性公共投资存在增速不稳定的问题。

最后，由于投资流量反映的是某段时期内投资增量的变化情况，对其长期以来累积的投资水平无法做准确的判断，为此基于人口分布的视角分别运用泰尔指数分解、核密度估计以及马尔可夫链进一步考察了城镇公共投资存量分布的区域差异与时空演化。研究结果表明，就全国而言，城镇公共投资存量水平的区域差异程度在逐渐缩小，目前这种差异更多地来源于区域内部，但在 2012～2015 年，各省城镇公共投资存量水平差异逐步缩小的趋势有所减缓，不排除将来出现往反方向发展的可能性；就各区域而言，东部地区城镇公共投资存量水平的内部差异呈现逐渐缩小的趋势，而中部地区城镇公共投资存量水平的内部差异在近几年存在扩大的趋势，西部地区城镇公共投资存量水平的内部差异存在较为明显的固化倾向；就不同类型而言，生产性公共投资存量水平的省际差异在减小，社会性公共投资的存量水平则出现了较为明显的双俱乐部特征，环保性公共投资存量水平的分布情况则相当分散，始终存在较突出的分布不均问题。Markov 链分析进一步表明，在 2008 年前，各省城镇公共投资存量水平的状态分布较为稳定；在 2008 年后，各省城镇公共投资存量水平向上转移的概率明显提升，组间流动性增强，可以预期随着我国城镇化建设的深入推进，各省城镇公共投资存量水平将普遍处于相对的中高水平和高水平状态。上述研究表明我国多年来实行的区域协调发展战略是具有一定成效的，显著缩小了各区域间在城镇化进程中公共投资存量水平的不均程度，但在局部仍存在较严重的结构性差异问题。

# 4 高质量城镇化发展的指标体系构建与综合测度

为研究我国公共投资在高质量城镇化中所发挥的具体支持作用，需要对高质量城镇化发展水平予以量化。高质量城镇化是一项系统工程，如何科学判定我国目前高质量城镇化发展水平？这既是本章研究的主要内容，也是后续研究得以继续开展的重要基础。要回答上述问题，首先必须创建高质量城镇化发展水平的评价指标体系，其次利用合理的统计方法对我国各省份的高质量城镇化发展水平进行测度，为后文的实证研究提供数据支持。

## 4.1 高质量城镇化发展评价指标体系的构建思路

### 4.1.1 高质量城镇化发展评价指标体系构建的基本原则

为较好地实现上述目的，在构建过程中需要遵循一些基本原则。通常而言，综合指标体系是在一个共同的目标导向下，由一系列相互关联的指标构成的有机体，是进行预测或评价研究的前提和基础。它的构建是根据研究对象的本质特征和基本属性，将抽象的研究对象拆分成若干易于理解、相互补充的系统模块，而后在系统模块的基础上继续分解成更多具有可操作性的行为元素，并对具体元素附以相应评价权重的过程。为构建出能够合理反映中国高质量城镇化发展水平的综合评价指标体系，需依照以下几个基本原则开展设计：

（1）科学性原则。

科学性原则是构建指标体系的基本原则，主要体现在两个方面：一方面是理论指导的科学性，高质量城镇化发展评价指标体系的构建要符合新型城镇化的特点、性质和系统关系，要能够客观、真实地反映新型城镇化的内在机理和发展变化趋势。另一方面是体系布局关系的科学性，要求体系内部逻辑合理、易于理解。这既是建立高质量城镇化发展指标体系的基本出发点，也是所构建的指标体系能够客观反映区域高质量城镇化发展状况的关键。

（2）导向性原则。

指标体系构建的目的在于能够合理评价研究对象，需要以研究对象的本质内容作为导向指针，使评价标准与研究对象的具体内涵相互契合。为此，依据前文对高质量城镇化发展内涵的解读，引领评价内容沿着既定的理论路线开展，构建出能够体现我国高质量城镇化发展内容与要求的综合评价指标体系，以保障评价方向与设计初衷不相偏离，避免指标选取过程的盲目性。

（3）代表性原则。

反映高质量城镇化发展水平的指标有很多，部分指标含义相似，在指标体系构建过程中应尽量选择具有代表性、不相互重叠的指标，力求其能够较准确地符合高质量城镇化发展的主要内容。因此，为避免过多过繁的指标设置，与高质量城镇化关系并不密切的因素在指标筛选过程中不予考虑。

（4）可操作性原则。

构建高质量城镇化发展指标体系的最终目的是定量评价其发展水平，而参与评价的对象是我国30个省份（除西藏外），同时具有一定的年份跨度，这给定量评价之前的数据采集工作提出了较高的要求。要求所选取指标的数据都能够在现有较权威的统计资料中搜集得到，从而保证数据采集的可操作性与数据来源的可靠性。一些具有代表性但缺乏数据支撑的指标，需另选其他意义相同或类似的指标代替，避免定量评价工作无法实现。

（5）可比性原则。

为了使评价结果具有比较意义，所选取的评价指标应最终都能够具体量化，要求同一指标的含义、统计口径、计算方法必须是统一的，以便指标在不同的时间和空间范围内能够进行相互比较；要求具有不同经济含义、不同量纲的指标通过标准化处理之后可以进行比较；一些在不同区域间相互差异很小的指标由于比较意义不大，可以在指标体系构建过程中不予考虑，将其适当剔除并不会给评价结果之间的比较带来较大的影响。

### 4.1.2 高质量城镇化发展评价指标体系的构建要素与流程

（1）高质量城镇化发展评价指标体系构建的基本要素。

在构建高质量城镇化发展水平的综合指标体系时，应考虑到“城镇化”“包容性”“发展水平”“综合评价”四个基本构建要素。其中“城镇化”重点体现在传统意义上城镇化内容的指标设置方面，在指标选取中需要以城镇常住人口作为基数来反映一些相对指标的情况；“包容性”则体现在以人为核心的包容性发展与可持续发展方面，这是针对传统城镇化发展所暴露出的问题所提出的新内涵、新目标，需要引入新的表征指标予以体现；“发展水平”主要体现在从发展质量、发展效益的角度出发考察城镇化建设水平，这需要尽量设置一些相对指标予以反映；“综合评价”具体体现在需较全面地考虑到与高质量城镇化发展内涵密切相关的元素，并从不同维度将它们系统地联系在一起得到综合性的评价结果。

（2）高质量城镇化发展评价指标体系构建的基本流程。

中国高质量城镇化发展评价指标体系设计的基本流程是：根据中国高质量城镇化发展的内涵，结合综合评价指标体系的构建思路，首先在对现有文献分析的基础上剔除频度不高、数据不全的指标，初步建立高质量城镇化发展评价指标体系。其次采用德尔菲法对若干专家进行两至三轮的问卷调研，在一系列候选指标中剔除意见分歧较大的指标，筛选出意见较统一的典型指标，以确定相应的中国高质量城镇化发展评价指标体系。最后通过层次分析法对中国高质量城镇化发展指标体系进行赋权与评价。相关构建流程如图 4－1 所示。

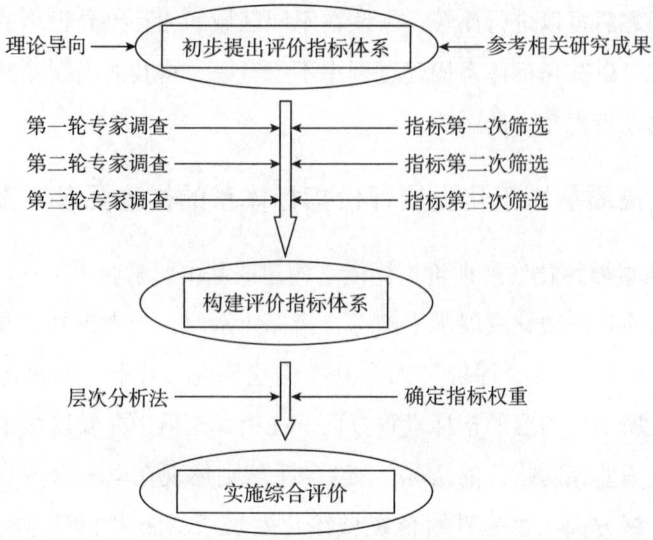


图 4－1　高质量城镇化发展评价指标体系的构建流程

## 4.2　高质量城镇化发展评价指标体系的构建

### 4.2.1　基于文献分析法的指标初选

在运用单一指标描述高质量城镇化发展水平时，有学者采用城镇常住人口比重或者非农劳动力比重等典型指标。这些指标直接反映了城镇化对人口包容的表面特征，含义简单明了，数据可获得性强，且具有较长的统计时序，能够很方便地通过其进行定量评价，在研究中具有一定的优势。但应认识到，它也是传统城镇化研究中经常采用的主要指标之一，这既容易引起概念上的混淆，也没有准确反映高质量发展这一新理念的本质内涵。它仍旧绕回到关注人口在数量结构上的变化、地理空间上的转移等直接表征上，没有关注到我国城镇化进程中所面临的现实问题。因此从研究进展来看，采用单一指标衡量城镇化水平的文献呈减少的态势，但针对高质量城镇化水平的评价指标体系研究还较少，没有统一的评价指标体系可使用，这既带来了新的研究空间，也同时带来了一定的挑战。为了构建出合理反映高质量城镇化发展状况的评价指标体系，首先通过文献分析法初步筛选出相关指标，期间总共参考了20个相关的综合指标体系，它们来源于两个方面：一是国务院发布的《国家新型城镇化规划（2014—2020年）》中列出的评价新型城镇化综合水平的主要指标，以及住房和城乡建设部于2016年发布的《中国人居环境奖评价指标体系》；二是2010年以来研究高质量城镇化发展水平以及相关新型城镇化综合评价的核心期刊论文与博士学位论文。这些指标体系具有较强的政策性与学术性，对高质量城镇化发展指标体系的构建具有一定的指导意义。

基于评价目标的导向性原则排除了文献中少数与高质量城镇化发展内涵相关性不高的指标，如货物周转量，自然资源储量，城市广场用地中透水面积的比重，日常生活用水量、用电量等；在选取过程中，根据出现频度的大小，删除频度较小的含义重复的指标，如建成区绿地覆盖率与公园绿地面积的含义重叠度较高，依据频度值大小只保留了建成区绿地覆盖率；另外，由于研究样本是我国2003～2015年的分省数据，与现有参考文献的研究样本不完全相同，导致在众多文献中所选择的指标不一定全部适用于本书研究，因此需根据可操作性原则，在考察指标数据的可获得性与连续性的基础上进一步剔除了数据缺失较为严重的相关指标，如空气质量、城镇绿色建筑比例、城镇节能建筑比例、海绵城市独立汇水区面积等新指标在近年的统计年鉴中才出现，且只有一些主要城市纳入了相关统计范畴。通过上述步骤，挑选出了能够较好契合高质量城镇化发展内涵的23个相关候选指标，然后采用频度分析法对它们进行了统计，候选指标的频度统计情况如表4－1所示。

**表4－1　候选指标的频度统计情况**

| 序号 | 指标名称 | 国家指标 | 文献指标 | 出现频率 |
|---|---|---|---|---|
| 1 | 城镇燃气普及率 | √ | √ | 14/20 |
| 2 | 城镇公共供水普及率 | √ | √ | 15/20 |

续表

| 序号 | 指标名称 | 国家指标 | 文献指标 | 出现频率 |
|---|---|---|---|---|
| 3 | 城镇人均生产总值 | √ | √ | 17/20 |
| 4 | 城镇建成区每平方公里的产出率 |  | √ | 15/20 |
| 5 | 城镇常住人口基本养老保险覆盖率 | √ | √ | 18/20 |
| 6 | 城镇常住人口基本医疗保险覆盖率 | √ | √ | 17/20 |
| 7 | 城镇常住人口失业保险参保率 |  | √ | 7/20 |
| 8 | 城镇每万人中义务教育专任教师数量 |  | √ | 15/20 |
| 9 | 城镇每万人中执业医师数量 |  | √ | 15/20 |
| 10 | 城镇每万人拥有的图书馆数量 |  | √ | 6/20 |
| 11 | 城镇登记失业率 |  | √ | 13/20 |
| 12 | 城镇人均道路面积 | √ | √ | 11/20 |
| 13 | 城镇每万人拥有的公共交通车辆运营数 | √ | √ | 16/20 |
| 14 | 城镇非农产业增加值比重 |  | √ | 8/20 |
| 15 | 城镇居民消费水平 |  | √ | 11/20 |
| 16 | 城镇财政一般预算收入占 GDP 比重 |  | √ | 4/20 |
| 17 | 城镇居民人均可支配收入 |  | √ | 9/20 |
| 18 | 城镇建成区绿化覆盖率 | √ | √ | 16/20 |
| 19 | 城镇生活垃圾无害化处理率 | √ | √ | 17/20 |
| 20 | 城镇工业二氧化硫去除率 |  | √ | 14/20 |
| 21 | 城镇工业废水处理率 |  | √ | 13/20 |
| 22 | 城镇工业固体废物综合利用率 |  | √ | 15/20 |
| 23 | 城镇人均固定避难场所面积 | √ | √ | 5/20 |

从上述指标中的城镇公共供水普及率的数据情况来看，各省份的供水普及率均已达90%以上，说明该指标在各地区相互之间的差异很小，因此依据指标体系构建的代表性原则可将其剔除，这并不会给评价结果带来较大的影响。另外，根据上述各项指标性质，结合高质量城镇化发展内涵，进一步将上述各指标归属为经济基础、服务普及与环境治理三个维度，从而初步构建起由三项准则层与22 项具体指标组成的高质量城镇化发展评价指标体系，如表 4 –2 所示。

**表 4－2 初步构建的高质量城镇化发展评价指标体系**

<table>
<tr><td rowspan="22">高质量城镇化发展评价指标体系（S）</td><td rowspan="7">经济基础（A）</td><td>城镇人均生产总值 A1</td></tr>
<tr><td>城镇建成区每平方公里的产出率 A2</td></tr>
<tr><td>城镇地方财政一般预算收入占 GDP 比重 A3</td></tr>
<tr><td>城镇非农产业增加值比重 A4</td></tr>
<tr><td>城镇居民人均可支配收入 A5</td></tr>
<tr><td>城镇人均社会消费品零售总额 A6</td></tr>
<tr><td>城镇登记失业率 A7</td></tr>
<tr><td rowspan="9">服务普及（B）</td><td>城镇燃气普及率 B1</td></tr>
<tr><td>城镇人均道路面积 B2</td></tr>
<tr><td>城镇每万人拥有的公共交通车辆运营数 B3</td></tr>
<tr><td>城镇每万人中拥有的图书馆数量 B4</td></tr>
<tr><td>城镇每万人中义务教育专任教师数量 B5</td></tr>
<tr><td>城镇每万人中执业医师数量 B6</td></tr>
<tr><td>城镇常住人口失业保险参保率 B7</td></tr>
<tr><td>城镇常住人口基本养老保险覆盖率 B8</td></tr>
<tr><td>城镇常住人口基本医疗保险覆盖率 B9</td></tr>
<tr><td rowspan="6">环境治理（C）</td><td>城镇建成区绿化覆盖率 C1</td></tr>
<tr><td>城镇生活垃圾无害化处理率 C2</td></tr>
<tr><td>城镇工业二氧化硫去除率 C3</td></tr>
<tr><td>城镇工业废水处理率 C4</td></tr>
<tr><td>城镇工业固体废物综合利用率 C5</td></tr>
<tr><td>城镇人均固定避难场所面积 C6</td></tr>
</table>

### 4.2.2 基于德尔菲专家调查法的指标筛选

上述初步构建的高质量城镇化发展评价指标体系是依据文献分析法与数据的可获得性来拟定的，但仍存在指标较繁杂、认可度尚需进一步检验的问题。为此，本书采用在指标体系构建实践中运用较为广泛、科学性较高、调查相对方便的德尔菲法。德尔菲法又称专家意见法，由赫尔默（Helmer）和戈登（Gordon）于 20 世纪 40 年代首创，后经美国兰德公司在预测实践中的进一步发展和应用而成名。它采用一种事先将专家相互隔离的方式，把所需解决的问题与相关背景材料送到专家手中，让专家能够充分依据其在该领域的学识和经验独立自由地对事物做出判断与评价，期间各位专家不可以直接横向联系，只能以调查人员为媒介进行匿名方式的相互交流，以避免屈服于权威等心理效应对判断结果的非理性影响。这种集思广益的方式能够让各位专家充分地将自身意见表达出来，意见的统一点和分歧点一目了然。德尔菲法在有关指标体系构建的研究中应用较为广泛，但是现有多数相关文献只根据意见征询结果的均值和标准差进行分析，鲜有对专家权威程度和意见协调性进行检验。为尽可能保持德尔菲法在实际应用中的科学性，在具体问卷设计与结果分析中对现有文献研究的不足予以完善，以挖掘到专家认同度较高的指标体系设置。

（1）专家的遴选。

选择相关领域的合适专家是德尔菲法的关键环节。为了构建出科学有效的高质量城镇化发展评价指标体系，根据研究对象的学科性质与实践特点，邀请了分别涉足于城镇化学术研究与实践领域的30位业内专家。他们分别来自研究机构、政府部门与高校，来自研究机构的专家有9人，其中6人在研究机构从事博士后的相关研究工作，另外3人具有副研究员职称；来自城市规划部门的专家有9人，均是工作年限在10年以上的公务人员，具有较丰富的相关实践经验；来自高校的专家有12人，均是从事相关教学与研究工作10年以上的教授。如表4－3所示。

**表4－3　专家的遴选来源、入选条件与人数**

| 来源 | 入选条件 | 人数 |
| --- | --- | --- |
| 研究机构 | 从事该领域的博士后研究人员或者具有副研究员以上职称 | 9 |
| 政府部门 | 城市规划部门的公务人员，工作年限10年以上 | 9 |
| 高校 | 从事相关理论教学或研究10年以上，具有高级专业技术职称 | 12 |

按照德尔菲法的实施步骤，将初步构建的高质量城镇化发展指标体系附上相关背景材料以问卷形式发送给30位专家，共进行三轮调查。在开展第一轮调查时向专家共发放30份问卷，回收29份，有效回收率为96.7%；第二轮发放29份，回收29份，有效回收率为100%，说明绝大多数专家具有较高的积极性，可

以对调查结果进行定量分析；在第三轮调查时，由于专家表示不再调整意见，为避免相同结果的重复呈现，因此本书重点列出了前两轮的调查结果。

（2）专家权威程度的统计分析。

为考察专家对问题回答的权威程度，参考王春枝、斯琴（2011）的方法，[①] 从影响专家权威程度的因素入手，在问卷中设置了专家对各准则层的判断依据与熟悉程度的自我评判问题，从专家对准则层问题的判断依据与熟悉程度两方面予以考察。一般而言，专家对问题的判断依据主要来源于“实践经验”“理论分析”“国内外资料”“直觉”四个方面，因此在问卷中通过设置上述选项让专家回答。采用 $D_a$ 表示判断依据的影响系数，上述四种判断依据分别以 0.8、0.6、0.4、0.2 予以量化，如表 4-4 所示；专家对问题熟悉程度一般可分为“很熟悉”“熟悉”“比较熟悉”“一般”“不太熟悉”“不熟悉”六种选项。采用 $D_b$ 表示专家对问题的熟悉程度系数，上述六种选项在统计时分别以 1、0.8、0.6、0.4、0.2、0 予以量化，如表 4-5 所示；然后将判断依据的影响程度系数与问题的熟悉程度系数的算术平均数表示专家权威程度系数 $D_c$，即 $D_c = (D_a + D_b)/2$。

**表 4-4 判断依据影响程度（$D_a$）量化表**

| 判断依据 | 量化值 |
|---|---|
| 实践经验 | 0.8 |
| 理论分析 | 0.6 |
| 国内外资料 | 0.4 |
| 直觉 | 0.2 |

**表 4-5 问题熟悉程度（$D_b$）量化表**

| 熟悉程度 | 量化值 |
|---|---|
| 很熟悉 | 1 |
| 熟悉 | 0.8 |

① 王春枝，斯琴．德尔菲法中的数据统计处理方法及其应用研究［J］．内蒙古财经学院学报，2011，9（4）：92-96.

续表

| 熟悉程度 | 量化值 |
| --- | --- |
| 比较熟悉 | 0.6 |
| 一般 | 0.4 |
| 不太熟悉 | 0.2 |
| 不熟悉 | 0 |

表4－6显示，从前两轮专家权威程度的评价情况来看，准则层判断依据的影响系数平均值皆为0.685，说明多数专家的判断依据来源于实践经验与理论分析，以理论分析为判断依据的专家略多；相对判断依据的影响系数而言，问题的熟悉程度系数有所提高，平均值分别为0.903、0.913，说明多数专家对问题的熟悉程度都较高。从两者综合加权而成的权威程度系数来看，前两轮咨询的平均值分别为0.794、0.799，表明专家的权威程度较高，可以进入下一步统计分析。

**表4－6　前两轮专家权威程度统计表**

| 指标 | 第一轮咨询 | | | 第二轮咨询 | | |
| --- | --- | --- | --- | --- | --- | --- |
| | $D_a$ | $D_b$ | $D_c$ | $D_a$ | $D_b$ | $D_c$ |
| 经济基础 | 0.676 | 0.897 | 0.787 | 0.683 | 0.897 | 0.790 |
| 服务普及 | 0.703 | 0.903 | 0.803 | 0.697 | 0.910 | 0.804 |
| 环境治理 | 0.676 | 0.910 | 0.793 | 0.676 | 0.931 | 0.804 |
| 平均值 | 0.685 | 0.903 | 0.794 | 0.685 | 0.913 | 0.799 |

（3）指标筛选的统计分析。

问卷按照李克特量表的设计方式，每一指标后有“非常重要”“重要”“一般”“不重要”与“完全不重要”五种选项，在统计时分别计分为5、4、3、2、1；并设置了一项主观性问题，让专家可对指标体系的构建提供其他具体指导意见；在对调查结果进行定量分析时需着重从专家意见的集中程度与协调程度两方面进行指标筛选。其中，专家意见的集中程度分别采用算术均数（$M_j$）和满分频率（$F_j$）来度量，相关公式如式（4－1）、式（4－2）所示。

$$M_j = \frac{1}{n}\sum_{i=1}^{n} C_{ij} \tag{4-1}$$

$$F_j = n'_j / n_j \tag{4-2}$$

其中，$n$ 表示专家数量，$C_{ij}$表示第 $i$ 位专家给第 $j$ 个指标的评分值，$n_j$ 表示给第 $j$ 个指标打分的专家数量，$n'_j$ 表示给第 $j$ 个指标打满分的专家数量。某项指标的算术均数（$M_j$）和满分频率（$F_j$）取值越大，说明该指标越重要。

各位专家意见的协调程度则分别采用变异系数（$V_j$）和协调系数（$C_j$）来度量。其中变异系数（$V_j$）表示专家意见的分歧程度，计算公式如（4－3）所示，其中，$\sigma_j$ 表示第 $j$ 个指标评分值的标准差，$M_j$ 表示第 $j$ 个指标评分值的均数，$V_j$ 数值越小，说明专家的协调程度越高；协调系数（$W_j$）又称肯德尔和谐系数（Kendall Coefficient of Concordance），表示专家意见的一致性，当专家评定无相同等级时按式（4－4）计算，其中 $N$ 表示指标数量，$n$ 为专家数量，$S_j$ 表示第 $j$ 个指标评分值之和，其中 $M_{sj} = \sum S_j/N$；当专家评定有相同等级时则按校正式（4－5）计算，其中 $\sum T = \sum (K^3 - K)/12$，$k$ 为相同等级的数目。

$$V_j = \sigma_j / M_j \tag{4-3}$$

$$W_j = \frac{12\sum_{j=1}^{N}(S_j - M_{sj})^2}{n^2(N^3 - N)} \tag{4-4}$$

$$W_j = \frac{\sum_{j=1}^{N}(S_j - M_{sj})^2}{n^2(N^3 - N)/12 - n\sum T} \tag{4-5}$$

协调系数 $W_j$ 取值在 0～1，当数值越接近于 1 说明专家意见的协调程度越好，反之说明专家意见分歧较大。为排除偶然协调情况的发生，还需对协调系数进行 $\chi^2$（卡方）检验。若卡方检验结果显著，说明专家意见偶然协调情况发生的概率很低，调查结果具有较高的可信度；反之则不具有可信度。

第一，第一轮调查结果统计。将第一轮调查回收的 29 份问卷进行定量分析，按照上述统计方法，可计算得到由 29 位专家给 3 项准则层与 22 项具体指标评分的算术平均数、满分频率与变异系数，其中各项指标算术平均数的均值为

3.9987，表明专家给多数指标的评分较高，肯定了多数指标的重要性，其中满分频率的均值为0.3767，变异系数的均值为0.2112，结果如表4-7所示。然后按照界值法①对各项指标进行删选，当指标评分的算术平均数和满分频率均高于界值时，可将其保留；当指标评分的变异系数低于界值，也可将其保留；为了避免删除重要指标，只有当某项指标评分的算术平均数和满分频率均低于界值，且变异系数高于界值时，方可将该项指标予以剔除。由于有A3、B7、C6四项指标的算术平均数和满分频率分别低于界值3.3600与0.1370，且变异系数高于界值0.2991，因而将上述指标予以剔除。为对调查结果的可信度进行检验，表4-8列示了第一轮专家意见的协调系数及其卡方检验值，结果显示准则层与指标层协调系数的P值显著，表明专家意见协调性较好，评分结果可取。

**表4-7　第一轮专家咨询**

| | 均值 | 标准差 | 界值 |
|---|---|---|---|
| 算术平均数 | 3.9987 | 0.6387 | 3.3600 |
| 满分频率 | 0.3767 | 0.2397 | 0.1370 |
| 变异系数 | 0.2112 | 0.0879 | 0.2991 |

**表4-8　第一轮专家意见协调系数及其检验**

| | 准则层 | 指标层 |
|---|---|---|
| 指标数 | 3 | 22 |
| Kendall 协调系数 W | 0.786 | 0.310 |
| 卡方值 | 66.024 | 199.563 |
| 自由度 df | 28 | 28 |
| P值 | 0.000 | 0.000 |

第二，第二轮调查结果统计。在第一轮调查中，有专家建议将城镇居民恩格尔系数、公共体育设施数量纳入指标体系，但是由于分省份的公共体育设施数据

① 算术平均数和满分频率的界值计算方法："界值=平均数-标准差"，得分高于界值的可入选；变异系数界值计算方法："界值=平均数+标准差"，得分低于界值的可入选。

缺失较为严重，故在第二轮调查中只添加了城镇居民恩格尔系数指标。第二轮调查回收到29份有效问卷，根据调查结果可计算得到3项准则层与20项具体指标评分的算术平均数、满分频率与变异系数，如表4－9所示。结果显示各指标算术平均数与满分频率的均值分别为4.1934、0.4153，比上一轮有所提高，说明进一步得到了较高的认同；各指标的变异系数均值为0.1756，比上一轮有所下降，说明各位专家的意见逐渐趋于集中。其中，A6指标的算术均数、满分频率分别为3、0.0345，均低于界值3.7786、0.1986，其变异系数为0.3450，高于界值0.2335；B4指标的算术均数、满分频率分别为3.5172、0.0690，均低于界值3.7786、0.1986，其变异系数为0.2431，高于界值0.2335。根据界值法的入选标准，将A6、B4指标剔除。

**表4－9 第二轮专家咨询**

| | 均值 | 标准差 | 界值 |
|---|---|---|---|
| 算术平均数 | 4.1934 | 0.4148 | 3.7786 |
| 满分频率 | 0.4153 | 0.2167 | 0.1986 |
| 变异系数 | 0.1756 | 0.0579 | 0.2335 |

另外，从表4－10中列示的第二轮专家意见协调系数与检验结果可知，准则层的协调系数为0.523，在95%的置信区间内显著通过了卡方检验；指标层的协调系数为0.306，在99%的置信区间内显著通过了卡方检验，表明专家对准则层和指标层的意见协调性较好，排除了偶然协调的情况，评分结果可取。由于专家们在第三轮调查中表示不再调整意见，因而第三轮调查结果与第二轮相同，在此不再赘述。

**表4－10 第二轮专家意见协调系数及其检验**

| | 准则层 | 指标层 |
|---|---|---|
| 指标数 | 3 | 20 |
| Kendall 协调系数 W | 0.523 | 0.306 |
| 卡方值 | 43.959 | 171.436 |

续表

| | 准则层 | 指标层 |
|---|---|---|
| 自由度 df | 28 | 28 |
| P 值 | 0.028 | 0.000 |

### 4.2.3 高质量城镇化发展的评价指标体系

（1）基本内容。

通过前述步骤，建立了如表 4-11 所示的高质量城镇化发展评价指标体系，并对各层指标重新编号。该综合指标体系分为目标层、准则层与指标层。第一层是目标层（S），将高质量城镇化发展作为总体目标，用来体现我国城镇化进程中的质量发展水平。第二层是准则层，基于高质量城镇化发展的内涵将其分为经济基础（A）、服务普及（B）与环境治理（C）三个维度，经济基础维度重点表征城镇的整体经济环境与人民生活水平；服务普及维度重点表征重要基础设施与公共服务的发展状态；环境治理维度重点表征环境美化与污染治理的状态。第三层是指标层，将每个维度具体化为若干可量化的指标，并对各指标进行人均化处理或者相对化处理，同时依据各指标在高质量城镇化发展中所起的作用将其分为正向与逆向性质，其中经济基础维度有 6 个具体指标（A1 ~ A6），城镇居民恩格尔系数、城镇登记失业率是逆向指标，其余为正向指标；服务普及维度有 7 个具体指标（B1 ~ B7），均为正向指标；环境治理维度有 5 个具体指标（C1 ~ C5），均为正向指标。

（2）评价指标释义。

城镇人均生产总值：指在城镇常住人口中每人平均所创造的 GDP，以基本反映地区经济的发展规模与运行水平。

城镇建成区每平方公里的产出率：指城镇 GDP 与建成区面积之比，以反映建成区的产出效率。

城镇非农产业增加值比重：指第二、第三产业增加值在当年地区生产总值中所占的比重。

表 4 - 11 高质量城镇化发展评价指标体系

| 目标层 | 准则层 | 指标层 | 指标性质 | 计量单位 |
| --- | --- | --- | --- | --- |
| 高质量城镇化发展评价指标体系（S） | 经济基础（A） | 城镇人均生产总值 A1 | 正向 | 万元 |
| | | 城镇建成区每平方公里的产出率 A2 | 正向 | 万元 |
| | | 城镇非农产业增加值比重 A3 | 正向 | % |
| | | 城镇居民人均可支配收入 A4 | 正向 | 万元 |
| | | 城镇居民恩格尔系数 A5 | 逆向 | % |
| | | 城镇登记失业率 A6 | 逆向 | % |
| | 服务普及（B） | 城镇燃气普及率 B1 | 正向 | % |
| | | 城镇人均道路面积 B2 | 正向 | 平方米 |
| | | 城镇每万人拥有的公共交通车辆运营数 B3 | 正向 | 辆 |
| | | 城镇每万人中义务教育专任教师数量 B4 | 正向 | 人 |
| | | 城镇每万人中执业医师数量 B5 | 正向 | 人 |
| | | 城镇常住人口基本养老保险覆盖率 B6 | 正向 | % |
| | | 城镇常住人口基本医疗保险覆盖率 B7 | 正向 | % |
| | 环境治理（C） | 城镇建成区绿化覆盖率 C1 | 正向 | % |
| | | 城镇生活垃圾无害化处理率 C2 | 正向 | % |
| | | 城镇工业二氧化硫去除率 C3 | 正向 | % |
| | | 城镇工业废水处理率 C4 | 正向 | % |
| | | 城镇工业固体废物综合利用率 C5 | 正向 | % |

城镇居民人均可支配收入：指城镇常住人口的年度人均可支配收入，以反映城镇常住人口的收入水平。

城镇居民恩格尔系数：指城镇居民的食物支出在总消费支出中所占的比例，可反映城镇居民的富裕程度。

城镇登记失业率：指在年末城镇登记失业人数占年末城镇从业人员数量与城镇登记失业人数之和的百分比，以反映城镇就业状况。

城镇燃气普及率：指在城镇常住人口中，使用燃气（包括人工煤气、液化石油气、天然气）的人口比例。

城镇人均道路面积：指在城镇道路面积与城镇常住人口之比。

城镇每万人拥有的公共交通车辆运营数：指在城镇常住人口中，每万人所拥有的公共交通车辆数量。

城镇每万人义务教育专任教师数量：指在城镇常住人口中，每万人所拥有的义务教育专任教师数量。

城镇每万人中执业医师数量：指在城镇常住人口中，每万人所拥有的执业医师数量。

城镇常住人口基本养老保险覆盖率：指在城镇常住人口中，参加基本养老保险的人口比例。

城镇常住人口基本医疗保险覆盖率：指在城镇常住人口中，参加基本医疗保险的人口比例。

城镇建成区绿化覆盖率：指在城镇建成区的绿化覆盖面积占建成区的百分比，可以反映城镇建设的绿化水平。

城镇生活垃圾无害化处理率：指在城镇地区，报告期内经过无害化处理的垃圾数量占生活垃圾总量的百分比。

城镇工业二氧化硫去除率：指在城镇地区，报告期内工业生产过程中经过治理设施所去除的二氧化硫量占排放量与去除量之和的百分比。

城镇工业废水处理率：指在城镇地区，报告期内工业生产过程中经过治理设施所处理的废水量占排放量与处理量之和的百分比。

城镇工业固体废物综合利用率：指在城镇地区，报告期内处置及综合利用的工业固体废物占工业生产过程中产生的固体废物总量的百分比。

## 4.3 高质量城镇化发展指标体系的权重设定与综合测度

本节依据所建立的高质量城镇化发展评价指标体系，首先采用层次分析法给各层指标赋予权重系数，其次以中国内地各省份（除西藏外）为研究对象，根据从权威统计年鉴中所得的数据，测度出综合评价结果，以定量认识我国各区域高质量城镇化发展的水平。

### 4.3.1 各层指标权重的设定

（1）层次分析法在权重设定中的应用。

层次分析法是由美国著名运筹学家 T. L. Satty 提出的一种定量与定性相结合的多准则决策方法，它具有坚实的理论基础，可以避免其他方法所确定的权重与其实际重要性相悖；后期的一致性检验还可以在一定程度上消除主观评判所带来的随意性，使层次分析法的结果可靠性较高，具有较强的实用性，是目前用于确定指标权重的一种主流方法。运用层次分析法确定指标权重的具体步骤如下：

第一，建立层次结构模型。在前文中，运用文献分析法与德尔菲法构建了高质量城镇化发展的评价指标体系，它是一个具有目标层、准则层与指标层的三级层次结构模型，可以作为层次分析法的应用对象。

第二，构造两两比较判断矩阵。建立层次结构模型后，就可对准则层、指标层各元素的重要程度进行两两比较，构造出比较判断矩阵。这些判断需要经过多位相关专家进行打分，打分由各位专家独立完成以避免相互影响。专家在多个因素中挑选两个因素进行相互比较，其重要程度之比可用 $a_{ij}$ 和 $a_{ij}$ 的倒数表示。这里参照常用的 1 ~9 标度表进行，如表 4 –12 所示。

表 4 –12 1 ~9 标度表

| 相对重要性标度 | 含义 |
|---|---|
| 1 | 两元素相比而言，两者有同等的重要性 |
| 3 | 两元素相比而言，前者较后者稍微重要 |
| 5 | 两元素相比而言，前者较后者较重要 |
| 7 | 两元素相比而言，前者较后者明显重要 |
| 9 | 两元素相比而言，前者较后者非常重要 |
| 2，4，6，8 | 上述相邻判断的中间值 |
| 倒数 | 若元素 $i$ 和元素 $j$ 的重要性之比表示为 $a_{ij}$，则元素 $j$ 与元素 $i$ 的重要性之比表示为 $a_{ji}=1/a_{ij}$ |

根据 29 位专家对两两指标间相对重要性的评判意见，依据众数原则构造出

各层判断矩阵，其中Y表示目标层（S）对应准则层（A、B、C）的判断矩阵，其中Y1、Y2、Y3分别表示经济基础（A）、服务普及（B）、环境治理准则层（C）中各指标间的判断矩阵，结果如表4－13至表4－16所示。

表4－13 判断矩阵Y

| S | A | B | C |
|---|---|---|---|
| A | 1 | 1 | 1 |
| B | 1 | 1 | 1 |
| C | 1 | 1 | 1 |

表4－14 判断矩阵Y1

| A | A1 | A2 | A3 | A4 | A5 | A6 |
|---|---|---|---|---|---|---|
| A1 | 1 | 1 | 1 | 3 | 5 | 3 |
| A2 | 1 | 1 | 1 | 3 | 5 | 1 |
| A3 | 1 | 1 | 1 | 4 | 3 | 1 |
| A4 | 1/3 | 1/3 | 1/4 | 1 | 1 | 1/6 |
| A5 | 1/5 | 1/5 | 1/3 | 1 | 1 | 1 |
| A6 | 1/3 | 1 | 1 | 6 | 1 | 1 |

表4－15 判断矩阵Y2

| B | B1 | B2 | B3 | B4 | B5 | B6 | B7 |
|---|---|---|---|---|---|---|---|
| B1 | 1 | 2 | 3 | 1/3 | 1/4 | 1/2 | 1/2 |
| B2 | 1/2 | 1 | 2 | 1/2 | 1/3 | 1/2 | 1/2 |
| B3 | 1/3 | 1/2 | 1 | 1/3 | 1/3 | 1/3 | 1/3 |
| B4 | 3 | 2 | 3 | 1 | 1 | 1/2 | 1/2 |
| B5 | 4 | 3 | 3 | 1 | 1 | 1/2 | 1/2 |
| B6 | 2 | 2 | 3 | 2 | 2 | 1 | 1 |
| B7 | 2 | 2 | 3 | 2 | 2 | 1 | 1 |

表 4-16 判断矩阵 Y3

| C | C1 | C2 | C3 | C4 | C5 |
|---|---|---|---|---|---|
| C1 | 1 | 1 | 1 | 3 | 1 |
| C2 | 1 | 1 | 1/4 | 1/3 | 1/3 |
| C3 | 1 | 4 | 1 | 2 | 1 |
| C4 | 1/3 | 3 | 1/2 | 1 | 1 |
| C5 | 1 | 3 | 1 | 1 | 1 |

第三，计算最大特征根 $\lambda_m$ 与特征向量 $\sigma$。根据两两比较判断矩阵 Y、Y1、Y2、Y3，利用方根法，可获得各矩阵的最大特征根 $\lambda_m$ 与对应的特征向量 $\sigma$，其中 Y、Y1、Y2、Y3 的最大特征根分别为 3、6.4272、7.4145、5.4222，其对应的特征向量 $\sigma$ 分别为：

$\sigma_Y=$ （1，1，1）

$\sigma_{Y1}=$ （1.8860，1.5704，1.5131，0.4082，0.4870，1.1225）

$\sigma_{Y2}=$ （0.7430，0.6351，0.4132，1.2397，1.3687，1.7385，1.7385）

$\sigma_{Y3}=$ （1.2457，0.4884，1.5157，0.8706，1.2457）

第四，确定各层指标权重 $W$。

$$W=(w_1,\ w_2,\ \cdots,\ w_n)^T，其中\ w_i=\sigma_i/\sum_{i=1}^{n}\sigma_i，\ \sum_{i=1}^{n}w_i=1 \tag{4-6}$$

依据式（4-6）将向量 $\sigma$ 作归一化处理，即可得到各层指标的权重系数：

$W_Y=$ （0.3333，0.3333，0.3333）

$W_{Y1}=$ （0.2699，0.2248，0.2166，0.0584，0.0697，0.1607）

$W_{Y2}=$ （0.0943，0.0806，0.0525，0.1574，0.1738，0.2207，0.2207）

$W_{Y3}=$ （0.2321，0.0910，0.2825，0.1622，0.2321）

第五，一致性检验。由于 $n$ 个元素在两两比较时并没有固定的参照对象，那么专家在进行比较时很可能做出一些互相矛盾的判断，即判断矩阵存在一定程度的不一致性，但是其不一致程度只要保持在一定的容许范围内是可以接受的。因此，为了判断各因素权重不一致的严重程度，需要进行一致性检验。

首先，计算一致性指标 $CI$。

$$CI=(\lambda_m-n)/(n-1) \tag{4-7}$$

根据式（4－7）可得各判断矩阵的一致指标，如表4－17所示。

**表4－17　各判断矩阵的一致性指标 *CI***

| 判断矩阵 | Y | Y1 | Y2 | Y3 |
|---|---|---|---|---|
| *CI* | 0 | 0.0854 | 0.0691 | 0.1055 |

其次，查找对应的平均随机一致性指标 *RI* 值。对于 $n=1$，…，9，Saaty 通过构造500个样本矩阵，随机地从1～9及其倒数中抽取数字构造正互反矩阵，从而求得 *RI* 值，如表4－18所示。

**表4－18　平均随机一致性指标（Saaty）①**

| 阶数 | 1 | 2 | 3 | 4 | 5 | 6 | 7 | 8 | 9 | … |
|---|---|---|---|---|---|---|---|---|---|---|
| *RI* | 0.00 | 0.00 | 0.58 | 0.90 | 1.12 | 1.24 | 1.32 | 1.41 | 1.45 | … |

最后，根据 $CR=CI/RI$ 可计算得到各判断矩阵的一致性比例 *CR*，如表4－19所示。

**表4－19　各判断矩阵的一致性比例 *CR***

| 判断矩阵 | Y | Y1 | Y2 | Y3 |
|---|---|---|---|---|
| *CR* | 0 | 0.0689 | 0.0523 | 0.0942 |

当 $CR<0.1$ 时，判断矩阵的不一致性程度在容许范围内，此时矩阵的特征向量可作为权重系数。当 $CR>0.1$ 时，则表示判断矩阵的不一致性已较严重地偏离容许范围。由表4－19可知，判断矩阵Y、Y1、Y2、Y3的一致性比例 *CR* 值均小于0.1，表示通过一致性检验，可以接受计算所得的各指标层权重系数。

### 4.3.2　各省高质量城镇化发展水平的综合测度

在确定评价指标体系的各层指标权重系数之后，便可着手搜集数据对各省份

① T. L. Saaty. The Analytic Hierarchy Process［M］. McGraw Hill Company, 1980.

的高质量城镇化发展水平进行综合测度。

（1）数据的来源与预处理。

为了便于横向比较我国不同区域的高质量城镇化发展水平，同时纵向体现高质量城镇化发展水平的动态变化，本书采用面板数据进行研究，即对2003～2015年中国内地的各省份（除西藏）的高质量城镇化发展水平进行综合测度。数据来源于2004～2016年《中国统计年鉴》《中国环境统计年鉴》《中国城市统计年鉴》《中国人口和就业统计年鉴》以及各省份统计年鉴。

在采用搜集得来的数据进行综合测度之前，需要先对数据进行预处理，将各个指标的实际值转化为具有可比性的指标评价值。首先，由于评价指标体系中存在逆向指标，需根据式（4－8）将逆向指标转化为正向指标，使各评价指标类型得以统一。设综合评价中有 $n$ 个单位，$m$ 个指标，$x_{ij}$表示第 $i$ 个单位的第 $j$ 个指标原始值，$x'_{ij}$表示经过逆向化处理后的第 $i$ 个单位的第 $j$ 个指标值。

$$x'_{ij}=\max_{1<i<n}\{x_{ij}\}-x_{ij}(x_{ij}\text{可以是负值，}i=1,2,\cdots,n;j=1,2,\cdots,m) \quad (4-8)$$

其次，为了消除各指标量纲单位的影响，还需对数据进行无量纲化处理。常用的无量纲化方法有Z－score标准化、均值标准化、极差标准化等方法。其中Z－score标准化方法会使综合指数出现负数，会影响后续实证研究中变量的对数化处理；极差标准化方法会使综合指数的结果映射在［0，1］区间，虽然数据均为正数，但由此成为位于0～1的受限变量，这将对后期实证研究中的模型选择产生较严格的限制，从而影响相关研究目标的实现。因此，这里选择均值标准化方法，如式（4－9）所示。$z_{ij}$表示指标类型得以统一后的第 $i$ 个单位的第 $j$ 个指标值，$\overline{z_{ij}}$表示第 $j$ 个指标中 $i$ 个单位的样本均值。

$$X_{ij}=\frac{z_{ij}}{\overline{z_{ij}}}(i=1,2,\cdots,n;j=1,2,\cdots,m) \quad (4-9)$$

（2）综合测度结果。

对各指标数据进行无量纲化后，便可结合权重系数直接对各省份的高质量城镇化发展水平进行综合测度，计算公式如式（4－10）所示。

$$S=\sum_{j}^{m}s_j=\sum_{j}^{m}X_{ij}W_j \quad (4-10)$$

其中，$W_j$ 为评价指标 $j$ 的权重系数，$X_{ij}$ 为评价指标 $j$ 经过预处理后的数据。

综合测度结果如表 4 – 20 所示。

**表 4 – 20　2003 ~ 2015 年各省份高质量城镇化发展水平**

| 年份<br>省份 | 2003 | 2004 | 2005 | 2006 | 2007 | 2008 | 2009 | 2010 | 2011 | 2012 | 2013 | 2014 | 2015 |
|---|---|---|---|---|---|---|---|---|---|---|---|---|---|
| 北京 | 1.074 | 1.134 | 1.178 | 1.268 | 1.316 | 1.358 | 1.402 | 1.369 | 1.496 | 1.568 | 1.663 | 1.715 | 1.753 |
| 天津 | 0.937 | 0.996 | 1.064 | 1.134 | 1.168 | 1.233 | 1.268 | 1.328 | 1.390 | 1.450 | 1.487 | 1.527 | 1.556 |
| 河北 | 0.690 | 0.745 | 0.790 | 0.819 | 0.881 | 0.910 | 0.961 | 1.004 | 1.029 | 1.051 | 1.080 | 1.103 | 1.129 |
| 山西 | 0.673 | 0.706 | 0.736 | 0.791 | 0.870 | 0.930 | 0.965 | 1.019 | 1.027 | 1.085 | 1.102 | 1.117 | 1.137 |
| 内蒙古 | 0.649 | 0.677 | 0.714 | 0.772 | 0.859 | 0.923 | 1.004 | 1.061 | 1.132 | 1.170 | 1.201 | 1.255 | 1.288 |
| 辽宁 | 0.835 | 0.869 | 0.866 | 0.890 | 0.944 | 1.004 | 1.046 | 1.107 | 1.135 | 1.192 | 1.236 | 1.258 | 1.267 |
| 吉林 | 0.726 | 0.751 | 0.745 | 0.788 | 0.837 | 0.855 | 0.904 | 0.972 | 0.996 | 1.050 | 1.097 | 1.123 | 1.146 |
| 黑龙江 | 0.901 | 0.723 | 0.767 | 0.765 | 0.793 | 0.831 | 0.861 | 0.912 | 0.951 | 0.988 | 1.128 | 1.045 | 1.075 |
| 上海 | 1.100 | 1.106 | 1.146 | 1.214 | 1.256 | 1.225 | 1.268 | 1.420 | 1.483 | 1.539 | 1.579 | 1.635 | 1.697 |
| 江苏 | 0.838 | 0.885 | 0.946 | 1.003 | 1.078 | 1.142 | 1.178 | 1.217 | 1.273 | 1.342 | 1.435 | 1.428 | 1.480 |
| 浙江 | 0.872 | 0.913 | 0.959 | 1.008 | 1.081 | 1.150 | 1.182 | 1.246 | 1.299 | 1.353 | 1.389 | 1.433 | 1.476 |
| 安徽 | 0.726 | 0.739 | 0.749 | 0.800 | 0.852 | 0.888 | 0.923 | 0.965 | 1.020 | 1.053 | 1.103 | 1.127 | 1.147 |
| 福建 | 0.809 | 0.937 | 0.971 | 0.847 | 0.921 | 0.978 | 1.045 | 1.091 | 1.136 | 1.217 | 1.248 | 1.287 | 1.321 |
| 江西 | 0.727 | 0.743 | 0.770 | 0.791 | 0.859 | 0.925 | 0.950 | 0.992 | 1.032 | 1.061 | 1.086 | 1.110 | 1.127 |
| 山东 | 0.826 | 0.865 | 0.897 | 0.962 | 1.015 | 1.047 | 1.093 | 1.137 | 1.168 | 1.218 | 1.272 | 1.301 | 1.335 |
| 河南 | 0.688 | 0.711 | 0.737 | 0.763 | 0.815 | 0.882 | 0.921 | 0.967 | 1.016 | 1.058 | 1.093 | 1.127 | 1.158 |
| 湖北 | 0.783 | 0.823 | 0.849 | 0.871 | 0.922 | 0.950 | 0.989 | 1.039 | 1.071 | 1.122 | 1.171 | 1.201 | 1.237 |
| 湖南 | 0.740 | 0.761 | 0.801 | 0.821 | 0.866 | 0.919 | 0.958 | 1.006 | 1.007 | 1.071 | 1.102 | 1.131 | 1.165 |
| 广东 | 0.767 | 0.799 | 0.886 | 0.927 | 1.006 | 1.053 | 1.096 | 1.147 | 1.189 | 1.251 | 1.284 | 1.332 | 1.379 |
| 广西 | 0.657 | 0.688 | 0.707 | 0.740 | 0.788 | 0.813 | 0.846 | 0.912 | 0.980 | 1.025 | 1.053 | 1.063 | 1.084 |
| 海南 | 0.807 | 0.833 | 0.876 | 0.858 | 0.895 | 0.930 | 0.989 | 1.040 | 1.057 | 1.102 | 1.118 | 1.154 | 1.203 |
| 重庆 | 0.681 | 0.726 | 0.751 | 0.785 | 0.872 | 0.934 | 0.976 | 1.031 | 1.082 | 1.129 | 1.168 | 1.197 | 1.231 |
| 四川 | 0.641 | 0.677 | 0.702 | 0.753 | 0.805 | 0.863 | 0.897 | 0.948 | 0.984 | 1.039 | 1.073 | 1.093 | 1.127 |
| 贵州 | 0.606 | 0.614 | 0.646 | 0.685 | 0.751 | 0.786 | 0.838 | 0.886 | 0.905 | 0.957 | 0.976 | 1.008 | 1.060 |
| 云南 | 0.735 | 0.758 | 0.752 | 0.769 | 0.834 | 0.864 | 0.892 | 0.913 | 0.856 | 0.965 | 0.992 | 1.011 | 1.020 |
| 陕西 | 0.659 | 0.733 | 0.713 | 0.783 | 0.833 | 0.900 | 0.976 | 1.044 | 1.084 | 1.153 | 1.193 | 1.211 | 1.228 |
| 甘肃 | 0.894 | 0.689 | 0.718 | 0.744 | 0.776 | 0.784 | 0.848 | 0.882 | 0.921 | 0.959 | 0.997 | 1.005 | 1.004 |
| 青海 | 0.656 | 0.679 | 0.701 | 0.729 | 0.755 | 0.795 | 0.821 | 0.885 | 0.965 | 1.020 | 1.011 | 1.012 | 1.021 |

续表

| 年份<br>省份 | 2003 | 2004 | 2005 | 2006 | 2007 | 2008 | 2009 | 2010 | 2011 | 2012 | 2013 | 2014 | 2015 |
|---|---|---|---|---|---|---|---|---|---|---|---|---|---|
| 宁夏 | 0.632 | 0.659 | 0.678 | 0.711 | 0.761 | 0.815 | 0.885 | 0.936 | 0.993 | 1.053 | 1.097 | 1.136 | 1.178 |
| 新疆 | 0.786 | 0.807 | 0.804 | 0.811 | 0.812 | 0.845 | 0.854 | 0.949 | 0.921 | 1.046 | 1.093 | 1.129 | 1.147 |

（3）评价结果分析。

由表4－20可知，从省际情况来看，2003～2015年，我国各省份高质量城镇化发展水平均有不同程度的明显提升，其中北京、上海、江苏、浙江等发达地区明显处于前列，而甘肃、青海、云南、贵州、广西、江西等省份的高质量城镇化发展水平处于相对靠后的位置。但就高质量城镇化发展水平的提升速度而言，内蒙古、重庆、陕西、江苏、浙江、广东、宁夏、贵州等省份的提升速度较快，这些省份于2015年的高质量城镇化发展指数比2003年都增长了70%以上，而甘肃、黑龙江的提升速度则较慢，分别增长12.3%、19.3%。从区域情况来看，东部地区各省的平均高质量城镇化发展指数由2003年的0.869上升到2015年的1.418，中部地区各省的平均高质量城镇化发展指数由2003年的0.735上升到2015年的1.164，西部地区各省的平均高质量城镇化发展指数由2003年的0.695上升到2015年的1.110，可见东部地区的高质量城镇化发展水平始终高于中西部地区，而西部地区在此期间的提升速度略高于中部地区，使得中西部地区的高质量城镇化发展水平差距有所缩小。

## 4.4 本章小结

为研究公共投资在高质量城镇化中所发挥的具体支持作用，有必要先构建出合理的高质量城镇化发展评价指标体系并予以测度。本章依据指标体系构建的基本原则、要素与流程，首先，运用文献分析法从相关具有代表性的指标体系中预选出频度较高、能够较好契合高质量城镇化发展内涵的22个指标，初步构建了由三项准则层、22 个具体指标组成的高质量城镇化发展指标体系。由于初步构建的指标体系仍面临指标较繁杂、认可度尚需进一步检验的问题，因而进一步运用德尔菲法，通过发放问卷的形式开展了三轮调查，获得了该领域专家的反馈结果后，对专家的权威程度、专家意见的集中程度、协调程度做了相关统计分析与检验，剔除了一些意见集中度不高、协调性较差的指标，最终筛选出由经济基础、服务普及、环境治理三项准则层、18 个具体指标组成的高质量城镇化发展指标体系。

其次，运用层次分析法对指标体系的准则层与指标层分别予以赋权，得到了通过一致性检验的各指标层权重系数，并对各指标实际数据进行预处理后得出了中国 30 个省份于 2003 ~2015 年的综合评价结果，既科学判定了我国目前高质量城镇化发展的综合水平，又为后文的实证研究提供了数据支持。

# 5 公共投资对高质量城镇化发展的支持机理

在考察了我国城镇公共投资与高质量城镇化发展现状的基础上，为进一步研究公共投资对高质量城镇化发展的支持机理，本章分别从理论与实证角度予以研究。

## 5.1 公共投资对高质量城镇化发展的支持机理：理论分析

### 5.1.1 公共投资是驱动城镇经济的重要资本

在高质量城镇化发展中，并不单纯强调经济的高速增长，而是偏重于内涵式的增长，将提升居民生活水平作为发展目标。在我国城镇化发展进程中，公共投资曾在城镇经济的高速增长中发挥了突出的作用。如今在经济增速放缓、强调发展内涵的“新常态”时期，公共投资也是驱动城镇经济内涵式增长的重要资本力量。

首先，公共投资是促进企业集约运营的有效外部资本。通过公共投资对城镇资本性公共项目的提供，不仅有利于居民生活设施的改善，而且也能对作为城镇经济细胞的企业产生明显的正外部性。一方面，从微观企业的生产运营来看，基础设施和公共服务作为中间投入品，改善了企业的投资和生产环境，减少了要素流动的摩擦，降低了经营成本；另一方面，作为公共品，公共投资项目能够优化私人物质资本的组成结构和企业生产要素的质量，提高生产效率。例如，便捷的道路交通网络有助于缩减通行距离、提升运输速度与稳定性，从而有效降低企业原材料与产品的运输成本，提高货物周转效率；高效的水、电、能源供应设施有助于企业的稳定生产与扩大再生产；良好的教育、医疗、科技服务设施有助于高素质劳动者的培养与生产技术的进步革新，从而节省企业的员工培训成本，提高生产效率。因而，公共投资是优化企业生产要素、降低企业显性与隐性成本、增加其潜在边际生产力的有效外部资本，对促进城镇经济的集约增长具有重要作用。

其次，公共投资是保障城镇弱势群体基本生活的重要方式。伴随城镇化的迅速兴起，我国经济发展也取得了显著的成就，城市面貌日新月异，居民收入水平今非昔比。但是，由于历史的、现实的和社会成员自身的种种原因，相关发展成果未能很好地惠及广大居民，一些社会阶层在城市经济资源的生产与分配中长期处于相对不利的地位，导致其生存与发展空间持续受到压缩，相关社会阶层的分化逐渐明显，贫富差距日益扩大。这种发展状态也曾在拉美等发展中国家出现过，最终导致了当地较为严重的贫民窟问题。为有效避免拉美国家在城镇化进程中所遭遇的陷阱，作为政府财政转移支付、收入再分配的具体形式，公共投资是保障城镇弱势群体基本生活、控制贫富差距扩大的重要方式。一方面，公共投资项目的建设过程能够直接或间接地产生对劳动力的需求，为居民提供更多的就业机会。另一方面，作为我国社会性公共投资主要组成部分的基本医疗、失业、工伤、生育与养老保险等社会保障性支出，通过在经济生活的各方面扶持城市弱势群体，让发展成果重新得到相对公平的分配，最终为低收入人群扩大消费、改善生活提供支持和保障。

最后，公共投资对私人投资具有一定的引导作用。公共投资与私人投资均是推动城镇经济发展的资本力量。在城镇经济的发展早期，公共投资的增加往往可以有效降低私人投资的成本，提高私人投资的积极性，刺激私人投资的活跃与发展。随着城镇经济的深入推进，公共投资与私人投资都会达到较高的水平，二者在融资领域会存在一定的竞争性，尤其是当公共投资规模持续扩张带来效率下降时，往往会将私人投资挤出。此时以政府为主导的公共投资会在与私人投资的磨合中逐渐完成结构的优化与调整，向城镇化建设的薄弱领域倾斜，通过弥补私人投资在相关市场机制中的不足，重新对私人投资发挥引导式的挤入作用。同时，政府作为公共投资的主体，拥有无偿征税的行政手段以及良好的信誉，使公共投资具有广泛的资金来源，并且能够在短时间内集中投入使用，这是其他投资无法比拟的。可见，公共投资不仅可以通过市场机制对私人投资产生自发的促进作用，还能通过公共投资政策的合理制定对私人投资予以示范与引导，因此公共投资的适当供给对引导私人投资、活跃城镇经济具有重要意义。

### 5.1.2 公共投资是促进城镇服务普及的内在支撑

目前，我国城镇公共项目服务存在着两种类型：一类是非户籍服务，如水、电、燃气、交通、绿化等非竞争性的公共品，这些基础设施服务只需农村人口来到城市即可获取，并不会因为户籍因素而无法享有，因而公共投资作为非户籍服务供给的资本前提，不难理解其在促进城镇服务普及中的内在支撑作用；另一类是户籍服务，如社保、医疗、子女教育等带有一定竞争性的公共服务，这些户籍服务需基于本地城镇户口才能够享有。倘若仅从现象的表征上看，长期存在的城乡二元户籍制度是制约户籍服务普及的直接因素。作为我国的基本行政制度之一，户籍制度不仅是一种人口管理手段，也是控制社会资源分配的一种方式，既限制了人口的自由迁徙，也附着了太多的社会因素，如社保、升学、就业等，带来了资源分配的不平等与社会身份的不平等。由于城乡二元户籍制度的存在，一系列的公共服务都是按照城乡有别的身份体系进行分配，城镇公共服务往往只对拥有本地城镇户籍的人口开放，而对非本地城镇户籍的人口加以各种有形与无形的限制，尤其是从农村转移过来的流动人口及其子女在融入城市社会生活的过程中举步维艰，限制了城镇优质教育、医疗资源以及社会保障等基本公共服务在城镇常住人口中的普及，这在相当程度上制约了我国高质量城镇化发展的水平，一直以来被视为阻碍我国城镇化进程的制度弊端。为此，诸多学者普遍将城乡二元户籍制度看作一种具有身份区别的歧视性制度予以批评，认为城乡二元户籍制度是导致目前公共服务不均等现象的根本性因素。

但从二元户籍制度形成和长期存在的内在逻辑来看，城乡二元户籍制度只是户籍服务现象存在的直接外因，而我国大量的农村人口与城镇公共服务长期短缺之间的矛盾才是户籍服务现象产生的重要根源。一方面，二元户籍制度的产生有其历史必然性。在20世纪50年代后期，随着我国进入高度集中的计划经济体制时期，政府财政为城市居民的衣、食、住、行提供了过多的福利，使财政状况较为紧张；同时随着我国工业的迅速发展，一时之间农村人口大量涌进城市，本就吃紧的财政供给能力显得更为有限，公共服务短缺、失业人口增多等“城市病”大有来临之势。为了避免农村人口在短期内向城市大量迁徙所引发的激烈供求冲突，当时政府出于特有的国情未能接受经济发展自动调节人口流动的通用做法，而是决定启用能够短期见效的行政手段予以调节，最终采纳二元户籍制度作为规避“城市病”、确保城市经济社会稳定的良方，并于1958年9月发布了《关于精简职工和减少城镇人口工作中几个问题的通知》，首次明确要求严加控制农村人口向城市迁徙。并且这一制度在整个计划经济体制时期得到多次强化和完善。另一方面，在我国高度集中的计划经济体制逐渐瓦解之后，尽管政府财政负担有所减轻，公共投资的供给能力逐渐增强，但是随着市场经济的发展，工业与服务业的兴起，大量农村劳动力基于趋利性不断向城市流动，使公共投资的供给能力难以跟上人口的流动速度，大量的农村人口与城镇公共服务短缺之间的矛盾并未得到实质性扭转，这在相当程度上使政府部门一直未敢轻易拆除二元户籍制度给城镇化进程所带来的藩篱。

虽然与之相结合的计划经济体制早已结束，但是巨量的农村人口与城镇公共服务短缺之间的矛盾使二元户籍制度的生命历程更为长远。随着我国农村人口比重逐渐下降，以及公共投资项目融资能力的不断增强，我国逐步开启了二元户籍制度的改革历程，有序放松人口流动的强制性约束。大城市逐渐完善外来人口的落户机制，采用积分制重点向优秀人才、投资人员落户倾斜；更多的中小城市则按照全面有序放开的原则，逐步降低和取消了落户门槛。尤其是2011年我国农村人口与城镇人口的数量对比发生根本逆转以来，数量众多的农村人口与城镇公共服务短缺之间的矛盾得以进一步削弱，涉及利益再分配难题的户籍制度改革变得更加切实可行，2014年印发的《国务院关于进一步推进户籍制度改革的意见》，围绕“利益协调与重组”开始了新一轮的户籍制度改革，强调“稳步推进城镇基本公共服务常住人口的全覆盖”等改革目标。

可见，从我国二元户籍制度建立、存在与逐渐消弭的趋势来看，大量农村人口与城镇公共服务短缺之间的矛盾是阻碍我国城镇基本公共服务实现全覆盖的重要根源，公共投资水平的优化提升为有效化解这一矛盾提供了资本前提，是促进城镇服务普及的内在支撑。

### 5.1.3 公共投资是提升城镇环境治理水平的必要保障

随着人口的高度集聚与工业化的迅速发展，目前我国多数城镇都普遍面临不同程度的环境污染问题，并且相关污染物逐渐呈现多样化、复杂化的趋势，给环境保护和治理带来了更大的难度，城镇环境治理水平亟待提升。虽然影响环境治理水平的因素很多，但是环保性基础设施数量和质量不足是我国城镇环境污染问题无法有效遏制的重要原因。由于长期以来环保意识的薄弱，以及唯 GDP 的政绩观，地方政府相对忽视了环境保护和治理对于持续推进城镇化建设的重要性，导致城镇环境基础设施的欠账较多，污染治理效果不好。尽管近年来相关环保投入随着公民环保意识的增强而有所提升，但是环保性公共领域的资金投放量仍然严重偏低。而 20 世纪六七十年代的发达国家与我国进入 21 世纪以来的环境污染程度相接近，其污染治理费用占 GDP 比重却普遍高得多，例如日本为 1.8% ~ 2.9%，美国为 1.54% ~2.0%，德国则为 2% ~2.2%。据统计，每年中国因污染导致的直接经济损失达千亿美元，其中约 20% 的损失来自城镇环境基础设施的建设滞后与供给不足。① 相比城镇环境基础设施投入不足的状况而言，环境保护与治理作为一种规模大、持续时间长的活动，需要不断融资与持续稳定的投资才能够取得一定的效果，而目前供需的失衡使得城镇环境基础设施未能满足快速城镇化进程中居民对环境保护与治理的需求，成为制约我国高质量城镇化发展的重要“瓶颈”。

和一般的公共物品相比，环保性基础设施具有更明显的非排他性与效用上的不可分割性，如果在某一区域内提供了环境保护服务，则一般无法只将服务限定在特定人群范围内，要想将其他生活在该区域的人排除在外是极其困难的。同时其相关投资建设是一项成本高、正外部性明显的经济活动，作为市场经济参与主体的企业与个人都存在“搭便车”的心理，很难积极有序地对维护城镇环境进行投资。在这种市场失灵的情况下，只有公共部门予以介入，才能对市场机制进

① 栾晏．发达国家和发展中国家能源消费与碳排放控制研究［D］．吉林大学博士学位论文，2015.

行有效干预，引导和规范企业和个人行为，其中可由政府统筹安排的公共投资行为就是一种较为有效的调控手段，其对城镇环境保护和治理主要表现在直接与间接两个方面：一是直接作用，可通过政府集中性的政策与财政支出对环境保护和治理活动提供直接的资金支持；二是间接作用，表现为通过投融资模式的创新对企业和个人的环保投资行为予以引导，促使、指导社会各界增加资金投入。因此，基于我国城镇环境基础设施建设的滞后，以及环境治理服务的特性，公共投资是提升城镇环境治理水平的必要保障。

### 5.1.4 公共投资支持高质量城镇化发展的制约因素分析

虽然公共投资能够为高质量城镇化发展提供必要的物质基础，但我国公共投资在支持高质量城镇化发展的过程中，存在一些较为深层次的制约因素，主要有政绩导向因素、二元户籍因素与融资风险因素。

（1）政绩导向因素。

城镇化建设作为经济发展的主要载体与实现现代化的必然选择，近些年全国各地都在不遗余力地推进当地的城镇化进程，均取得了不同程度的显著进展。但是，地方政府作为城镇化建设的直接主导者，其在公共投资行为上存在的偏差也一直为人诟病。根据公共选择理论，公共投资行为不仅是政府部门利益与民众利益相互交织的均衡结果，也会受到同样具有理性经济人特征的地方政府官员的影响。而在我国现今的公共投资体制中，地方政府官员在公共投资决策活动中往往具有举足轻重甚至压倒性的话语权，这意味着他们能够在相当程度上影响公共投资活动的决策结果。地方政府官员既是地方公共部门的代理人，也是会理性思索自身效用最大化的利益个体，这种双重身份使其通常会在财政分税与晋升博弈的现实体制中努力寻求地方公共部门与自身效用的最大化，尤其是后者。一般而言，获得政治上的职位晋升是众多官员孜孜追求的核心目标之一，而达到政绩考核要求是获得职位晋升的重要途径，因此可以认为地方政府官员的公共投资行为动机往往深受政绩考核导向的影响。由于我国经济实现起飞的需要，追求经济增长速度的发展观念一度非常盛行，其保障了城镇经济的高速增长，但也由此产生了较片面的政绩导向，在政绩考核中往往将 GDP、财政收入作为首要考核指标，给地方政府官员带来了注重经济数量与速度，相对忽视社会事业公平与进步的

“跛脚式”政绩观。在这种政绩导向的影响下，地方政府官员为了在短期内做出显著政绩，往往在公共投资决策活动中偏好于能够引起上级注意的政绩型公共投资项目，而对于非政绩型公共投资项目缺乏一定的热情。其中政绩型的公共投资项目是指对于当地经济增长见效快、有利于政绩考核的项目，一般包括水、电、能源、交通运输等具有准经营性质的项目；而非政绩型的公共投资项目往往指对于当地经济增长见效较慢，在政绩考核中处于次要位置的项目，一般包括教育、卫生、社会福利、环境治理等非经营性项目。非政绩型的公共投资项目对于民众而言具有明显的福利增进效果，但是难以对地方政府官员形成有效的行为激励。相比民众的公共需求而言，官员的晋升欲望是无限的，因此掌握决策权和社会资源的地方政府官员在财政约束下往往偏好于通过控制非政绩型的公共投资项目比重来扩张符合自身利益最大化的政绩型公共投资项目，导致我国公共投资结构长期以来呈现出差异较大的非均衡局面，这与注重维护公众利益、满足居民多方面需求的高质量城镇化发展相互偏离，不利于公共投资对高质量城镇化发展的协调推动。

（2）二元户籍因素。

从二元户籍制度形成和长期存在的内在逻辑来看，大量的农村人口与城镇公共服务短缺之间的矛盾是导致二元户籍制度与社会福利相捆绑的重要原因。虽然它为避免城市人口的无序流动、防治城市病起到了一定的积极作用，但是反过来也降低了城镇公共投资的效用，使公共投资所形成的基本公共服务无法对接全体城镇常住居民，制约了公共投资在高质量城镇化发展中的支持作用。虽然我国社会性公共投资在公共投资总额中的比重偏低，但是相关投资额在近些年都呈现较快的增长趋势，使得我国以往较为落后的教育、卫生与社会保障等公共项目都有了明显的改善和提升，让人们能够享受到较为优质的相关服务。尽管如此，相比之下我国二元户籍制度的松动进展则相对迟缓，目前在我国每10位城镇常住居民中平均约有3.6位不能享受与城镇户籍人员同等的基本公共服务，① 处于相关资源分配的边缘位置，形成了我国城镇化进程中独特的二元并存与对立的情形，

① 国务院发展研究中心课题组．中国新型城镇化：道路、模式与政策［M］．北京：中国发展出版社，2014：153.

这不仅与我国社会性公共投资水平尚存在一定的短板有关，还与目前高度分化的福利筹资结构有关。《中国统计年鉴》数据显示，省级及以下政府在福利筹资结构中长期占据了相当高的比例，普遍在90%左右，以2015年教育、卫生、社会保障支出为例，地方政府的支出比重分别为94.83%、99.29%、96.20%。与如此高比例的支出责任形成鲜明对比的是，农村户籍流动人口给地方带来的直接税收却不多，如大量农村户籍流动人口的收入并没有达到个人所得税的起征点，地方政府无法从该群体中获得稳定的税源，从而不愿意依靠自身财力来为农村户籍流动人口提供基本的公共服务。出于推进城镇化进程与控制财政收支平衡的需要，精明的地方政府通常设置一定的门槛来向高知识、高技能、高收入的农村户籍精英颁发户口，对其余人员则排斥在外，尽管这部分人也是城镇化建设所必需的。这种人为的户籍分割与高门槛的户籍松绑，使得每年不断增长的社会性公共投资额始终只能用在增长相对缓慢的城镇户籍人口中，延迟了其促进基本公共服务覆盖全体城镇常住居民的步伐。

（3）融资风险因素。

城镇化的快速发展带来了公共投资项目建设数量的持续攀升，这决定了我国公共投资领域在较长一段时期内需要有较大规模的资金予以支持，仅仅依靠中央与地方政府的税收支持是很难满足这一资金需求的。虽然近年来我国一直积极鼓励民间资本进入公共投资领域中来，但是由于多数公共投资项目的微利性与不确定性，使“公欲退、民不进”的局面一时难以打破。并且在2014年《预算法》重新修改之前，还不允许地方政府直接发行债券或者向银行借贷，使得融资渠道十分有限。同时，我国财政预算一直存在软约束的特征，即地方政府在预算编制与执行过程中普遍拥有较大的自由裁量权，缺少相应的有力约束。在上述公共项目诉求强烈、财政资金紧缺以及财政软约束的背景下，催生了地方政府与国有企业之间的合作，通过组建融资平台来向银行贷款与发行债券，以此绕开地方政府不得直接大规模举债的各种限制，从而解决公共项目建设需求与财政资金不足之间的矛盾，国有企业作为中间运作方也因此获得垄断利润。从某种程度上讲，地方政府融资平台的出现具有时代合理性与现实意义，一度为我国城镇化建设注入了强有力的资金支持。但是，近些年来地方政府已不满足于省级融资平台，各县市纷纷建立了各自的融资平台，相关平台数量呈现井喷之势，债务规模也迅速增长。财政部统计资料显示，2015 年末我国地方政府债务率为 89.2%，债务余额为 16 万亿元，比 2010 年增长了约 5.3 万亿元，其中融资平台公司债务占比达到将近 40%。大量融资平台的出现不仅使地方政府负债风险上升，也催生了不少低效的公共投资项目。例如，近年来在全国二三线城市兴起的地铁修建热潮中，地方政府融资平台就起到了重要的作用，但是从国际范围来看，地铁运营基本是亏损的。而地方政府官员很少考虑投资回报，更注重当期的政绩，谁借的越多，谁在任期内的政绩越大，并可以通过尽可能延长偿还期限来将偿还责任推给继任者，从而使自身不需担忧偿还事宜。仅在党的群众路线教育实践活动期间，中央就叫停了全国 663 个形象工程、政绩工程，而这些工程的资金来源有相当一部分来自地方融资平台。意味着借助融资平台所开展的公共投资行为出现了异化，成为了地方政府官员谋求自身利益最大化而不是民众福利最大化的政策工具，由此造成大量由融资平台催生的公共投资项目很可能存在没有能力偿债的巨大风险，并由此可能给国民经济带来系统性金融风险、通货膨胀风险以及政府信用危机。尽管 2014 年 9 月下发的《国务院关于加强地方政府性债务管理的意见》中明确将政府债务和平台债务予以了切割，但在现实情形下，地方政府仍然借助融资平台进行变相融资来规避政策约束，例如地方城投公司往往通过变换主体，通过其子公司、孙公司继续举债，金融机构则以政府支付给平台公司的应收账款作为抵押方式来把政府财政资金拉进来，形成三方合同后再发放贷款给平台公司，始终将融资平台与政府捆绑在了一起，使融资平台替政府举债的行为仍然游走于灰色地带，尚无法完全摆脱政府烙印。同时在 2015 年开始实施的新《预算法》中，允许地方政府在省级政府的限额内，以发行政府债券的方式举债，但是其严格的发债条件与规模控制使该举措并不能完全解决地方政府的投资饥渴症。可见，在现实国情下，地方融资平台替政府变相融资的行为条件依然存在，这可能给公共投资在持续推动高质量城镇化发展的过程中带来较为沉重的债务负担，以致面临后劲不足的风险。

## 5.2 公共投资、制度环境与高质量城镇化发展：实证分析①

为定量研究我国不同类型的公共投资对高质量城镇化进程所起的具体支持作用，以及相关制度环境变化带来的不同影响，这里基于前一章所测度的高质量城镇化发展综合指数，根据上述理论分析提出研究假设，然后通过建立计量模型进行实证分析。

### 5.2.1 研究假设

研究假设1：我国各省高质量城镇化发展具有空间依赖性。前章所测度的各省高质量城镇化发展指数由时间序列数据与截面数据组成，具有空间面板数据的典型特征。现有不少文献研究表明，中国各省的常住人口城镇化率存在明显的空间依赖性，即某地区的城镇化常住人口数量通常会受到相邻地区的影响。人口在流动与集聚的同时不仅意味着其他生产要素与资源的频繁往来，也与地区间的生活水平、公共服务与环境质量等状况关联密切，因此我国各省高质量城镇化发展也很可能存在显著的空间依赖性。

研究假设2：不同类型的公共投资对高质量城镇化发展具有不同程度的促进作用。尽管我国公共投资存在供给不均衡、结构性矛盾突出等问题，但其作为城镇化建设的先行资本，长期以来为我国大量农村转移人口提供了丰富的物质基础和资金保障，有效解决了公共产品短缺紧张的局面。如今在高质量发展理念下，城镇化水平的提升过程也离不开公共投资的支持，只是将更加强调公共投资规模与结构的均衡供给，因此假设不同类型的公共投资在其中将产生不同的影响。

研究假设3：户籍制度改革给高质量城镇化发展带来了一定的影响。长期以

① 晏朝飞，杨飞虎．中国城镇化包容性发展中的公共投资支持影响研究［J］．经济与管理研究，2018，39（5）：12－23.

来，我国户籍制度作为一种人口管理方式，与城镇化发展密切相关，合理的户籍制度不仅可以有效促进人口在城乡间的自由流动，也有利于打破户籍间的不平等、实现公共服务的合理分配，对于提高高质量城镇化发展水平具有非常现实的制度意义；反之，不符合时代发展要求的户籍制度会束缚高质量城镇化发展。随着我国各种户籍改革措施的出台，城乡间的户籍壁垒逐渐松动和消融，一定程度上取消了户籍与社会待遇之间的挂钩，有利于推进城镇基本公共服务向常住人口全覆盖，因此可以假设我国相关户籍制度领域的变化给高质量城镇化发展带来了一定的影响。

研究假设4：公共投资与户籍制度改革存在交互作用，能够共同支持高质量城镇化发展。从某种程度上讲，公共产品在城乡户籍人口间的歧视性分配也许是政府的无奈选择。长期以来我国城市公共产品资源不足以满足所有人群，政府因此在具体政策实践中只能在低效率的平均分配与实行差别待遇中二选一。在公共产品供给不足的情况下，优先满足城市本地户籍的人群不失为一个有效率的选择，从而避免消费人群无限扩大所带来的供求矛盾；而在供给充足的情况下，则能为户籍制度改革的有效推进创造现实条件。可见，公共投资与户籍制度是高质量城镇化发展过程中相互联系与影响的两个方面，因此可以假设公共投资和户籍制度改革存在交互作用。

### 5.2.2 研究设计

依据上述研究假设，需要构建考虑空间相关因素的空间计量模型进行实证检验。首先，建立空间权重矩阵，常用来表达空间依赖关系的权重矩阵主要有地理相邻权重矩阵、地理距离权重矩阵与经济距离权重矩阵，其中地理相邻权重矩阵将地理相邻区域赋值为1，非相邻区域赋值为0，具体设定如式（5－1）所示；但在现实生活中，人口等城镇化要素也可以在非相邻区域之间相互流动、相互影响，因此地理距离权重矩阵在地理相邻矩阵的基础上作了改进，其采用两个地区之间距离的倒数来确定，这里选取各省会城市之间最短铁路距离的倒数来表示，[①] 具体表示如式（5－2）所示。另外，不仅地理因素会影响人口等城镇化要素的流动，地区间经济发展水平的差异也是影响城镇化要素流动的重要因素，因此还可建立经济距离权

① 样本省会城市间的铁路距离来自于全国铁路主要站点间里程表。

重矩阵，具体形式如式（5-3）所示。其中 $W_{ij}$ 表示权重矩阵，$d_{ij}$ 表示省会城市间的最短铁路距离，$\overline{X_i}$、$\overline{X_j}$ 分别表示样本期内 $i$、$j$ 地区人均 GDP 的平均值。

$$W_{ij}=\begin{cases}1，当 i 地区与 j 地区相邻\\0，当 i 地区与 j 地区不相邻\end{cases} \tag{5-1}$$

$$W_{ij}=\begin{cases}1/d_{ij}，当 i\neq j\\0，当 i=j\end{cases} \tag{5-2}$$

$$W_{ij}=\begin{cases}1/\left|\overline{X_i}-\overline{X_j}\right|，当 i\neq j\\0，当 i=j\end{cases} \tag{5-3}$$

其次，分别基于上述三种空间权重矩阵，采用全局 Moran's I 统计量对各省高质量城镇化发展指数的空间相关性予以检验，表达式如式（5-4）所示，其中 $x_i$ 表示地区观测值，$n$ 为地区总数，$W_{ij}$ 表示标准化后的权重矩阵。Moran's I 值介于-1~1，当取值大于 0 时，表明具有空间正相关性；反之则具有空间负相关性；当取值等于 0 时，说明经济变量不具有空间相关性。

$$\text{Moran's I}=\frac{n\sum_{i=1}^{n}\sum_{j=1}^{n}w_{ij}(x_i-\bar{x})(x_j-\bar{x})}{\sum_{i=1}^{n}\sum_{j=1}^{n}W_{ij}\sum_{i=1}^{n}(x_i-\bar{x})^2} \tag{5-4}$$

通过 Moran's I 取值确认变量具有空间相关性后，便可着手构建空间计量模型，这里分别先构建常用的空间滞后面板模型（SAR）、空间误差面板模型（SEM）与空间杜宾面板模型（SDM），然后运用拉格朗日乘数（LM）检验、瓦尔德（Wald）检验来选择最优模型。

（1）空间滞后面板模型。

如果高质量城镇化发展水平受邻近地区观察值及观察到的一组局域特征支配，则采用空间滞后面板模型，如式（5-5）所示。

$$y_{it}=\rho\sum W_{ij}y_{it}+\beta x_{it}+\alpha+\lambda_t+\mu_i+\varepsilon_{it} \tag{5-5}$$

其中，$y_{it}$ 表示被解释变量，$x_{it}$ 表示一系列解释变量，$\rho$ 为空间滞后系数，$W_{ij}$ 表示 $N\times N$ 维经标准化处理的空间权重矩阵 $W$ 的 $i$ 行 $j$ 列元素，$\beta$ 是待估参数，$\alpha$ 是常数项，下标 $i$ 和 $t$ 分别表示第 $i$ 地区的第 $t$ 年，$\lambda_t$ 和 $\mu_i$ 分别表示时间效应和空间效应，$\varepsilon_{it}$ 为独立同分布的残差项，期望为 0，方差为 $\sigma_2$，即 $\varepsilon_{it}\sim N$［0，

$\sigma_2 I_N$]，$I_N$ 为 $N$ 阶单位矩阵。

（2）空间误差面板模型。

如果各省高质量城镇化发展水平的空间依赖性通过误差项来体现，则采用空间误差面板模型，如式（5－6）所示。

$$y_{it} = \beta x_{it} + \lambda_t + \mu_i + \psi_{it}, \psi_{it} = v\sum_{j=1}^{N} W_{ij}\psi_{it} + \varepsilon_{it} \quad (5-6)$$

其中，$\psi_{it}$是空间自相关的残差项，$v$ 表示残差项的空间自回归系数，其余符号解释同式（5－5）。

（3）空间杜宾面板模型。

由于空间滞后与空间误差这两种效应有可能同时发生，因此可进一步建立能够代表更为一般形式的空间计量模型，即空间杜宾面板模型，如式（5－7）所示。

$$y_{it} = \rho\sum_{j=1}^{N} W_{ij}y_{it} + \beta x_{it} + \delta\sum_{j=1}^{N} W_{it}x_{it} + \alpha + \lambda_t + \mu_i + \varepsilon_{it} \quad (5-7)$$

其中，δ 表示待估参数，其余符号解释同式（5－5）。

### 5.2.3 变量说明与统计特征

依据上述研究设计，选取以下具体衡量指标作为被解释变量与解释变量。

（1）高质量城镇化发展水平（$y_{it}$）。

采用各省份的高质量城镇化发展指数来表示，将其作为被解释变量。

（2）公共投资水平。

依据第 2 章对公共投资的界定分类，分别将生产性公共投资（$pp_{it}^{i}$）、社会性公共投资（$sp_{it}^{i}$）、环保性公共投资（$ep_{it}^{i}$）作为关键解释变量，这里采用城镇人均投资存量来衡量，并通过固定资产投资价格指数进行平减折算，以消除通货膨胀带来的影响。

（3）户籍制度改革（$hj_{it}$）。

借鉴杨晓军（2017）的做法，[①] 采用统一的居民户口登记管理制度或者“三投靠”户籍制度改革的实施来衡量，虽然我国于 2015 年才开始全面实施取消农

① 杨晓军．中国户籍制度改革对大城市人口迁入的影响——基于 2000～2014 年城市面板数据的实证分析［J］．人口研究，2017，41（1）：98－112.

业户口与非农业户口性质的户籍制度改革，以缩小城镇户口与农业户口居民的福利差异，但在此之前已有一些省份开始实施了相关试点改革，例如江苏省多数城市于2003年左右就普遍开始实施了。期间，我国一些省份也开始逐步施行“三投靠”的户籍改革，即夫妻互相投靠、父母投靠子女和子女投靠父母，使得已在本地生活和落户的外来人口可将其家人通过投靠的方式实现落户，因此设定各省在实行相应户籍制度试点改革的第二年起，该变量取值为1，否则取值为0。

（4）市场化程度（$market_{it}$）。

自我国从计划经济时期转轨到市场经济时期以来，城镇化的进程比以往明显加快，因此可以考虑将市场化因素作为高质量城镇化发展水平的重要控制变量，参考靳巧花、严太华（2017）的指标，① 使用非国有经济固定资产投资占全社会固定资产投资的比重来衡量。

（5）产业结构升级水平（$cs_{it}$）。

在现有文献中，常用来衡量产业结构升级水平的指标有三种：一是产业增加值比重，以第三产业增加值或非农产业增加值占GDP的比重表示产业结构升级水平；二是从业人数比重，以第二、第三产业从业人数的比重作为衡量指标；三是劳动生产率，将各产业的劳动生产率按某种方式综合来表示产业结构升级系数。第三种衡量方法能够较全面地反映产业结构升级状况，故将其用来衡量产业结构升级水平。在遵循研究的严谨性、数据可获得与可操作性原则的指导下，根据李逢春（2012）的产业结构升级衡量方法②，将三次产业劳动生产率分别乘以各产业增加值占当年GDP的比重后求和，如式（5－8）所示。

$$CS = \sum_{i=1}^{3} L_i \times R_i, i = 1,2,3 \tag{5-8}$$

其中，$L_i$ 为三次产业增加值除以相应的从业人数，$R_i$ 是三次产业增加值分别占当年GDP的比重。为了削减三次产业自身之间所存在的生产效率差异，对各产业劳动生产率（$L_i$）取根号，调整后的公式如式（5－9）所示。该指标将三

① 靳巧花，严太华．自主研发与区域创新能力关系研究——基于知识产权保护的动态门限效应［J］．科学学与科学技术管理，2017，38（2）：148－157.

② 李逢春．对外直接投资的母国产业升级效应——来自中国省际面板的实证研究［J］．国际贸易问题，2012（6）：124－134.

次产业的劳动生产率以及各自增加值在当年国内生产总值中所占的份额综合在一起，能较好地体现各地区的产业结构升级水平。

$$CS = \sum_{i=1}^{3} \sqrt{L_i} \times R_i , i = 1,2,3 \tag{5-9}$$

（6）人口死亡率（$die_{it}$）。

该指标反映地区人口死亡的程度，一定程度上体现了一个地区的医疗及居民健康水平，通常是影响人们迁徙决策的因素之一，为避免遗漏变量带来的估计偏误，可将其作为控制变量之一。这里将某一城镇地区每年的死亡人数与该时期城镇常住人口的比率作为该变量的衡量依据。

另外，为研究公共投资与户籍制度改革的交互作用，在模型中还引入了它们的交叉项。选取 2003～2015 年中国内地 30 个省份（除西藏）数据作为研究样本，除涉及户籍制度改革措施的数据来源于各省份政府发布的公文，其余原始数据来源于《中国固定资产统计年鉴》《中国城市统计年鉴》《中国统计年鉴》。变量的基本统计特征如表 5－1 所示。

**表 5－1　样本变量的基本统计特征**

| 变量 | 均值 | 标准差 | 最小值 | 最大值 | 中位数 | 观测值 |
|---|---|---|---|---|---|---|
| *y* | 1.000 | 0.219 | 0.606 | 1.753 | 0.989 | 390 |
| *ppi* | 1.430 | 0.761 | 0.456 | 5.314 | 1.257 | 390 |
| *spi* | 0.566 | 0.263 | 0.150 | 1.423 | 0.502 | 390 |
| *epi* | 0.243 | 0.150 | 0.044 | 1.077 | 0.215 | 390 |
| *cs* | 6.468 | 2.167 | 2.385 | 17.913 | 6.216 | 390 |
| *die* | 5.975 | 0.687 | 4.210 | 7.280 | 6.055 | 390 |
| *market* | 0.379 | 0.164 | 0.115 | 0.755 | 0.382 | 390 |
| *hj* | 0.274 | 0.447 | 0.000 | 1.000 | 0.000 | 390 |

### 5.2.4　实证检验与结果分析

（1）城镇化包容性发展的空间相关性检验。

依据上述研究设计，通过 STATA 软件可计算得出 2003～2015 年城镇化包容性发展水平的 Moran's I 指数，如表 5 - 2 所示。

**表 5 - 2　各省份城镇化包容性发展水平的 Moran's I 指数**

| 年份 | 地理相邻权重矩阵 | | | 地理距离权重矩阵 | | | 经济距离权重矩阵 | | |
|---|---|---|---|---|---|---|---|---|---|
| | Moran's I | Z 值 | P 值 | Moran's I | Z 值 | P 值 | Moran's I | Z 值 | P 值 |
| 2003 | 0.205 | 2.031 | 0.042 | 0.061 | 2.430 | 0.015 | 0.302 | 3.094 | 0.002 |
| 2004 | 0.368 | 3.421 | 0.001 | 0.121 | 3.992 | 0.000 | 0.400 | 4.011 | 0.000 |
| 2005 | 0.442 | 4.027 | 0.000 | 0.142 | 4.500 | 0.000 | 0.447 | 4.423 | 0.000 |
| 2006 | 0.437 | 4.066 | 0.000 | 0.154 | 4.899 | 0.000 | 0.473 | 4.753 | 0.000 |
| 2007 | 0.457 | 4.201 | 0.000 | 0.161 | 5.046 | 0.000 | 0.489 | 4.862 | 0.000 |
| 2008 | 0.456 | 4.159 | 0.000 | 0.166 | 5.128 | 0.000 | 0.533 | 5.222 | 0.000 |
| 2009 | 0.446 | 4.069 | 0.000 | 0.161 | 4.984 | 0.000 | 0.531 | 5.197 | 0.000 |
| 2010 | 0.442 | 4.015 | 0.000 | 0.159 | 4.897 | 0.000 | 0.509 | 4.972 | 0.000 |
| 2011 | 0.432 | 3.952 | 0.000 | 0.149 | 4.677 | 0.000 | 0.510 | 4.999 | 0.000 |
| 2012 | 0.390 | 3.598 | 0.000 | 0.140 | 4.459 | 0.000 | 0.524 | 5.136 | 0.000 |
| 2013 | 0.393 | 3.636 | 0.000 | 0.142 | 4.523 | 0.000 | 0.538 | 5.290 | 0.000 |
| 2014 | 0.368 | 3.420 | 0.001 | 0.143 | 4.545 | 0.000 | 0.513 | 5.061 | 0.000 |
| 2015 | 0.372 | 3.450 | 0.001 | 0.142 | 4.519 | 0.000 | 0.508 | 5.002 | 0.000 |

由表 5 - 2 可知，2003 ~ 2015 年，以上三种权重矩阵的 Moran's I 值均大于 0，且整体上呈现逐渐增大的趋势，说明无论在何种权重矩阵下，我国各省份的高质量城镇化发展指数呈现空间正相关性，且 P 值在整体上越来越显著。其中虽然地理相邻权重矩阵与地理距离权重矩阵的 Moran's I 值多数年份在 1% 水平上显著，但也有在 5% 水平上显著的情况。只有历年经济距离权重矩阵的 Moran's I 值均在 1% 的水平上显著，可判断经济发展水平差异越小的邻近省份之间更容易呈现空间正相关的集聚状态，因此这里采用经济距离权重矩阵更为合适。通过莫兰指数散点图可形象显示各省份高质量城镇化发展水平的空间相关状态，图 5 - 1 与表 5 - 3、表 5 - 4 显示了 2003 年与 2015 年的空间相关状态。结果显示，2003 年多数省份位于第一象限与第三象限，少数省份位于第二象限与第四象限，说明各省份间的高质量城镇化发展水平大多呈现高高（HH）集聚与低低（LL）集聚状态，少数省份处于高低（HL）集聚与低高（LH）集聚状态。到 2015 年，所有省份均位于第一象限与第三象限，即各省份不是高值被高值环绕，就是低值

被低值环绕，说明我国各省份的高质量城镇化发展水平已形成了明显的空间依赖格局。为得到准确的参数估计结果，这里需要建立空间面板模型进行计量分析。

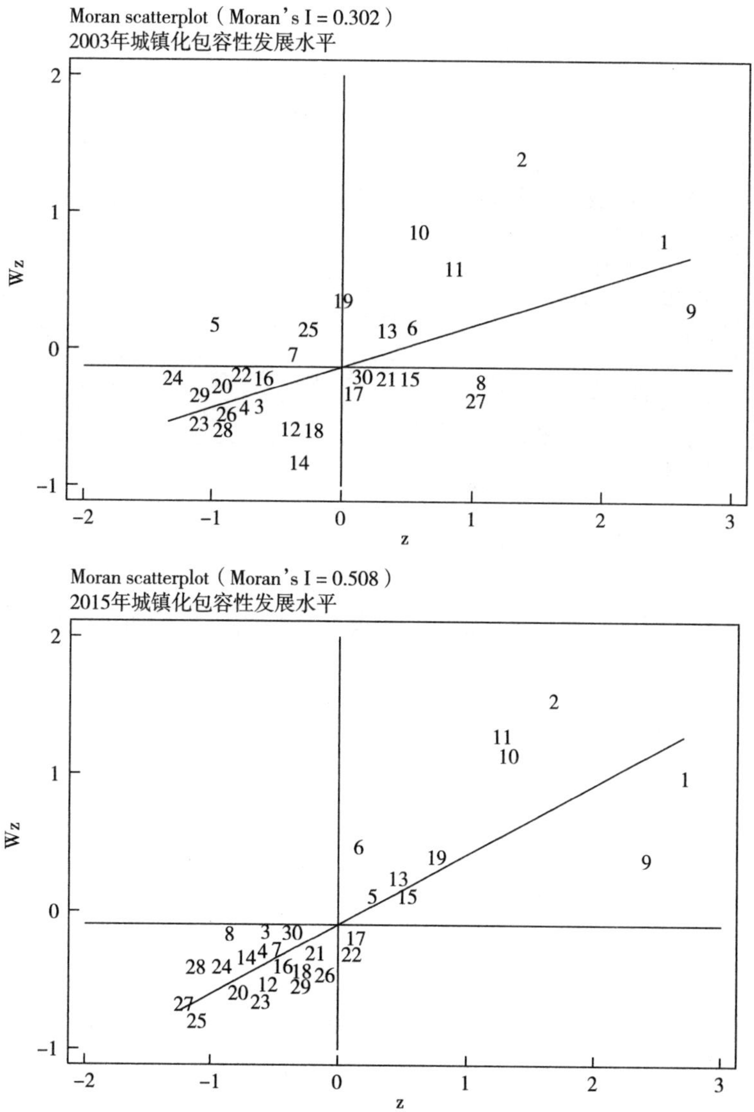


**图 5－1　2003 年与 2015 年高质量城镇化发展水平的 Moran's I 指数**

**表 5-3　2003 年各省份高质量城镇化发展的空间相关模式分布**

| 象限 | 空间相关模式 | 省份 | 数量 |
| --- | --- | --- | --- |
| 第一象限 | 高高集聚（HH） | 京、津、辽、沪、苏、浙、闽 | 7 |
| 第二象限 | 低高集聚（LH） | 蒙、吉、粤、滇 | 4 |
| 第三象限 | 低低集聚（LL） | 冀、晋、皖、赣、豫、湘、桂、渝、川、黔、陕、青、宁 | 13 |
| 第四象限 | 高低集聚（HL） | 黑、鲁、鄂、琼、甘、新 | 6 |

**表 5-4　2015 年各省份高质量城镇化发展的空间相关模式分布**

| 象限 | 空间相关模式 | 省份 | 数量 |
| --- | --- | --- | --- |
| 第一象限 | 高高集聚（HH） | 京、津、蒙、辽、沪、苏、浙、闽、鲁、粤 | 10 |
| 第二象限 | 低高集聚（LH） | — | 0 |
| 第三象限 | 低低集聚（LL） | 冀、晋、吉、黑、皖、赣、豫、鄂、湘、桂、琼、渝、川、黔、滇、陕、甘、青、宁、新 | 20 |
| 第四象限 | 高低集聚（HL） | — | 0 |

（2）空间计量与结果分析。

以上分析表明，中国各省份的高质量城镇化发展水平长期存在显著的空间集聚现象，不同区域间差异较大。在经典计量模型中，通常假定截面单元之间不存在相互关联且具有均质性，忽略了空间效应，由此估计的结果与实际情况会存在一定的偏差。因此，为避免普通最小二乘法由于忽略空间相关性而导致的模型设立不恰当问题，这里根据研究设计需引入空间计量模型，从空间维度的相关性与异质性角度，考察在户籍制度改革的背景下公共投资对高质量城镇化发展水平的支持机理。虽然面板数据的优势在于可一定程度减轻多重共线性问题，但在模型中引入交互项往往容易产生多重共线性问题。因此，为尽可能避免该问题，先对模型中需交互的变量进行中心化处理之后再进行交互，然后根据方差膨胀因子（VIF）检验结果来看，最大的 VIF 值为 8.65，小于 10，表明模型不存在严重的多重共线性问题。

第一，空间计量模型检验。在处理面板数据模型设定的有效性问题时，通常需采用 Hausman 检验来判断固定效应模型与随机效应模型的有效性。经 Hausman 检验，得到统计量为 41.67，在 1% 的显著性水平上拒绝了自变量与空间效应无关的原假设，因此选择固定效应模型来估计更为适用。为了选择恰当的空间计量模型，运用 Matlab R2010a 先对非空间面板模型进行回归及检验，以便根据非空间面板模型的拉格朗日乘数检验（LM）来判断选择合适的模型。由于在计算 LM 检验或者稳健的 LM 检验统计量时会因非空间面板模型所包含的不同固定效应而获得不同的结果，因此为获得稳健的空间面板模型，分别对空间固定效应、时间固定效应以及双固定效应的非空间面板模型进行回归，在回归时，除虚拟变量与其交叉项外，其余变量均取自然对数，相关结果如表 5－5 所示。

**表 5－5　非空间面板模型估计及检验**

| 变量 | 空间固定效应 | 时间固定效应 | 双固定效应 |
|---|---|---|---|
| ln*ppi* | 0.124*** | 0.090*** | −0.019 |
| | (5.384) | (7.978) | (−0.910) |
| ln*spi* | 0.073*** | 0.144*** | 0.072*** |
| | (3.11) | (11.478) | (3.729) |
| ln*epi* | −0.016 | 0.040*** | 0.023* |
| | (−1.119) | (4.047) | (1.870) |
| ln*die* | −0.130** | −0.063** | −0.070 |
| | (−2.421) | (−2.042) | (−1.602) |
| ln*cs* | 0.039* | −0.020 | 0.002 |
| | (1.890) | (−1.451) | (0.123) |
| ln*market* | 0.593*** | 0.344*** | 0.100* |
| | (14.432) | (25.392) | (1.746) |
| *hj* | 0.045 | 0.086** | 0.054** |
| | (0.215) | (2.451) | (1.970) |
| *hj* × In*ppi* | 0.024 | 0.072** | 0.020 |
| | (0.911) | (2.57) | (0.952) |
| *hj* × ln*spi* | 0.044** | 0.062*** | 0.043*** |
| | (2.213) | (3.418) | (2.677) |
| *hj* × ln*epi* | 0.034 | 0.028** | 0.025 |
| | (1.216) | (2.13) | (1.109) |
| Within − $R^2$ | 0.691 | 0.708 | 0.573 |
| log *L* | 623.441 | 713.855 | 532.806 |
| LM Test No Spatial Lag | 101.035*** | 14.247*** | 1.042 |

续表

| 变量 | 空间固定效应 | 时间固定效应 | 双固定效应 |
|---|---|---|---|
| Robust LM Test No Spatial Lag | 59.430** | 0.940 | 0.257 |
| LM Test No Spatial Error | 43.023*** | 19.546*** | 1.238** |
| Robust LM Test No Spatial Error | 1.419** | 6.239** | 0.452* |

注：***、**、*分别表示1%、5%、10%的显著性水平；括号内为t统计量。

由表5－5可知，不同类型固定效应的LM检验统计量大多通过了显著性检验，进一步说明我国各省高质量城镇化发展水平具有空间相关性。其中，LM空间滞后检验统计量在空间固定效应模型、时间固定效应模型中显著，在双固定效应模型中不显著；稳健的LM空间滞后检验统计量仅在空间固定效应模型中显著，在其他两个模型中均不显著。而LM空间误差检验统计量与稳健的LM空间误差检验统计量均在空间固定效应模型、时间固定效应模型以及双固定效应模型中显著。因此综合来看，可以选择空间误差模型进行分析。但由于空间误差模型与空间杜宾模型存在嵌套关系，使这里存在更适合构建空间杜宾模型的可能性，因此需进一步采用Wald检验，Wald检验存在两个原假设：一是空间杜宾模型可以转化为空间滞后模型，二是空间杜宾模型可以转化为空间误差模型。相关检验结果如表5－6所示。

**表5－6　Wald检验结果**

| 检验 | 统计量 | P值 |
|---|---|---|
| Wald_ spatial_ lag | 9.190 | 0.420 |
| Wald_ spatial_ error | 10.453 | 0.402 |

表5－6显示，Wald空间滞后检验统计量为9.190，未通过显著性检验，接受空间杜宾模型可以转化为空间滞后模型的原假设；Wald空间误差检验统计量为10.453，未通过显著性检验，也表明接受空间杜宾模型可以转化为空间误差模型的原假设。结合之前的LM检验结果，可知这里更适合选择空间误差模型。

第二，模型回归分析。这里以经济距离权重矩阵为基础构建空间误差模型，然后根据模型拟合优度的高低，从时间固定效应、空间固定效应与双固定效应的空间误差模型中，选择了组内拟合优度最高的时间固定效应的空间误差模型进行分析，运用最大似然法估计的结果如表 5 -7 所示。

**表 5 -7 空间误差模型（SEM）回归结果（经济距离权重矩阵）**

| 解释变量 | 估计值 | Z 值 |
| --- | --- | --- |
| ln*ppi* | 0.081*** | 2.652 |
| ln*spi* | 0.142*** | 5.371 |
| ln*epi* | 0.031 | 1.538 |
| ln*die* | -0.149** | -2.001 |
| ln*cs* | 0.162* | 1.862 |
| ln*market* | 0.335*** | 8.513 |
| *hj* | 0.078* | 1.758 |
| *hj* × ln*ppi* | 0.068** | 2.001 |
| *hj* × ln*spi* | 0.163*** | 2.782 |
| *hj* × ln*epi* | -0.365 | -0.781 |
| $\lambda$ | 0.405*** | 4.703 |
| Within - $R^2$ | 0.731 | |
| log *L* | 545.470 | |
| Hausman 检验 | 11.750** | |

注：***、**、*分别表示 1%、5%、10% 的显著性水平。

从估计结果来看，空间相关系数 λ 显著为正，表明省域高质量城镇化发展存在空间溢出效应，这与 Moran's I 值所反映的结论一致。其中，生产性公共投资对高质量城镇化发展产生了正向作用，影响系数为 0.081 且在 1% 水平上显著；社会性公共投资的影响系数为 0.142，也在 1% 的显著性水平上对高质量城镇化发展产生了正向作用；但是环保性公共投资对高质量城镇化发展的影响并不显著，这可能与长期以来我国环保性公共投资力度不足，以及相关环境治理任务的艰巨性有关。从制度变量的情况来看，市场化程度对高质量城镇化发展产生了较大的正向促进作用，其影响系数为 0.335 且在 1% 水平上显著，说明了市场要素的自由流动在高质量城镇化发展中所起的重要作用；户籍制度改革对高质量城镇化发展也产生了一定的正向作用，但仅在10%的水平上显著，从侧面反映我国消除户籍壁垒的力度有待进一步提高。从公共投资与户籍制度改革的交互项来看，其系数呈现出显著的正向作用，说明在生产性公共投资与社会性公共投资对高质量城镇化发展的正向支持中，户籍制度改革起到了补充加强的作用，表明随着户籍管制的放松，生产性公共投资与社会性公共投资对高质量城镇化发展的支持作用有所增强。就控制变量的系数情况来看，人口死亡率与产业结构升级水平对高质量城镇化发展则分别呈现显著的负向与正向作用。

（3）模型的稳健性检验。

采用地理距离权重矩阵做稳健性检验，检验结果如表5－8所示。

**表5－8　空间误差模型（SEM）回归结果（地理距离权重矩阵）**

| 解释变量 | 估计值 | Z值 |
|---|---|---|
| ln*ppi* | 0.069*** | 3.052 |
| ln*spi* | 0.104*** | 5.208 |
| ln*epi* | 0.041 | 1.331 |
| ln*die* | －0.087** | －2.127 |
| ln*cs* | 0.137** | 2.413 |
| ln*market* | 0.293*** | 6.832 |
| *hj* | 0.087* | 1.918 |
| *hj*×ln*ppi* | 0.092*** | 2.701 |
| *hj*×ln*spi* | 0.139*** | 2.943 |
| *hj*×ln*epi* | 0.235 | 0.391 |
| $\lambda$ | 0.370*** | 4.132 |
| Within－$R^2$ | 0.721 | |
| log *L* | 497.261 | |
| Hausman检验 | 23.602*** | |

注：***、**、*分别表示1%、5%、10%的显著性水平。

对于空间计量模型而言，合适的空间权重矩阵是得到可靠模型参数的前提。为检验空间误差模型回归结果的稳健性，这里使用地理距离权重矩阵对模型参数重新进行估计。由表5－8可以看出，相较于经济距离权重矩阵所构建的空间误差模型而言，该模型的参数值与显著性略有差别，但总体上是一致的，说明模型具有一定的稳健性。

## 5.3 本章小结

本章从理论和实证方面分析了公共投资对高质量城镇化发展的支持机理。首先，基于高质量城镇化发展的主要内容，从理论上分别阐述了公共投资对高质量城镇化发展的支持机理。其次，为定量研究我国不同类型的公共投资在推动高质量城镇化发展进程中所发挥的现实支持作用，依据理论分析提出研究假设，引入相关制度变量，采用不同类型的权重矩阵验证了各省份的高质量城镇化发展水平存在显著的空间正相关性，由此建立空间计量模型。最后，运用拉格朗日乘数（LM）检验与瓦尔德（Wald）检验选择了空间误差模型予以回归，发现生产性公共投资与社会性公共投资对高质量城镇化发展均存在显著的正向支持作用，且户籍制度改革变量与二者产生了正向的交互作用，说明随着我国户籍制度对人口流动限制的放松，生产性公共投资与社会性公共投资对高质量城镇化发展的支持作用有所增强。但环保性公共投资未能对高质量城镇化发展表现出显著的支持作用，这很可能与长期以来我国环保性公共投资力度不足、尚未形成稳定的投入机制有关。

# 6　公共投资在高质量城镇化发展中的支持效应

为进一步认识公共投资在高质量城镇化发展过程中的具体支持效应，本章分别基于高质量城镇化发展的重要过程与内容，进一步认识城镇公共投资的人口包容效应、就业包容效应与环境治理效应。首先，运用PVAR模型研究城镇生产性公共投资、社会性公共投资、环保性公共投资与人口集聚之间的动态关系；其次，面对现有文献的观点分歧，运用面板门限模型研究城镇公共投资与居民就业增长之间的非线性结构关系；最后，尝试运用静态面板模型实证考察近年来我国城镇环保性公共投资的环境治理效应与区域差异，进一步为公共投资政策的调整优化提供经验依据。

## 6.1　高质量城镇化发展中公共投资的人口包容效应

高质量城镇化发展首先体现在农村人口向城镇的大量转移与集聚的过程。西方古典推拉理论认为，农村剩余劳动力的迁移是由农村与城镇的工资差别所引起的。现代推拉理论认为，农村剩余劳动力迁移的推拉因素除了更高的工资收入以外，还有更多的职业机会、更好的生活设施、为自己与孩子获得更好的受教育机会以及更好的社会环境。因此，相比农村而言，较完善的城镇基础设施和公共服务水平也是吸引农村人口自发向城镇转移的重要因素；同时城镇人口数量的攀升，对公共投资也提出了潜在的需求，理论预期表明二者间存在一定的动态关系，那么不同类型的公共投资与人口集聚的具体动态关系如何？目前相关实证研究较为欠缺，本节拟从实证方面考察二者间的具体关系，从而认识不同类型公共投资在人口包容过程中所发挥的作用。

### 6.1.1 研究假设

研究假设 1：生产性公共投资对人口集聚存在较为明显的促进作用。水电与燃气设施、交通运输等生产性公共投资在给居民基本生活带来便利的同时，更为重要的是为当地企业生产提供了必备的物质基础与生产保障，也是地区产业集聚赖以建立和发展的基本条件；同时，生产性公共投资项目具备一定的生产经营特征，其生产能力与效益的提升能够对工业化的推进过程产生直接的贡献，相关生产经营部门亦是工业化的重要组成之一。而从国际城镇化发展的历史经验与教训来看，工业化又是城镇化的根本动力，是农村人口向城镇转移的主要拉力来源。据此提出假设，生产性公共投资对城镇人口集聚存在较为明显的促进作用。

研究假设 2：社会性公共投资对人口集聚存在较为明显的滞后促进作用。一方面，教育、卫生与社会保障等社会性公共投资更多地承担着社会职能，非生产性特征明显；另一方面，我国社会性公共投资的历史欠账较多，相应的公共服务供给相对不足，以及长期以来户籍门槛的存在使得其对人口集聚的作用进一步受限。据此经验预期，假设我国社会性公共投资对城镇人口集聚存在较为明显的滞后促进作用。

研究假设 3：人口集聚促进了公众对社会性公共投资与环保性公共投资需求的提升。大量人口由农村转移至城镇，随着生活方式与理念的改变，转移人口对自身以及后代的发展需求将日益提升。在公共服务发展相对滞后的局面下，容易引发公共服务供求关系紧张的局面，从而促进公众对社会性公共投资的内在需求；大量人口向城镇的迅速聚集，随之集中产生的大量生活与生产废弃物给城市带来了持续的环境压力，不断挑战着当地生态环境的承载与自净能力，由此引发的环境问题也迫使公众提升对环保性公共投资的需求。据此提出假设，人口集聚促进了公众对社会性公共投资与环保性公共投资需求的提升。

### 6.1.2 研究设计

依据上述研究假设，为考察公共投资与人口集聚之间的动态关系，这里选择

Lnessa Love（2006）的面板向量自回归（PVAR）模型，[①] 该模型不需先定因变量与自变量，而是将多变量纳入同一矩阵系统中避免变量的内生性问题，以检验相互间的影响程度，并能对变量前后期的影响作出动态解释，这种联合方程矩阵式的非结构模型较适用于这里的计量检验。模型表示如下：

$$y_{it} = \phi_t + f_i + \beta_0 + \psi_j \sum_{j=1}^{k} y_{it-j} + \varepsilon_{it} \tag{6-1}$$

其中，下标 $i$、$t$ 分别为截面单元和时间。$y_{it}$ 为基于面板数据的 $m \times 1$ 维的列变量，即 $m$ 维的列向量；$y_{it-j}$ 为 $y_{it}$ 的滞后 $j$ 期，$\phi_t$ 为时间效应，$f_i$ 为个体效应，$\beta_0$ 为截距项，$\psi_j$ 为待估参数矩阵，$\varepsilon_{it}$ 为随机扰动项。该模型兼具面板模型与传统时间序列模型的优点，既能控制住时间效应与个体效应来解决不可观察的差异，也能研究经济变量之间的动态响应。传统时间序列 VAR 模型要求数据具有较长的时间跨度，而 PVAR 模型对这方面要求较低，有效克服了时间序列数据不足的问题，在 $t \geqslant 2k+2$（$t$ 为时间序列的长度，$k$ 为滞后项阶数）的情况下也能较稳态地估计参数，为现实问题的研究提供了较灵活的分析框架。

### 6.1.3 变量说明与统计特征

依据第 2 章对公共投资的界定分类，选择各省份的城镇生产性公共投资额、社会性公共投资额、环保性公共投资额分别作为模型中 $y_{it}$ 的三个列变量；同时选择各省份的城镇人口增量作为模型中 $y_{it}$ 的一个列变量。为消除可能存在的异方差性问题，各变量均取自然对数。其中，*ru* 为城镇人口增量，ln*ur* 为 *ur* 取对数后的数据；*ppf* 为生产性公共投资额，ln*ppf* 为 *ppf* 取对数后的数据；*spf* 为社会性公共投资额，ln*spf* 为 *spf* 取对数后的数据；*epf* 为环保性公共投资额，ln*epf* 是 *epf* 取对数后的数据。

将中国 30 个省份（西藏数据不全，故未纳入）作为研究样本。基础数据来源于 2004 ~ 2016 年《中国固定资产统计年鉴》《中国城市统计年鉴》。以 2003 年为基期，采用固定资产投资价格指数对生产性公共投资额（*ppf*）、社会性公共投资额（*spf*）、环保性公共投资额（*epf*）进行平减折算，以消除通货膨胀带来的影

① Lnessa Love. Financial Development and Dynamic Invest - ment Behavior: Evidence from Panel VAR [J]. The Quar - terly Review of Economics and Finance, 2006, 46 (2): 190 - 210.

响。各变量基本统计特征如表6－1所示。

表6－1 2003～2015年各省份相关变量的基本统计特征

| 变量 | 均值 | 标准差 | 最小值 | 最大值 | 中位数 | 观测值 |
| --- | --- | --- | --- | --- | --- | --- |
| *ur* | 770426 | 788461 | 18921 | 10466764 | 602147 | 390 |
| *ppf* | 9487985 | 6927318 | 508807 | 197601000 | 7997580 | 390 |
| *spf* | 3639376 | 3247707 | 173000 | 138533000 | 2687900 | 390 |
| *epf* | 828552 | 964115 | 11673 | 25125200 | 547997 | 390 |

### 6.1.4 实证检验与结果分析

（1）面板单位根检验。

变量是否平稳对PVAR模型有着重要的影响。在变量序列非平稳时直接进行回归，则易出现伪回归问题，因此先对变量做面板单位根检验。这里所采用的样本是平衡面板数据，为使检验结果具有可靠性，使用LLC、IPS与Breitung三种方法分别进行检验，结果如表6－2所示。在LLC检验、IPS检验、Breitung检验中，各变量水平值均至少在10%的显著性水平上拒绝了原假设，由此可以判断各变量是平稳序列，可建立PVAR模型。

表6－2 相关变量的面板单位根检验结果

| 检验方法 | ln*ur* | ln*ppf* | ln*spf* | ln*epf* |
| --- | --- | --- | --- | --- |
| LLC | －7.873*** | －5.514*** | －3.817*** | －3.249*** |
| IPS | －5.253*** | －1.897** | －2.316** | －0.794* |
| Breitung | －3.809*** | －2.210** | －1.125* | －2.099** |

注：LLC、IPS、Breitung的原假设均是序列存在单位根；***、**、*分别表示1%、5%、10%的显著性水平。

（2）选择最优滞后阶数。

在估计模型之前，首先需要确定上文所设定PVAR模型中的自回归阶数，如果模型的滞后阶数选择不当，那么可能遗漏包含在滞后变量中的信息，导致产生较大的估计误差。通常有如下三种标准用于选择滞后阶数：赤池信息准则、施瓦茨信息准则、汉南—奎因信息准则。当上述信息准则值最小时，滞后阶数是最优的。运行 STATA，结果如表 6-3 所示。在滞后阶数为 2 时，AIC、BIC 与 HQIC 值最小，因此选择滞后二阶为最优滞后阶数。

**表 6-3 PVAR 滞后项的选择准则**

| 滞后阶数 | AIC | BIC | HQIC |
|---|---|---|---|
| 1 | -9.311 | -7.745 | -8.686 |
| 2 | -14.887* | -13.011* | -14.136* |
| 3 | -14.860 | -12.621 | -13.960 |

注：***、**、*分别表示 1%、5%、10%的显著性水平。

(3) 模型估计结果。

在估计 PVAR 模型之前，需先消除样本中时间固定效应 $\phi_t$ 与个体固定效应 $f_i$，以解决模型中不随个体变化但随时间变化，或者不随时间而变但随个体而异的遗漏变量问题。对此，这里采用 Arellano（1995）提出的前向均值差分法（Forward mean - difference）消除个体与时间固定效应。这种处理使内生变量的当前值、滞后项与干扰项均不相关，从而通过矩条件来构造广义矩（GMM）估计。运用 STATA 软件可得到如表 6-4 所示的估计结果。

**表 6-4 基于全国层面的面板 PVAR 模型估计结果**

| 变量 | *h*_ ln*ur* 方程 | *h*_ ln*ppf* 方程 | *h*_ ln*spf* 方程 | *h*_ ln*epf* 方程 |
|---|---|---|---|---|
| *L*1. *h*_ ln*ur* | -0.496*** (-5.941) | 0.055* (1.738) | 0.050** (2.312) | -0.013 (-0.070) |
| *L*2. *h*_ ln*ur* | -0.251*** (-3.758) | 0.067*** (2.613) | 0.045** (2.061) | 0.059** (2.113) |
| *L*1. *h*_ ln*ppf* | -0.044 (-0.351) | 0.099 (1.471) | -0.109* (-1.804) | 0.172 (0.861) |
| *L*2. *h*_ ln*ppf* | 0.205** (1.973) | -0.085 (-1.181) | -0.197*** (-3.601) | 0.001 (0.128) |
| *L*1. *h*_ ln*spf* | 0.075** (2.341) | -0.073 (-0.883) | -0.138* (-1.782) | 0.207 (1.531) |
| *L*2. *h*_ ln*spf* | 0.017** (2.032) | -0.236*** (-2.822) | -0.106 (-1.578) | 0.304** (2.269) |
| *L*1. *h*_ ln*epf* | -0.401 (-0.341) | -0.029 (-1.101) | -0.008 (-0.251) | 0.027 (0.251) |
| *L*2. *h*_ ln*epf* | 0.024* (1.826) | -0.030 (-1.209) | -0.019 (-0.523) | -0.081 (-1.073) |

注：***、**、*分别表示 1%、5%、10%的显著性水平；括号内为 $t$ 值。

根据以上方程，可得到如下结论：

第一，生产性公共投资对人口集聚的影响。在 $h\_\ln ur$ 方程中，滞后 1 期的生产性公共投资对城镇人口增量的影响系数在统计上并不显著，但滞后 2 期的生产性公共投资对城镇人口增量产生了影响系数为 0.205，在 5% 的置信水平上显著，即其每增加 1%，城镇人口增量将平均增加 0.205%。说明生产性公共投资对城镇人口增量产生了正向的显著影响，但这与研究假设中的经验预期有所出入，即生产性公共投资对城镇人口增量在短期内未产生促进作用，而是在滞后 2 期才产生显著的促进作用，表现出时滞效应。

第二，社会性公共投资对人口集聚的影响。在 $h\_\ln ur$ 方程中，滞后 1 期的社会性公共投资对城镇人口增量的影响系数为 0.075，在 5% 的置信水平上显著；滞后 2 期的社会性公共投资对城镇人口增量的影响系数为 0.017，在 5% 的置信水平上显著。这说明社会性公共投资对城镇人口增量产生了正向的显著影响，与研究假设中的经验预期有所差别的是，社会性公共投资虽然对城镇人口增量产生了较明显的滞后促进作用，但是在短期内也对城镇人口增量产生了较明显的促进作用。原因在于，社会性公共投资项目建设周期相对较短，从而在短期内对城镇人口增量也产生了正向影响，既弥补了生产性公共投资的时滞效应，也对城镇人口增量起到了一定的长期促进作用。

第三，环保性公共投资对人口集聚的影响。在 $h\_\ln ur$ 方程中，滞后 1 期的环保性公共投资对城镇人口增量未产生显著的影响，滞后 2 期的环保性公共投资对城镇人口增量的影响系数为 0.024，在 10% 的置信水平上显著，说明环保性公共投资也与生产性公共投资一样，对城镇人口增量产生了一定的时滞效应，但相对生产性公共投资而言，其对城镇人口增量的影响较弱。

第四，人口集聚对公共投资的影响。从 $h\_\ln ppf$、$h\_\ln spf$、$h\_\ln epf$ 方程来看，滞后 1 期和滞后 2 期的城镇人口增量对生产性公共投资、社会性公共投资均产生了较显著的促进作用，滞后 2 期的城镇人口增量对环保性公共投资也产生了较显著的促进作用。说明城镇化对上述类型的公共投资均产生了较大的需求。相比较而言，人口增量对生产性公共投资的影响系数最大，说明在我国以往城镇化发展过程中，对生产性公共投资产生的需求要大于其他类型的公共投资，这符合早中期城镇化实践中对生产性公共投资具有较强依附性的发展特点。

第五，不同类型公共投资之间的影响。在 *h*_ ln*ppf*、*h*_ ln*spf*、*h*_ ln*epf* 方程中，滞后 1 期与滞后 2 期的生产性公共投资对社会性公共投资的影响系数分别为 -0.109、-0.197，在 10% 与 1% 的置信水平上显著，这说明生产性公共投资对社会性公共投资产生了较强的挤出效应；滞后 1 期的社会性公共投资对生产性公共投资的影响不显著，滞后 2 期的社会性公共投资对生产性公共投资的影响系数为 -0.236，在 1% 的置信水平上显著，这说明社会性公共投资对生产性公共投资产生了滞后的挤出效应；环保性公共投资对其他类型公共投资未产生显著的挤出效应，这与我国环保性公共投资支出在公共投资中所占比重普遍较小有关；滞后 2 期的社会性公共投资对环保性公共投资的影响系数为 0.304，在 5% 的置信水平上显著，说明社会性公共投资对环保性公共投资存在滞后的挤入效应。

（4）模型的稳定性检验。

上文所建立的模型只有在稳定的条件下，后续的脉冲响应、方差分解等分析才会有意义。这里采用伴随矩阵的特征根图对模型稳定性进行判断。若 PVAR 模型的特征根都在单位圆内，则说明该模型稳定；反之则不然。图 6－1 中，单位圆内的点表示方程特征根，它们均处于单位圆内，由此判断所建立的 PVAR 模型是稳定的，即城镇人口增量、生产性公共投资、社会性公共投资和环保性公共投资所构成的经济系统是稳定的，可对其进行脉冲响应与方差分解等分析。

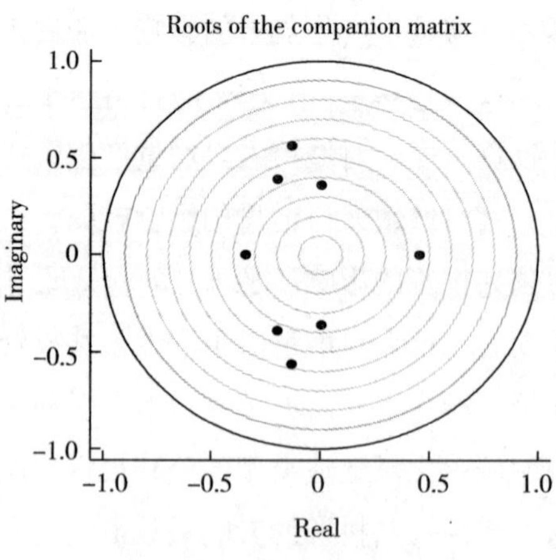


**图 6－1　伴随矩阵的特征根**

（5）基于 PVAR 模型的脉冲响应函数。

以上通过在面板数据上构建 PVAR 模型分析了城镇人口增量与生产性公共投资、社会性公共投资与环保性公共投资之间的关系，探讨了各变量的变动对另外一个变量的影响趋势。为了解不同类型公共投资对城镇人口增量的冲击，接下来通过脉冲响应函数来形象观察彼此之间的动态关系。脉冲响应函数捕捉的是 PVAR 模型中的一个内生变量受到一个标准误差的正交化冲击后，给其他内生变量所带来的动态影响轨迹。

$$Y_{it} = \alpha + \beta_1 Y_{it-1} + \beta_2 Y_{it-2} + \cdots + \beta_P Y_{it-P} + \varepsilon_{it} \tag{6-2}$$

在式（6－2）所示的 $P$ 阶面板向量自回归模型中，$\{Y_{it}\}$ 为由内生变量组成的 $n$ 维向量，$\alpha$ 为常数项，$\beta_1$、$\beta_2$、$\cdots$、$\beta_k$ 为系数矩阵，$\varepsilon_{it}$ 为误差向量，方差矩阵为 $\omega$。假设 $\{Y_{it}\}$ 为随机平稳序列，则该模型能转化为一个向量移动平均模型，如式（6－3）所示。

$$\{Y_{it}\} = c + \sum \delta_p \varepsilon_{t-p} \tag{6-3}$$

其中，$c$ 为常数项，$\delta_p$ 为系数矩阵。系数矩阵 $\delta_p$ 的第 $i$ 行第 $j$ 列元素表示第 $i$ 个变量对第 $j$ 个变量单位冲击的 $P$ 期响应。由于 $\varepsilon_{it}$ 的方差矩阵 $\omega$ 为正定矩阵，故存在一个非奇异矩阵 $\varphi$，使得 $\varphi\varphi' = \omega$，由此式（6－3）可变换为式（6－4）。

$$Y_{it} = c + \sum (\delta_p \varphi)(\varphi^{-1} \varepsilon_{it-p}) = c + (\delta_p \varphi)\mu_{it-p} \tag{6-4}$$

可通过式（6－4）计算系统中一个变量对另一个变量冲击的脉冲响应。通过以上方法，设定滞后 5 期作为脉冲响应期数，经蒙特卡罗（Monte Carlo）模拟 500 次，得到脉冲响应函数图。在图 6－2 中，横轴代表冲击的不同响应时期，纵轴代表内生变量面临冲击时的响应程度，并给出了 95% 的置信区间。

根据图 6－2 的脉冲响应函数分析，可知：

第一，城镇人口增量受到自身一个正交分解后的标准差正向冲击后，在第 1 期内产生了一个显著的负响应，而后逐渐衰减至零，这说明城镇人口数量的增多在短期内会对后期人口的增长产生一定的阻滞作用，这可能与城市的容纳能力在短期内难以有效提升，从而对后期入城人员形成挤出效应有关；城镇人口增量受到生产性公共投资一个单位的标准差正向冲击后，在第 1 期内未能产生显著的响应，在第 2 期则出现了一个显著的正向响应，在第 3 期收敛为零；城镇人口增量受到社会性公共投资一个单位的标准差正向冲击后，产生了显著的正向响应，而后逐渐递减，在第 3 期收敛为零；城镇人口增量受到环保性公共投资一个单位的标准差正向冲击后，逐渐产生了一个显著的正向响应，在第 2 期之后则逐渐衰减为零。这说明人口集聚对不同类型的公共投资均产生了不同程度的响应。

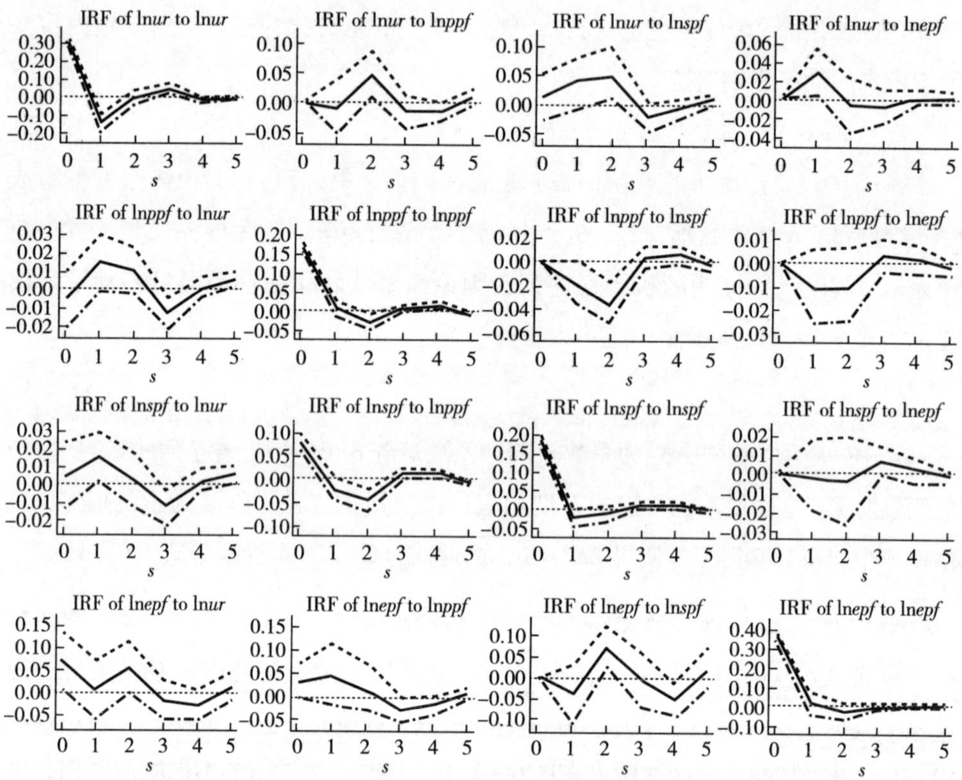


**图 6－2　模型脉冲响应函数**

第二，生产性公共投资受到城镇人口增量一个正交分解后的标准差正向冲击后，脉冲响应线在第 1 期内呈现向上趋势，产生了显著的正向响应，并持续至第 2 期，在第 3 期逐渐下降并收敛为零，说明人口集聚在短期内对生产性公共投资有较为明显的提升作用；生产性公共投资受到自身一个正交分解后的标准差正向冲击后，未能产生有效响应，在第 1 期即收敛为零；生产性公共投资受到社会性公共投资一个正交分解后的标准差正向冲击后，脉冲响应线呈现逐渐向下趋势并持续至第2期，然后逐渐回升收敛至零，说明生产性公共投资受到社会性公共投资的冲击后产生了负向响应；生产性公共投资受到环保性公共投资一个正交分解后的标准差正向冲击后，脉冲响应线虽然在第1期即呈现逐渐向下趋势，在第2期保持平稳走势，之后逐渐收敛为零，但零水平线始终处于置信区间，说明响应并不充分。

第三，社会性公共投资受到城镇人口增量一个正交分解后的标准差正向冲击后，产生了一个正向响应并持续至第2期，而后收敛为零，这说明人口集聚对社会性公共投资有较明显的提升作用；社会性公共投资受到生产性公共投资一个标准差正向冲击后，脉冲响应线即呈现不断向下的趋势并持续至第2期，而后收敛为零，说明社会性公共投资受到生产性公共投资的冲击后产生了负向响应；社会性公共投资受到自身一个正交分解后的标准差正向冲击后，脉冲响应线也呈现向下趋势并持续至第2期才逐渐收敛；社会性公共投资受到环保性公共投资一个正交分解后的标准差正向冲击后，虽然脉冲响应线产生了向下趋势，但响应并不充分。

第四，环保性公共投资受到城镇人口增量一个正交分解后的标准差正向冲击后，脉冲响应线在第1期呈现向下趋势，在第2期则出现了正向响应，在第3期逐渐收敛为零，这说明人口集聚在长期对环保性公共投资有较为明显的正向冲击；环保性公共投资受到生产性公共投资一个正交分解后的标准差正向冲击后，虽然脉冲响应线有向上趋势，但零水平线始终处于置信区间内，说明响应并不充分。环保性公共投资受到社会性公共投资一个正交分解后的标准差正向冲击后，脉冲响应线在第1期和第2期持续向上，产生了正向响应，说明社会性公共投资对环保性公共投资具有一定的正向促进作用；环保性公共投资受到自身一个正交分解后的标准差正向冲击后，脉冲响应线在第1期即收敛为零，说明其对自身冲击未产生有效的响应。

（6）方差分解。

方差分解将PVAR模型系统内任意一个内生变量的预测均方差分解为系统内各变量的随机冲击，得出每个扰动项因素影响各变量的相对程度，即各变量随机冲击的贡献占总冲击贡献的比率，以比较分析各内生变量对彼此波动的相对贡献率，方差分解结果如表6－5所示。

表 6-5 方差分解的结果

| 变量 | 预测期 S | lnur | lnppf | lnspf | lnepf |
|---|---|---|---|---|---|
| lnru | 4 | 0.720 | 0.190 | 0.070 | 0.020 |
| lnppf | 4 | 0.170 | 0.765 | 0.057 | 0.080 |
| lnspf | 4 | 0.090 | 0.193 | 0.716 | 0.001 |
| lnspf | 4 | 0.080 | 0.027 | 0.028 | 0.865 |
| lnur | 6 | 0.690 | 0.210 | 0.070 | 0.030 |
| lnppf | 6 | 0.180 | 0.682 | 0.058 | 0.080 |
| lnspf | 6 | 0.100 | 0.196 | 0.703 | 0.001 |
| lnepf | 6 | 0.080 | 0.029 | 0.029 | 0.862 |

表 6-5 分别呈现了各变量在第 4 个预测期与第 6 个预测期的方差分解结果。可看出，这两个预测期的方差分解结果没有显著差别，说明由四个变量构成的模型系统在第 4 期以后运行趋于平稳，不会对结果分析造成影响。总体来看，生产性公共投资、社会性公共投资、环保性公共投资对我国城镇人口增量的贡献率有所差异，这里选择第 6 个预测期的方差结果予以说明。模型系统经过 6 期运行后发现，对人口集聚方差波动影响最大的因素是其自身，方差贡献率达 69%；其次是生产性公共投资、社会性公共投资，方差贡献率分别为 21%、7%；最小的是环保性公共投资，仅解释了 3% 的波动。可见，生产性公共投资对城镇人口增量方差波动的解释力度较高，说明我国在以往的城镇化过程中，相比其他公共投资而言，更多的是依靠扩张生产性公共投资来带动人口的转移趋势；对生产性公共投资的方差波动而言，仍然是主要受其自身水平的影响，其次是人口集聚，方差贡献率达 18%，社会性公共投资和环保性公共投资则分别解释了 5.8% 与 0.8% 的波动；对社会性公共投资而言，对其影响最大的是生产性公共投资，方差贡献率达 19.6%，其次是人口集聚，方差贡献率达 10%，影响最小的是环保性公共投资，方差贡献率仅 1%，这与环保性公共投资力度长期偏小，未对生产性公共投资产生实质性的挤出影响有关；对环保性公共投资而言，对其影响最大的是人口集聚变量，方差贡献率达 8%，其次是生产性公共投资与社会性公共投资，均解释了环保性公共投资 2.9% 的波动。上述方差分解结果表明，在我国强调人口转移数量的传统城镇化过程中，生产性公共投资做出了较为突出的贡献，

但考虑到不同类型公共投资之间的相互影响，以及为满足城镇化后半场的高质量发展要求，需妥善处理好不同类型投资之间的关系，优化公共投资结构，以提升高质量城镇化发展水平。

## 6.2 高质量城镇化发展中公共投资的就业包容效应

高质量城镇化发展不仅是人口的空间转移，更是人口市民化的过程。面对庞大规模的农村人口转移，解决好转移人口的就业问题是我国实现高质量城镇化发展的关键环节，也是促进人口市民化、实现发展成果共享的前提。作为高质量城镇化发展的重要支撑，公共投资为人口的大量转移与安置提供了必要的物质基础与生活保障。同时公共投资作为物质资本快速形成的捷径，在某些时期还承担着稳定社会就业的经济职能，例如我国在2008年4万亿经济刺激计划中，仅在重大基础设施领域的资金投放量占比就达37.5%，[①] 是当时调节宏观经济的重要政策工具。在现今经济增速逐渐放缓的新常态下，我国就业总量压力依然存在，就业结构性矛盾凸显。在此形势下，政府部门在制定就业政策时是否依然能够如法炮制，通过增加公共投资来带动就业，使其继续兼任社会就业的稳定器？显然，上述问题的回答对于我国各地区推动高质量城镇化发展，制定恰当的就业促进政策具有重要的参考意义。

目前关于公共投资与就业之间的关系，学者们采用不同的方法与样本得出了不同的结论。大体而言，主要有两种观点：一种观点是公共投资对就业增长存在正向效应，持该观点的文献相对较多。约翰·梅纳德·凯恩斯（1936）在有效需求理论中认为失业问题是由于社会有效需求不足导致的，政府通过公共投资等干预方式可以扩大有效需求，从而增加社会就业量，从理论上肯定了在市场失灵时

① 中国政府网．发展改革委通报4万亿元投资重点投向和资金测算［EB/OL］．http：//www.gov.cn/gzdt/2009－03/06/content_1252229.htm，2009－03－06.

公共投资的必要性。在经验分析方面，Daveri 和 Maffezzoli（2000）运用工资函数、劳动需求函数和 CES 生产函数所构建的跨期模型对公共投资与就业间关系予以分析，认为以征收资本税的方式募集资金更有利于促进就业增长。徐旭川、杨丽琳（2006）通过向量自回归模型分别探讨了中国公共投资对就业总量与就业结构的影响，实证结果表明公共投资促进了第二、第三产业的就业人数增加，但这种影响存在 2 期滞后。Demetriades 和 Mamuneas（2010）利用劳动力需求函数构造了一个结构化模型，对 1972 ~ 1991 年 12 个 OECD 国家的实证研究发现，公共投资对就业会产生正向效应，其中短期效应比长期更为显著。苑德宇（2010）构建了公共基础设施水平与劳动力市场均衡就业量的动态关系模型，实证结果显示公路密度仅在短期内促进就业，普通中学数量的增加虽然在短期内会挤出就业，但在长期内表现出更大的挤入作用，这些影响在不同区域间存在一定的差异。赵连阁等（2014）运用联立方程分析认为，提高环境治理投资强度能够实现地区就业增长，尤其在工业污染较严重地区，公共投资的就业效应显著高于其他地区。刘超（2016）运用误差修正模型对基础设施投资的就业效应从多个角度和指标进行了研究，认为就我国总体而言，基础设施投资对就业的正效应高于负效应，也就是说，基础设施投资在我国有效促进了就业增长。

另一种观点是公共投资的就业效应有可能为负向。Raurich 和 Amat（2002）通过内生增长模型研究发现，如果公共投资的资金是以所得税的方式予以筹集，那么当公共投资在社会总投资中的比重过高时，公共投资的增长将会使就业率下降。Pereira 等（2003）就美国公共投资状况予以研究，发现其没有影响社会就业总量，但在不同的产业之间产生了结构性的就业影响。Kamps（2005）利用 22 个 OECD 国家的数据进行实证分析发现，公共投资对就业的影响在一些国家为正向效应，而在另外一些国家则表现为负向效应。Destefanis 和 Sena（2009）以意大利的 20 个行政区为样本，将经济部门分为可交易部门与不可交易部门，通过该两部门地区经济模型研究发现，公共投资在可交易部门中的就业弹性为正，而在不可交易部门中为负。刘文等（2014）利用 1993 ~ 2012 年中国 29 个省份的面板数据，分别通过变截距模型与变系数模型实证分析了固定资产投资对就业的影响，结果显示中国固定资产投资的快速增长并未引起就业与之相应的大规模增加，在某些省份甚至带来了负向影响。

综上可知，现有一些成果很好地阐释了二者间的关系，推动了该领域的研究进展。但是，这些成果不仅研究结论尚存在一定的分歧，而且在实证方法上，相关文献的模型构建基本都是以线性关系为假设前提，存在一定的局限性；同时相关研究对具体情况的分析还可以进一步加以明确，在政策参考意义上还可以有所加强。因此，本节利用面板门限模型探究公共投资与居民就业增长之间的关系，为深入认识公共投资在高质量城镇化发展过程中的具体支持提供经验依据与现实解释。

### 6.2.1 研究假设

研究假设1：在公共投资存量水平较低的地区，公共投资能够显著带动居民就业增长。某地区的公共投资存量水平较低，说明其基础设施与公共服务建设不够完善，这不利于企业运营成本的降低与生产效率的提升，对产业更是难以形成有效的规模集聚，从而抑制了当地的就业水平。当该地区持续加强公共投资力度，致力于水电供应设施的扩展升级、综合交通网络的建设改造以及教育、卫生等公共服务配套设施的优化等，公共产品优化所产生的正外部效应不仅能带来生产、运输的便利，也带来了劳动力素质的提升以及市场成长的空间，此时企业会出于周围生产、流通以及相关市场要素的改善预期而产生在该地区投资经营的倾向，企业的投资经营以及相关产业的集聚成长将对当地原本较低的就业水平产生较大的提振作用。因此提出研究假设，在公共投资存量水平较低的地区，加大公共投资力度往往能够显著带动当地居民的就业增长。

研究假设2：在公共投资存量水平较高的地区，公共投资对居民就业的带动能力将下降。当公共投资存量达到一定水平时，地区基础设施与公共服务在较大程度上得到完善，能够满足当前以及今后一段时间内企业生产与扩大再生产的需要。此时该地区即使仍旧保持较强的公共投资力度，继续扩大投资规模来提升基础设施与公共服务水平，但从企业层面来看，由于现有基础设施与公共服务水平已经能够满足其未来一段时间的发展需要，使相关公共产品得到进一步改善的预期不再成为其投资经营的重要考量因素，而是将侧重考量其影响经营业绩与企业成长的市场条件。尽管公共投资项目本身会带来一定数量的就业岗位，但此时盲目地加大公共投资力度将难以进一步调动企业的投资积极性，对当地就业水平的带动能力将很可能有所下降甚至不明显。

### 6.2.2 研究设计

传统线性模型的待估参数具有稳定性，暗含解释变量对被解释变量的影响是稳态唯一的假定。这种设定虽然在一定程度上解释了二者之间的关系，但忽略了其中可能存在的非线性转换关系，即该影响可能会随着某种因素的变化而产生结构性变化，而这在现实经济现象中是比较普遍的。尽管有些文献通过引入解释变量的二次项来弥补线性模型的不足，但这容易产生较为严重的多重共线性问题。因此，为了探究研究对象之间可能存在的结构变化关系，这里采用 Hansen（1996）提出的面板门限回归模型（PTR），① 以更细致地刻画公共投资对居民就业增长的影响效应。PTR（Panel Threshold Regression）模型的一般函数形式如式（6－5）所示。

$$y_{it}=u_i+\delta_1 x_{it}I(q_{it}\leqslant\gamma)+\delta_2 x_{it}I(q_{it}>\gamma)+\varepsilon_{it} \tag{6-5}$$

其中，$y_{it}$为被解释变量，$x_{it}$为解释变量，$\delta_1$、$\delta_2$ 为待估参数；$q_{it}$为门限变量；$\gamma$ 为门限值；$I$（·）表示指示函数，当括号内式子成立则取 1；反之取 0。根据指示函数的取值，式（6－5）也可另写成如下简洁形式：

$$y_{it}=u_i+\delta_1 x_{it}+\varepsilon_{it},\ q_{it}\leqslant r \tag{6-6}$$

$$y_{it}=u_i+\delta_2 x_{it}+\varepsilon_{it},\ q_{it}>r \tag{6-7}$$

Hansen（1999）在此基础上还提出了多重门限效应的函数形式，为刻画变量之间可能发生的多重结构变化关系提供了研究方法。由于具体门限数量和数值还有待后续的门限效应检验，先假设存在 N 个门限值，模型设置如式（6－8）所示。

$$\begin{aligned}\ln employ_{it}=&\beta_0+\beta_{11}\ln pg_{it}\cdot I(agk_{it}\leqslant r_1)+\beta_{12}\ln pg_{it}\cdot I(r_1<agk_{it}\leqslant r_2)+\cdots+\\&\beta_{ln}\ln agk_{it}\cdot I(r_{n-1}<agk_{it}<r_n)+\beta_{1(n+1)}\ln pg_{it}\cdot I(agk_{it}>r_n)+\\&\beta_2\ln x_{j,it}+u_i+\varepsilon_{it}\end{aligned} \tag{6-8}$$

其中，$employ_{it}$为被解释变量，即 $i$ 地区在第 $t$ 年城镇从业人员数量；$pg_{it}$为核心解释变量，表示 $i$ 地区第 $t$ 年的城镇公共投资规模；$agk_{it}$为门限变量，即 $i$ 地区第 $t$ 年的城镇公共投资存量水平；$r_n$ 为特定的门限值；$I$（·）为指示函数；$x_{j,it}$为第 $j$ 个控制变量，包括各地区的经济发展水平（$eoc_{it}$）、产业结构（$sc_{it}$）、贸易

① Hansen, B. E. Inference when a Nuisance Parameter is not Identified under the Null Hypothesis [J]. Journal of Econometrics, 1996, 64 (2): 413－430.

开放程度（$trade_{it}$）、城镇居民受教育程度（$edu_{it}$）、技术进步（$tec_{it}$），$\beta$ 为待估参数，$u_i$ 为个体效应，$\varepsilon_{it}$为随机扰动项。

### 6.2.3 变量说明与统计特征

模型（6－8）中的变量包括三类：一是被解释变量与核心解释变量，即各省份的城镇就业量（$employ_{it}$）与城镇公共投资规模（$pg_{it}$）。二是门限变量，即人均城镇公共投资存量（$agk_{it}$）。三是控制变量。具体变量的衡量指标说明如下：

（1）被解释变量与核心解释变量。

各地区的城镇就业量（$employ_{it}$）是被解释变量，采用各省份年底的城镇从业人员数量来表示。核心解释变量是城镇公共投资规模，采用各地区当年城镇公共投资流量与国内生产总值的比值来表示。

（2）门限变量的选取及测算。

我国区域发展差异较大，各地区的基础设施与公共服务发展状况也处于不同水平。为给各地区就业促进政策的制定提供具有决策意义的参考，将人均城镇公共投资存量作为模型的门限变量，以研究各地区处于不同的公共投资存量水平时，公共投资对居民就业所产生的影响。

（3）控制变量选取。

影响居民就业的因素很多，在总结前人研究成果的基础上引入如下影响就业的控制变量：

经济发展水平（$eoc_{it}$）。国内生产总值向来是一国（地区）经济发展水平的主要度量指标，故这里采用各省份的人均国内生产总值来表示。

产业结构（$sc_{it}$）。现有文献研究表明，产业结构与就业问题密切相关，不同的产业结构对劳动力的需求不一样，是影响就业的重要因素。学者们通常采用第三产业增加值或非农产业占国内生产总值的比重来表示产业结构水平。不少研究成果表明第三产业对劳动力有较强的吸附作用，同时鉴于我国第三产业增加值比重持续提升以及其在城镇经济中的支撑地位，这里采用各省份第三产业增加值占国内生产总值的比率来表示产业结构水平。

贸易开放程度（$trade_{it}$）。理论上讲，贸易的开放与频繁往来通常能够带来更多的就业机会，因此我们将其列为控制变量之一。在选取贸易开放程度的主要指标时，多数学者采用进出口总额或者外商直接投资额占国内生产总值的比率来衡量，这里采用进出口总额占国内生产总值的比率来表示贸易开放程度。

城镇居民受教育程度（$edu_{it}$）。采用平均受教育年限来衡量当地城镇人口的受教育程度。根据我国学历层次与学习年限的划分标准，具体计算方式为：平均受教育年限 =（小学学历人数 ×6 + 初中学历人数 ×9 + 高中学历人数 ×12 + 大专以上学历人数 ×16）/6 岁及以上人数。

技术进步（$tec_{it}$）。国内外多数文献采用专利数量来表征技术进步或者创新水平，故本书沿袭通用做法，采用各省份人均国内专利受理量作为衡量当地技术进步水平的指标。

将中国内地 30 个省份作为研究样本，由于西藏地区的固定资产投资价格指数等数据缺失，暂无法准确测算其实际投资额与资本存量，故未将其纳入。数据来源于 2004 ~2016 年的《中国城市统计年鉴》、中国宏观经济数据库（CMED）、《中国统计年鉴》。在数据预处理中以 2003 年为基期，采用固定资产投资价格指数对公共投资额平减折算，采用地区生产总值指数对 GDP 进行折算，以消除通货膨胀因素。变量的基本统计特征如表 6 -6 所示。

**表 6 -6　2003 ~2015 年各省份变量的基本统计特征**

| 变量 | 均值 | 标准差 | 最小值 | 最大值 | 中位数 | 观测值 |
|---|---|---|---|---|---|---|
| *employ* | 1001.23 | 774.62 | 87.63 | 4968.49 | 832.13 | 390 |
| *pg* | 0.35 | 0.23 | 0.08 | 1.38 | 0.29 | 390 |
| *agk* | 2.13 | 1.04 | 0.68 | 7.10 | 1.93 | 390 |
| *eoc* | 1.38 | 0.75 | 0.37 | 3.86 | 1.13 | 390 |
| *sc* | 0.41 | 0.082 | 0.29 | 0.80 | 0.40 | 390 |
| *trade* | 0.33 | 0.41 | 0.04 | 1.72 | 0.14 | 390 |
| *edu* | 8.56 | 0.97 | 6.04 | 12.02 | 8.49 | 390 |
| *tec* | 8.19 | 12.16 | 0.23 | 72.00 | 6.73 | 390 |

### 6.2.4　基于全国层面的面板门限模型回归分析

（1）门限效应检验与门限值的确定。

为了检验公共投资与城镇居民就业之间是否存在非线性转换关系，以及判定结构突变点的数目，这里运用 STATA 软件，分别以不存在单一、双重与三重门限为原假设来开展门限效应检验。表 6 –7 报告了在自抽样（bootstrap）300 次时公共投资门限效应的显著性检验结果。从表 6 –7 可知，单一门限检验的 F 值为 16. 591，P 值接受了不存在单一门限的原假设。双重门限检验的 F 值为 31. 223，P 值在 1% 的显著性水平上拒绝了不存在双重门限的原假设。三重门限检验的 F 值为 0. 000，P 值为 0. 410，接受不了存在三重门限效应的原假设。

**表 6 –7　门限效应检验**

| 模型 | F 值 | P 值 | BS 次数 | 临界值（1%） | 临界值（5%） | 临界值（10%） |
|---|---|---|---|---|---|---|
| 单一门限 | 16. 591 | 0. 120 | 300 | 40. 149 | 26. 117 | 18. 573 |
| 双重门限 | 31. 223 *** | 0. 000 | 300 | 3. 929 | –2. 225 | –8. 257 |
| 三重门限 | 0. 000 | 0. 410 | 300 | 0. 000 | 0. 000 | 0. 000 |

注：***、**、*分别表示 1%、5%、10% 的显著性水平。

然后寻找模型中存在的门限值。在寻找方式上，传统网格搜索方法的计算工作量随样本量的增加而呈几何式增长，耗时较长。在此借鉴 Hansen（1999）提出的优化搜索方法，该方法不仅能准确搜索到门限值，而且能大幅降低计算次数。它的基本原理是先搜索使模型残差平方和最小的第一个门限值，然后固定住第一个门限值去搜索使得残差平方和最小的第二个门限值，再固定住第二个门限值重新搜索第一个门限值，多次反复所得的稳定数值为真实门限值。表 6 –8 列出了通过优化搜索方法寻找到的模型残差平方和最小时所对应的两个结构突变点，即门限估计值。结果显示，第一门限值 $r_1$ 为 0. 944，第二门限值 $r_2$ 为 3. 646，二者均在 95% 的置信区间内。图 6 –3 和图 6 –4 分别绘制了第一个门限值与第二个门限值的似然比函数检验结果，其中 Y 轴表示似然比统计量 LR，X 轴表示门限变量值，虚线表示 5% 显著性水平的临界值。根据门限检验原理，当 LR 值为零时所对应的门限变量值即为相应的门限值，似然比函数图形象绘制出原始数据在 5% 显著性水平上的确存在两个结构突变点。结果表明，基于中国内地各省份（除西藏外）的样本，公共投资对城镇居民就业增长的影响存在非线性转换的双重门限效应，这两个结构突变点分别发生在人均公共投资存量为 0. 944 万元/人与 3. 646 万元/人。

**表 6-8 双重门限模型门限值的估计**

| 模型 | 门限 | 估计值 | 置信区间（95%） |
|---|---|---|---|
| 双重门限 | 门限 $r_1$ | 0.944 | [0.895, 1.025] |
| | 门限 $r_2$ | 3.646 | [0.895, 3.706] |

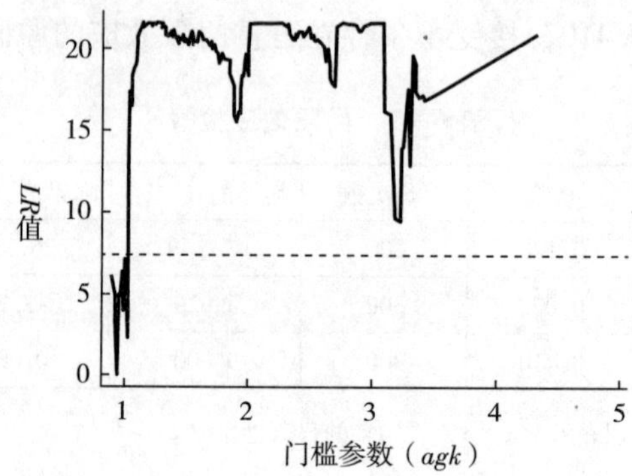


**图 6-3 门限 $r_1$ 的似然比函数**

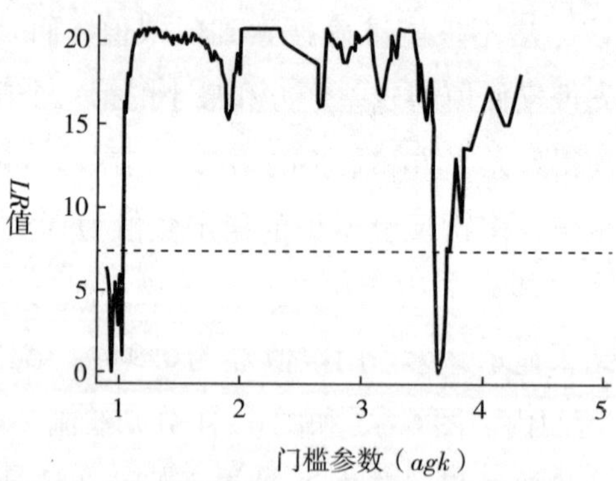


**图 6-4 门限 $r_2$ 的似然比函数**

（2）Hausman 检验。

Hausman 检验显示卡方统计值为 36.99，P 值小于 1%，拒绝了随机效应的原假设，表明使用固定效应模型更为合理。

（3）面板门限模型的估计结果分析。

根据前文检验结果可知，公共投资与城镇居民就业之间的关系具有显著的双重门限特征，其门限值分别为0.944万元/人与3.646万元/人，因而可以确定具体模型形式如式（6－9）所示。这里使用固定效应的面板门限模型，通过组内去掉均值的动作将那些不随时间变化的个体异质性从模型中加以排除，可以消除由于不可观测的个体异质性所带来的内生性问题，具体估计结果如表（6－9）所示。

$$\ln employ_{it}=\beta_0+\beta_{11}\ln pg_{it}\cdot I(agk_{it}\leqslant 0.944)+\beta_{12}\ln pg_{it}\cdot I(0.994<agk_{it}\leqslant 3.646)+\beta_{13}\ln pg_{it}\cdot I(agk_{it}>3.646)+\beta_2\ln eoc_{it}+\beta_3\ln sc_{it}+\beta_4\ln trade_{it}+\beta_5\ln edu+\beta_6\ln tec+\mu_i+\varepsilon_{it} \quad (6-9)$$

**表6－9　门限模型的估计结果**

| 变量 | 系数 | 标准误 | T统计量 |
|---|---|---|---|
| 常数项 | 3.292*** | 0.534 | 6.165 |
| ln*eoc* | 0.104 | 0.097 | 1.072 |
| ln*sc* | 0.467*** | 0.093 | 5.022 |
| ln*trade* | 0.067*** | 0.026 | 2.577 |
| ln*edu* | 1.745*** | 0.249 | 7.008 |
| ln*tec* | 0.134*** | 0.021 | 6.381 |
| ln*pg*（*agk*≤0.944） | −0.052** | 0.025 | −2.080 |
| ln*pg*（0.944<*agk*≤3.646） | 0.161*** | 0.047 | 3.426 |
| ln*pg*（*agk*>3.646） | −0.021 | 0.016 | −1.313 |

注：***、**、*分别表示1%、5%、10%的显著性水平。

第一，控制变量的影响分析。经济发展水平对就业增长的影响系数为0.104，但统计值并不显著，这表明我国在2003～2015年国内生产总值的快速增长对劳动力未能产生与之相匹配的需求增长，这与蔡昉等（2004）①、丁从明等

① 蔡昉，都阳，高文书．就业弹性、自然失业和宏观经济政策——为什么经济增长没有带来显性就业？［J］．经济研究，2004（9）：18－25，47.

(2010)[①]、陆铭等 (2011)[②] 的研究结果相接近，他们也发现中国经济增长的就业弹性系数持续下降，呈现高增长低就业的特征，即经济的高速增长并没有带来明显的就业增长。产业结构水平在1%的置信水平对就业增长存在显著的促进作用，影响系数为0.467，表明第三产业的发展壮大能够带来城镇居民就业的增长；贸易开放程度对就业增长的影响系数为0.067，统计值在1%的置信水平上显著。通常认为，货物进出口总额的增加意味着地区间商品的交易往来更加频繁，也由此将带来更多的就业机会，研究结果符合这一经验预期；受教育程度对就业增长的影响系数为1.745，在1%的置信水平上显著。理论上讲，人们受教育程度的提升，意味着能够从事更加复杂的劳动，可选择的就业余地较大，抗失业风险的能力较强，如高学历劳动者一般以自愿性、摩擦性失业情况居多，估计结果与经验预期相一致。技术进步对就业增长的影响系数为0.134，统计值在1%的置信水平上显著，说明我国技术进步拉动了一批生产与服务行业的升级发展，有效促进了就业增长。

第二，公共投资的就业效应分析。实证结果显示，公共投资对城镇居民就业增长的影响随着地区人均城镇公共投资存量的变化而变化，呈现出明显的双重门限特征。具体而言，当人均城镇公共投资存量低于第一个门限值0.944万元/人时，公共投资在5%的置信水平对居民就业增长产生显著的负向影响，其弹性系数为-0.052，即在其他变量不变时，城镇公共投资每提高1%，就业量将平均下降0.052%，这应该是由于基础设施与公共服务水平落后导致劳动年龄人口外流，从而形成对当地就业的挤出效应。当人均城镇公共投资存量跨过第一个门限值，低于第二个门限值时，公共投资对居民就业呈明显的正向效应，此时影响系数为0.161，即每提高1%的城镇公共投资规模，能平均带来0.161%的就业增长。当人均城镇公共投资存量跨过第二个门限值3.646万元/人时，发现公共投资对就业增长呈收敛效应，不再显著促进城镇居民就业人口数量的增长。说明公共投资能否带动居民就业增长在很大程度上取决于该地区的公共投资存量水平。通常而言，在产业转移中，如果产业承接地基础设施和公共服务供给不足，企业基于生

---

① 丁从明，陈仲常．经济增长为什么没有带来就业增加？［J］．南方经济，2010（1）：47－58.

② 陆铭，欧海军．高增长与低就业：政府干预与就业弹性的经验研究［J］．世界经济，2011（12）：3－31.

产成本与便利等因素考虑，会降低向该地区实施产业转移的动力。此时地方政府即使加大公共投资力度，由于在短期内并不能明显改善基础设施薄弱的现状，故仍然难以有效吸引产业聚集。虽然公共投资项目在建设过程中对劳动力存在直接需求，但该需求有限且不易持续，在短期内过于落后的基础设施和公共服务水平仍然会对就业人口呈现挤出效应。当地区基础设施和公共服务达到一定水平，能够逐渐满足企业的生产要求时，此时加大公共投资力度，能够进一步树立企业的投资信心，向该地区实施产业转移的动力增强，产业的有效承接能够带来地区就业的显著增长。当地区基础设施和公共服务较为完善、能够很好地满足企业生产要求时，企业则在中短期内无须担心该地区基础设施和公共服务建设能否有利于生产，此时地方政府加大公共投资力度，将不再成为吸引企业前来投资的理由，企业在做投资决策时会侧重于考虑其他方面的因素。

（4）扩展分析。

利用双重门限阈值可将研究样本划分为三个门限区间：第一门限区间的人均城镇公共投资存量为0.944 万元以下（$agk \leqslant 0.944$）；第二门限区间的人均城镇公共投资存量介于0.944 万～3.646 万元（$0.944 < agk \leqslant 3.646$）；第三门限区间为3.646 万元以上（$agk > 3.646$）。为直观地反映我国各省城镇公共投资存量所处的门限区间及其变化情况，表 6－10 列出了 2003～2015 年我国在不同门限区间的省级区域数量（除西藏外）。

**表 6－10　2003～2015 年不同门限区间的省级区域数量**

| 人均公共投资存量 | $agk \leqslant 0.944$ | $0.944 < agk \leqslant 3.646$ | $agk > 3.646$ |
|---|---|---|---|
| 就业效应 | $-0.052^{**}$ | $0.061^{***}$ | $-0.021$ |
| 2003 | 6 | 24 | 0 |
| 2004 | 6 | 24 | 0 |
| 2005 | 6 | 24 | 0 |
| 2006 | 2 | 28 | 0 |
| 2007 | 1 | 29 | 0 |
| 2008 | 0 | 30 | 0 |

续表

| 人均公共投资存量 | $agk \leq 0.944$ | $0.944 < agk \leq 3.646$ | $agk > 3.646$ |
|---|---|---|---|
| 2009 | 0 | 28 | 2 |
| 2010 | 0 | 28 | 2 |
| 2011 | 0 | 27 | 3 |
| 2012 | 0 | 27 | 3 |
| 2013 | 0 | 26 | 4 |
| 2014 | 0 | 23 | 7 |
| 2015 | 0 | 21 | 9 |

由表6-10可知，2003年，我国有6个省级区域处于第一门限区间，分别为安徽、河南、湖南、广西、四川、贵州，这些省份的人均城镇公共投资存量水平较低，普遍呈现基础设施和公共服务供给不足的状态，其余24个省份则处于第二门限区间。随着中央与地方政府对基础设施与公共服务的持续投入，各省份逐渐跨过第一门限值，2008年所有省份都进入了第二门限区间，普遍摆脱了长期以来公共产品总量供给严重不足的状态。从前文的实证结果来看，当人均城镇公共投资存量处于第二门限区间时，公共投资对居民就业增长存在显著的正向效应，因此在2008年所实施的4万亿元投资刺激计划中，其中相当一部分用于基础设施和公共服务的投资的确发挥了保就业的功能。2008年以来，我国公共投资项目建设进入加速发展阶段，一些省份的城镇公共投资存量水平逐渐跨过第二门限值进入第三门限区间。2015年，处于第三门限区间的省份分别有北京、天津、内蒙古、辽宁、浙江、福建、青海、宁夏和新疆。

### 6.2.5 基于区域差异的稳健性检验

长期以来我国经济发展水平呈现出明显的区域特征，公共项目建设状况参差不齐。为检验前文结果的稳健性，以及从区域层面进一步考察城镇公共投资对就业的影响，按照国家统计局划分标准，将研究样本分为东部、中部和西部三大区域，基于固定效应的面板门限模型研究各区域的城镇公共投资对居民就业增长的门限效应以及相应的影响效果。

根据表6-11可知，我国东、中、西部三大区域都显著拒绝了不存在双重门限效应的原假设，即公共投资对城镇居民就业增长的影响存在双重门限值。其中，东部地区的门限值分别为 1. 341、3. 143，中部地区的门限值分别为 1. 047、2. 623，西部地区的门限值分别为 1. 588、2. 621。说明各地区存在较稳健的双重门限效应。之后采用面板门限模型分别对东、中、西部区域进行回归，结果如表 6 – 12 所示。

**表 6 – 11　基于区域层面的门限效应检验**

| | 东部地区 | | | 中部地区 | | | 西部地区 | | |
|---|---|---|---|---|---|---|---|---|---|
| | F 统计量 | P 值 | 门限值 | F 统计量 | P 值 | 门限值 | F 统计量 | P 值 | 门限值 |
| Ⅰ | 13. 054 * | 0. 09 | 2. 440 | 17. 171 ** | 0. 040 | 1. 214 | 3. 450 | 0. 200 | 2. 900 |
| Ⅱ | 20. 933 *** | 0. 000 | 1. 341<br>3. 143 | 10. 072 *** | 0. 005 | 1. 047<br>2. 623 | 30. 797 *** | 0. 000 | 1. 588<br>2. 621 |
| Ⅲ | 0. 000 | 0. 350 | | 0. 000 | 0. 280 | | 0. 824 | 0. 110 | |

注：***、**、*分别表示 1%、5%、10%的显著性水平。

**表 6 – 12　基于区域层面的门限效应回归**

| 变量 | 东部地区 | 中部地区 | 西部地区 |
|---|---|---|---|
| ln*eoc* | 0. 215<br>(1. 517) | 1. 204 ***<br>(4. 321) | 0. 063<br>(0. 438) |
| ln*sc* | 0. 414 ***<br>(3. 152) | 0. 432 ***<br>(2. 651) | 0. 440 ***<br>(3. 409) |
| ln*trade* | 0. 154 ***<br>(4. 451) | 0. 075<br>(1. 328) | 0. 146 ***<br>(4. 361) |
| ln*edu* | 1. 517 ***<br>(4. 942) | 1. 357 **<br>(2. 348) | 1. 489 ***<br>(4. 982) |
| ln*tec* | 0. 097 ***<br>(2. 901) | –0. 006<br>( –0. 159) | 0. 099 ***<br>(3. 031) |
| ln*pg*_ *agk*1 | –0. 019<br>( –0. 812) | –0. 067 ***<br>( –2. 871) | –0. 153 ***<br>( –3. 408) |
| ln*pg*_ *agk*2 | 0. 100 **<br>(2. 010) | 0. 104 **<br>(2. 541) | 0. 122 ***<br>(2. 628) |
| ln*pg*_ *agk*3 | 0. 025<br>(0. 801) | –0. 032 **<br>( –2. 358) | 0. 007<br>(0. 301) |

注：***、**、*分别表示 1%、5%、10%的显著性水平；括号中的数值表示 t 统计量。

在东部地区，当城镇公共投资存量水平低于1.341万元/人时，公共投资对居民就业增长的影响系数为-0.019，但统计值并不显著。当城镇公共投资存量水平大于1.341万元/人而小于3.143万元/人时，公共投资的就业弹性系数提高到0.100，在5%的置信水平显著。当城镇公共投资存量水平高于3.143万元/人时，公共投资的就业弹性系数为0.025，统计值并不显著。在控制变量中，东部地区的经济发展水平与就业增长相背离，这反映东部地区的经济增长未能有效带动就业；东部地区的贸易开放程度、产业结构水平、居民受教育程度以及技术进步均对就业增长产生了显著的促进作用。

在中部地区，当城镇公共投资存量水平低于1.047万元/人时，公共投资对居民就业增长的影响系数为-0.067，在1%的置信水平显著。当城镇公共投资存量水平大于1.047万元/人而小于2.623万元/人时，公共投资对就业增长的影响开始呈现正向效应，就业弹性系数提高到0.104，在5%的置信水平显著。当城镇公共投资存量水平高于2.623万元/人时，公共投资对就业增长的影响系数为-0.032，在5%的置信水平显著，这很可能是由于政府财政支出主导的公共投资对私人投资形成了较强的挤出效应，从而给中部地区的总体就业带来不利影响。另外，中部地区的经济发展水平、产业结构水平、居民受教育程度均对就业增长产生了显著的促进作用，但贸易开放程度与技术进步的影响并不明显。

在西部地区，当城镇公共投资存量水平低于1.588万元/人时，公共投资对居民就业增长的影响系数为-0.153，在1%的置信水平显著。当城镇公共投资存量水平大于1.588万元/人而小于2.621万元/人时，公共投资对就业增长呈现正向效应，弹性系数为0.122，在1%的置信水平显著。当城镇公共投资存量水平高于2.621万元/人时，公共投资对就业增长的影响不再显著，呈现收敛效应。在控制变量中，西部地区的经济增长未能显著带动就业增长，但产业结构水平、贸易开放程度、居民受教育程度以及技术进步均对就业增长产生了显著的促进作用。

由此可知，虽然分区域样本的门限区间与回归系数略有差别，但总体而言，各地区的公共投资对就业增长的影响均在第二门限区间才开始呈现显著的正向效应，在第三门限区间呈现出收敛效应，即不再产生显著的正向促进作用，这与全国样本的回归结果相一致，说明模型具有较高的稳健性。

这说明，公共投资并非总是促进居民就业增长的灵丹妙药。在公共投资存量处于过低水平时，通过扩大公共投资规模难以对居民就业增长产生明显的正向作用；当投资存量积累到一定规模，公共投资能够较大地促进居民就业增长；当达到较高水平时，公共投资对居民就业增长的促进作用则表现出一定的收敛效应。

## 6.3 高质量城镇化发展中公共投资的环境治理效应

环境治理问题是我国高质量城镇化发展中面临的新课题，重视环境治理是我国城镇化建设进入成熟发展阶段的应有之义与必然选择。本节主要基于环境治理的角度，实证考察公共投资的环境治理效应以及区域差异。

### 6.3.1 研究假设

研究假设1：我国城镇环保性公共投资的增长在一定程度上推进了城镇环境治理水平的提升。长期以来，虽然我国环保性公共投资存在规模偏小、增速不稳定的问题，但是现实统计数据表明，我国在工业污染物、城市生活污染物等方面的整体处理率有较大的提升，城市建成区的绿化覆盖率也逐步提高。尽管影响环境治理能力提升的因素并不单一，但一般情况下很难忽略环保性基础设施建设在其中所发挥的作用。因此，可以假设多年来我国在城镇环保性基础设施方面的投入在一定程度上推动了城镇环境治理水平的提升。

研究假设2：我国城镇环保性公共投资的环境治理效应存在较大的区域差异，局部地区的环境治理效应可能偏弱甚至不够显著。我国环保性公共投资不仅总体规模偏小，而且存在较大的区域差异性，使环保性基础设施投入薄弱的问题在局部地区显得更为突出。根据发达国家的治理经验，环保性投入需占到国内生产总值的1% ~1.5%，才能基本控制环境污染，达到3%以上才能有效地改善环境质量。[①] 因此，这里假设我国城镇环保性公共投资的环境治理效应存在较大的区域差异，不排除局部地区未能产生较为明显的环境治理效应。

### 6.3.2 研究设计

这里旨在运用2003～2015年我国30个省份（西藏数据不全，故未纳入）的面板数据研究我国各省环保性公共投资对环境治理水平的影响，因而需构建面板模型进行分析。在经典面板模型中，当截面N大于时间T时，被称为短面板，在处理短面板的时候，通常可以采用静态面板数据模型。由于样本中往往存在一些难以观测到的个体效应与时间效应，由此带来遗漏变量问题，而静态面板模型有助于克服这类遗漏变量所带来的内生性问题，并因此得到广泛的应用。具体模型构建如式（6－10）所示。

$$egl_{it} = \beta_0 + \beta_1 epid_{it} + \beta_2 cs_{it} + \beta_3 wage_{it} + \beta_4 tec_{it} + \varepsilon_{it} \qquad (6-10)$$

其中，下标 $i$ 和 $t$ 分别为第 $i$ 地区的第 $t$ 年，$\beta_0$ 为常数项，$egl$、$epid$、$cs$、$wage$、$tec$ 分别为环境治理水平、城镇环保性公共投资支出、产业结构升级水平、城镇人均可支配收入、技术进步，$\beta_1$、$\beta_2$、$\beta_3$、$\beta_4$ 分别为各变量的待估参数，$\varepsilon_{it}$ 为独立同分布的残差项。

基于模型残差项中是否存在不随时间改变的个体异质性或者不随个体变化的时间异质性的假设条件，静态面板模型可以分为混合OLS、随机效应、个体固定效应、时间固定效应、双向固定效应形式，这需要通过进一步的检验来选择出合适的模型予以回归。对于是采用混合模型还是个体固定效应模型，一般通过构造统计量F检验来判别；对于是采用固定效应模型还是随机效应模型，可以通过Hausman检验进行判别；对于是否应在个体固定效应模型中考虑时间固定效应，可以通过生成年度虚拟变量并检验其联合显著性进行判别。

### 6.3.3 变量说明与统计特征

依据上述研究设计，选取如下具体衡量指标作为模型变量，其中 $egl_{it}$ 为被解

① 熊毅玮．我国环保产业投资基金的设立与运作机制研究［D］．西安理工大学硕士学位论文，2008.

释变量、$epid_{it}$为核心解释变量、$cs_{it}$、$wage_{it}$、$tec_{it}$为控制变量。

（1）环境治理水平（$egl_{it}$）。

采用第4章所构建的高质量城镇化发展评价指标体系中的环境治理子系统指数来表示。

（2）城镇环保性公共投资力度（$epid_{it}$）。

采用环保性公共投资额与当年国内生产总值的比值来表示，并通过固定资产投资价格指数与GDP平减指数进行折算，以消除通货膨胀带来的影响。

（3）产业结构升级水平（$cs_{it}$）。

根据李逢春（2012）的产业结构升级衡量方法，将三次产业的劳动生产率以及各自增加值在当年国内生产总值中所占的份额综合在一起，如式（6－11）所示。

$$cs = \sum_{i=1}^{3} \sqrt{L_i} \times R_j, i = 1,2,3 \tag{6-11}$$

其中，$L_i$ 为三次产业增加值除以相应的从业人数，$R_j$ 为三次产业增加值分别占当年GDP的比重。

（4）城镇人均可支配收入（$wage_{it}$）。

采用城镇常住人口的年度人均可支配收入来衡量。

（5）技术进步（$tec_{it}$）。

学术界在多数情况下采用专利数量来表征技术进步或者创新水平，这里沿用此通用做法，采用各地区人均国内专利受理量作为衡量当地技术进步水平的指标。

变量的基本统计特征如表6－13所示。

**表6－13　样本变量的基本统计特征**

| 变量 | 均值 | 标准差 | 最小值 | 最大值 | 中位数 | 观测值 |
| --- | --- | --- | --- | --- | --- | --- |
| *egl* | 1.000 | 0.193 | 0.518 | 1.425 | 1.015 | 390 |
| *epid* | 0.014 | 0.012 | 0.001 | 0.087 | 0.010 | 390 |
| *wage* | 1.763 | 0.855 | 0.653 | 5.296 | 1.577 | 390 |
| *cs* | 6.468 | 2.167 | 2.385 | 17.913 | 6.216 | 390 |
| *tec* | 8.186 | 12.160 | 0.230 | 72.000 | 6.730 | 390 |

资料来源：根据《中国固定资产统计年鉴》《中国城市统计年鉴》《中国环境统计年鉴》整理而得。

### 6.3.4 基于全国层面的实证结果与分析

（1）面板单位根与协整检验。

为避免非平稳时间序列所造成的伪回归问题，先需对各变量做面板单位根检验。为得到可靠的检验结果，这里分别使用 LLC、IPS 与 Breitung 三种方法进行检验，结果如表 6－14 所示。在 LLC 检验、IPS 检验、Breitung 检验中，各变量均未能完全在 5% 的显著性水平拒绝存在单位根的原假设。而在一阶差分序列中，所有变量均在 5% 的显著性水平拒绝了存在单位根的原假设，说明所有变量经一阶差分后都具有平稳性，即各变量都是一阶单整。因此需进一步采用 Kao 检验方法进行协整检验，检验结果如表 6－15 所示，统计值在 1% 的显著性水平拒绝了不存在协整关系的原假设，表明各变量间存在长期均衡关系，可以使用面板模型对其进行参数估计。

**表 6－14 相关变量的面板单位根检验结果**

| 统计 | 水平值 | | | 一阶差分 | | |
|---|---|---|---|---|---|---|
| statistic | LLC 检验 | IPS 检验 | Breitung 检验 | LLC 检验 | IPS 检验 | Breitung 检验 |
| *egl* | －5.512*** | －3.220*** | －0.362 | －14.210*** | －8.693*** | －3.462*** |
| *epid* | 3.080 | 3.528 | 0.199 | －10.097*** | －5.893*** | －8.017*** |
| *wage* | 7.577 | 8.906 | 4.330 | －4.785*** | －2.425*** | －4.435*** |
| *cs* | －3.793*** | －0.719 | －1.048 | －12.070*** | －8.600*** | －6.790*** |
| *tec* | 14.618 | 14.27 | 6.301 | －1.471** | －1.09** | －4.382*** |

注：***、**、*分别表示 1%、5%、10% 的显著性水平；LLC、IPS、Breitung 的原假设均是序列存在单位根。

**表 6－15 协整检验—Kao 检验结果**

| | t－Statistic | Prob. |
|---|---|---|
| ADF | －4.213 | 0.000 |

（2）模型估计结果与分析。

分别对混合 OLS、随机效应、个体固定效应、时间固定效应、双向固定效应模型分别进行回归，结果如表 6－16 所示。为了从中选择出合适的模型进行分析，首先构造统计量 F 检验，发现在个体固定效应模型与双向固定效应模型中，F 检验统计值分别为 22.45 和 28.23，且均在 1% 的显著性水平拒绝了不存在个体效应的原假设，说明个体固定效应模型与双向固定效应模型均明显优于混合 OLS 模型。其次，为了修正可能存在的异方差和序列相关问题，在模型回归时均使用了聚类稳健型标准误，但这将导致传统的 Hausman 检验失效，此时需要采用稳健的 Hausman 检验，由稳健的 Hausman 检验结果可知其统计值在 5% 的显著性水平拒绝了随机效应的原假设，因此这里使用固定效应模型更佳。最后，为了判断在个体固定效应模型中是否应该引入时间固定效应，通过在个体固定效应模型中生成年度虚拟变量，然后由年度虚拟变量的联合显著性检验统计值可知，其在 1% 的显著性水平强烈拒绝了"无时间效应"的原假设，认为在个体效应模型中还应该包括时间效应，即双向固定效应模型优于个体固定效应模型。因而这里采用双向固定效应模型进行结果分析。该模型同时考虑了难以观测到的不随时间变化的个体异质性与不随个体改变的时间异质性，有助于克服因遗漏变量而产生的内生性问题。

**表 6－16　全国层面的模型参数估计结果**

| 解释变量 | 混合 OLS | 随机效应模型 | 个体固定效应模型 | 时间固定效应模型 | 双向固定效应模型 |
|---|---|---|---|---|---|
| *epid* | 0.308<br>(1.185) | 1.165**<br>(0.537) | 1.944***<br>(0.516) | 1.684***<br>(0.512) | 1.205**<br>(0.545) |
| *wage* | 0.168***<br>(0.030) | 0.104***<br>(0.012) | −0.010<br>(0.022) | 0.022<br>(0.019) | 0.091***<br>(0.013) |
| *cs* | 0.108*<br>(0.061) | 0.022***<br>(0.004) | 0.017**<br>(0.007) | 0.003<br>(0.003) | 0.022***<br>(0.004) |
| *tec* | −0.015<br>(0.025) | 0.038**<br>(0.016) | −0.015<br>(0.023) | 0.012**<br>(0.006) | 0.061***<br>(0.020) |
| 变量的联合显著性检验 | 43.084***<br>(0.000) | 1037.991***<br>(0.000) | 85.533***<br>(0.000) | 1324.471***<br>(0.000) | 260.743***<br>(0.000) |
| $R^2$ | 0.5374 | 0.531 | 0.746 | 0.797 | 0.799 |

续表

| 解释变量 | 混合 OLS | 随机效应模型 | 个体固定效应模型 | 时间固定效应模型 | 双向固定效应模型 |
|---|---|---|---|---|---|
| 个体效应检验的 F 统计值 | — | — | 22.452***<br>(0.000) | — | 28.233***<br>(0.000) |
| 稳健的 Hausman 检验 | 9.891**<br>(0.042) | | | | |
| 年度虚拟变量的联合显著性检验 | 7.653***<br>(0.000) | | | | |

注：①各变量括号内报告的是聚类稳健标准误，各检验值的括号内报告的是 P 值；②在变量的联合显著性检验项中，混合 OLS、个体固定效应、双向固定效应回归报告的是 F 值，随机效应与时间固定效应回归报告的是 Wald 卡方值；③在 $R^2$ 项中，混合 OLS 报告的是调整后的 $R^2$，随机效应报告的是总体 $R^2$，固定效应模型报告的是组内 $R^2$；④***、**、*分别表示 1%、5%、10% 的显著性水平。

在双向固定效应模型中，从各变量的联合显著性检验结果来看，其统计值为 260.74，在 1% 的水平上显著，说明各项估计系数具有联合显著性。其中，环保性公共投资在 5% 的显著性水平对环境治理产生了较为明显的正向促进作用，即环保性公共投资占 GDP 的比重每提高 1%，可促使环境治理水平指数平均提升约 1.205，说明我国多年来的城镇环保性公共支出有效促进了环境治理水平的提升，支持了研究假设 1。由控制变量的影响来看，城镇人均可支配收入对环境治理水平的影响系数为 0.091，且在 1% 水平上显著，说明城镇人均可支配收入每提高 1 万元，环境治理水平指数将平均提高 0.091；产业结构水平升级与技术进步也均对环境治理水平产生了正向促进作用，影响系数分别为 0.022、0.061，且均在 1% 的水平上显著，符合一定的经验预期。

### 6.3.5 基于区域差异的实证结果与分析

长期以来，我国不同区域的城镇公共投资呈现出较大的差异。为比较不同区域城镇环保性公共投资的环境治理效应，进一步将研究样本分为东、中、西三大区域，基于双向固定效应模型研究各区域的环保性公共投资对环境治理水平提升的影响效果，结果如表 6－17 所示。

表 6－17 分区域的双向固定效应模型参数估计结果

| 解释变量 | 东部地区 | 中部地区 | 西部地区 |
| --- | --- | --- | --- |
| *epid* | 0.817** | 0.712* | 1.373*** |
| | (0.385) | (0.401) | (0.478) |
| *wage* | 0.102*** | 0.136*** | 0.215*** |
| | (0.017) | (0.038) | (0.032) |
| *cs* | 0.015** | −0.002 | 0.021*** |
| | (0.005) | (0.013) | (0.007) |
| *tec* | 0.013** | 0.060** | −0.015 |
| | (0.006) | (0.029) | (0.011) |
| F − statistic | 46.041*** | 104.243*** | 143.682*** |
| | (0.000) | (0.000) | (0.000) |
| Within − $R^2$ | 0.702 | 0.819 | 0.818 |

注：①各变量括号内报告的是聚类稳健标准误，变量联合显著性检验的 F 统计值括号内报告的是 P 值；②***、**、*分别表示 1%、5%、10% 的显著性水平。

表 6－17 显示，在我国东、中、西部地区，环保性公共投资均产生了不同程度的环境治理效应，其中在东部地区，环保性公共投资对环境治理水平的影响系数为 0.817，在 5% 的水平上显著；在中部地区，环保性公共投资对环境治理水平的影响系数为 0.712，仅在 10% 的水平上显著；在西部地区，环保性公共投资对环境治理水平的影响系数为 1.373，在 1% 的水平上显著。可知，西部地区的环保性公共投资对环境治理水平的促进作用最明显，其次是东部地区，中部地区则最弱，这应该与各地区环保性公共投资的力度有关。2003～2015 年，我国东、中、西部地区的城镇环保性基础设施投入资金占 GDP 的平均比重分别为 1.4%、1.3%、1.7%，其中以 2003 年为基期，2015 年东、中、西部地区城镇人均环保性公共投资额分别为 0.075 万元、0.055 万元、0.068 万元。可见，无论从其所占 GDP 的比重还是人均角度来看，中部地区始终是城镇环保性基础设施资金投入的洼地。这基本验证了研究假设 2，反映了在我国局部地区环保性公共投资对环境治理水平的提升作用并不理想。

## 6.4 本章小结

本章基于高质量城镇化发展的重要过程与内容，实证分析了城镇公共投资的人口包容效应、就业包容效应与环境治理效应。首先，基于PVAR模型探讨了生产性公共投资、社会性公共投资、环保性公共投资与城镇人口增量之间的动态关系，发现生产性公共投资与环保性公共投资对城镇人口集聚均具有显著的正向效应，但存在一定的滞后性；而社会性公共投资既在短期对城镇人口集聚产生了较明显的正向效应，也在长期起到了一定的促进作用；城镇人口的集聚在短期和长期均对生产性公共投资与社会性公共投资产生了较显著的需求，而对环保性公共投资的需求则较为滞后，其中人口集聚对生产性公共投资的需求要大于其他类型的公共投资，这符合城镇化早、中期实践阶段对生产性基础设施具有较强依附性的发展特点。其次，面对现有文献的观点分歧，以人均城镇公共投资存量作为门限变量，通过固定效应的面板门限模型研究发现公共投资与城镇居民就业增长之间并非单一的线性关系，而是非线性的双重结构变化关系，即公共投资会随着资本存量的积累变化而对居民就业产生不同的影响，实证结果显示：在全国层面，我国城镇公共投资对居民就业增长存在显著的双重门限效应，当城镇公共投资存量未达到第一门限值0.944万元/人时，公共投资对居民就业增长为显著的负向效应；当公共投资存量跨过第一门限值0.944万元/人时，公共投资对居民就业增长产生显著的正向效应；当积累至第二门限值3.646万元/人时，公共投资对居民就业增长的促进作用不再显著，呈现明显的收敛效应。在区域层面，东、中、西部地区也均存在双重门限效应，在跨越第一门限值后均呈现出正向效应，在跨越第二门限值后均表现出不同程度的收敛效应。这说明公共投资并非总是促进居民就业增长的灵丹妙药，地方政府在制定促进就业的短期政策时，不宜盲目地通过扩大公共投资规模来带动就业，应根据具体情况做出不同的决策。同时实证分析还显示，居民受教育的平均年限对就业增长产生了明显的促进作用，因此可以在适当控制公共投资总体规模的情况下，通过进一步提升教育投资比重来将高中教育纳入免费义务教育范围、更多地提供免费的农民工职业培训服务，以此推动我国城镇化进程由人口数量的包容向以就业包容为引导的方向转变。最后，尝试运用静态面板模型实证考察了近年来我国环保性公共投资的环境治理效应与区域差异，结果显示我国城镇环保性公共投资在总体上有效促进了环境治理水平的提升，即环保性公共投资占 GDP 的比重每提高 1%，可促使环境治理水平指数平均提升约 1.205，但其在环保性投入偏弱的中部地区未能产生较为有效的环境治理效应。

# 7 研究结论与政策建议

本章将对本书的研究过程和方法进行回顾，总结主要的研究结论，并结合研究结论提出推动高质量城镇化发展的公共投资优化建议。最后指出本书的研究不足，并对今后的研究进行展望。

## 7.1 研究结论

本书沿着理论构建—现实考察—经验分析—政策引申的逻辑主线，首先对公共投资的含义与范围、高质量城镇化发展的内涵与过程进行了深入解析，并将公共投资理论与公共选择理论作为研究的理论基础。其次从制度变迁、流量与存量方面考察了我国城镇公共投资的供给现状。然后，运用文献分析法、德尔菲法与层次分析法构建高质量城镇化发展评价指标体系并予以测度；接着以测度结果为数据基础，结合空间计量方法，研究了不同类型的公共投资对高质量城镇化发展水平的现实支持。最后，为深入探究公共投资在高质量城镇化发展中的具体支持效应，基于高质量城镇化发展的重要过程与内容，进一步研究了城镇公共投资的人口包容效应、就业包容效应与环境治理效应，运用面板向量自回归模型着重考察了城镇公共投资与农村人口转移之间的动态关系，利用面板门限模型探究了城镇公共投资与居民就业增长之间的门限效应，采用静态面板模型研究了环保性公共投资的环境治理效应与区域差异。通过分析，本书得出如下主要研究结论：

第一，在我国传统城镇化进程中，各地方普遍存在片面追求城镇空间规模扩张、“半市民化”问题突出、城镇环境污染加剧等弊端，迫切需要积极贯彻以高质量为发展理念的新型城镇化发展战略，将高质量城镇化发展作为我国新时代背景下实现新型城镇化的道路选择，以尊重人、接纳人以及满足人的需求为出发点，强调提高对“人”的包容性，以经济基础、服务普及和环境友好为主要内容来满足和保障城镇常住居民的基本生存与发展权利，不仅要实现人口数量的包容，更要促进以就业包容为引导的城镇化，以深入推动城镇化进程的健康持续发展。

第二，公共投资是为了弥补经济活动中的市场失灵、保障广大生产者和居民享有预期的公共产品，特定经济主体在一定时期内建造和购置相应公共设施和服务而事先付出货币成本的经济行为。作为城镇化的先行资本，公共投资的供给与政策选择不仅对传统城镇化具有重要的支撑意义，在高质量城镇化发展过程中仍将发挥不可替代的推动作用。从制度供给上看，随着城镇化进程的加速与需求的增长，我国公共投资制度的变迁表现出明显的计划与市场相结合、渐进式强制性与诱致性相结合、卡尔多—希克斯与帕累托相结合的基本特征，有效推动了我国公共投资项目建设的蓬勃发展。从供给规模与结构来看，由于发展政策的偏好、地方经济基础的差异以及投资需求的变化等原因，同一段时期不同类型的城镇公共投资在规模与增速上表现出较大的差异，生产性公共投资流量的绝对规模与相对规模始终远超社会性公共投资与环保性公共投资，社会性公共投资的存量水平表现出较明显的双俱乐部特征，环保性公共投资则存在增速不稳定、存量分布分散等问题。虽然我国多年来实行的区域协调发展战略具有一定成效，中西部地区的城镇公共投资流量增速已赶超东部地区，缩小了各区域间在城镇化进程中公共投资存量水平的不均程度，但是在局部仍存在较严重的结构性差异问题，尤其是区域内部的差异正逐渐成为全国差异的重要源头，中部地区的内部差异近几年有所扩大，西部地区的内部差异则存在较突出的固化倾向。

第三，从理论上讲，在高质量城镇化发展中，公共投资是驱动城镇经济的重要资本，既是促进城镇服务普及的内在支撑，也是提升城镇环境治理水平的必要保障，因而公共投资为高质量城镇化发展提供了必要的物质基础。实证研究显示，2003 ~2015 年我国各省份高质量城镇化发展指数在不同的权重矩阵下均表现出空间正相关性，多数呈现出高高集聚与低低集聚的状态，已形成明显的空间依赖格局；生产性公共投资与社会性公共投资对高质量城镇化发展均存在显著的正向支持作用。并且户籍制度环境的变化分别与生产性公共投资与社会性公共投资产生了正向的交互作用，说明随着我国户籍制度对人口流动限制的放松，生产性公共投资与社会性公共投资对高质量城镇化发展的支持作用有所增强。

第四，在高质量城镇化发展的重要过程与内容中，不同类型的公共投资发挥着不同的支持效应。在人口包容过程中，生产性公共投资与环保性公共投资对城镇人口集聚均具有显著的正向效应，但存在一定的滞后性；而社会性公共投资既在短期内对城镇人口集聚产生了较明显的正向效应，从长期来看也起到了一定的促进作用；城镇人口的集聚在短期和长期均对生产性公共投资与社会性公共投资产生了较显著的需求，而对环保性公共投资的需求表现较为滞后，其中人口集聚对生产性公共投资的需求要大于其他类型的公共投资，反映了人口包容阶段对生产性基础设施具有较强依附性的特点。在就业包容过程中，公共投资与城镇居民就业之间存在显著的双重门限效应，说明其并非总是能够促进居民的就业增长，地方政府在制定促进就业的短期刺激政策时，不宜盲目地通过扩大公共投资规模来带动就业，应根据具体情况做出不同的决策。实证分析还显示，居民受教育的平均年限对就业增长产生了明显的促进作用，建议在适当控制公共投资总体规模的情况下，通过进一步提升教育投资比重来将高中教育纳入免费义务教育范围、更多地提供免费或廉价的农民工职业培训服务，推动我国城镇化进程由人口数量的包容向以就业包容为引导的方向转变。在环境治理方面，我国城镇环保性公共投资在总体上有效促进了环境治理水平的提升，即环保性公共投资占 GDP 的比重每提高 1%，可促使环境治理水平指数平均提升约 1.205，但其在中部地区未能产生有效的环境治理效应。

## 7.2 政策建议

在传统城镇化向新型城镇化转变的发展形势下，高质量城镇化发展作为我国新时代背景下实现新型城镇化建设的重要道路选择，如何更好地制定与运用公共投资政策工具来调整优化公共投资的供给状态，对于有效推动高质量城镇化发展具有重要的现实意义。结合本书的研究结论，提出如下政策建议：

### 7.2.1 引导城镇公共投资规模的合理增长

（1）建立科学的政绩导向，抑制地方投资冲动。

由于投资具有在短期内拉动经济增长的重要作用，因此在以经济增长为首要考核指标的政绩导向中，地方政府在预算软约束的情况下往往青睐于以公共投资为主要政策工具来达到拉动经济增长的目的。通过相互之间的模仿与学习，各地政府官员在激烈的晋升竞争中容易出台相似的投资决策，盲目增加城市建设投资，竞相上马能够短期实现经济利益的政绩工程、形象工程以及竞争性较强的工程领域，造成大量重复建设，形成公共投资领域的“羊群效应”。由片面的政绩导向所引致的“羊群效应”导致了较严重的社会资源错配，使城镇软环境建设投入相对滞后与不足，与高质量城镇化发展的要求有所偏离，不仅削弱了地方政府的公共服务职能，也使中央政府的全局性政策无法落地。因此，有必要根据不同发展阶段的形势与任务变化来及时调整政绩考核导向，建立在经济新常态下符合高质量城镇化发展要求的政绩考核导向。一方面，在政绩考核中重视将城镇硬环境建设与软环境建设相结合、将未来利益与现有利益相结合，改变“先生产后生活”的传统城镇化思维，引导速度型的经济增长指标考核向质量型的经济增长指标考核转变，提升居民就业、基本公共服务覆盖、生态环境等民生热点领域的指标考核权重，重视农村户籍流动人员权益的实现，通过加强政绩考核体系的系统性与多层次性来平衡“显绩”与“隐绩”之间的关系，引导不同类型公共投资规模的合理均衡增长。另一方面，创新考核方式、扩大考核范围，形成良性的竞争机制。不仅要坚持上级部门对官员政绩的纵向式考核，还要开展以民意调查、社会评价为主的横向式考核，扩大基层民众在干部政绩考核中的发言权，逐步实现纵向式考核与横向式考核并重，通过考核标尺的调整和范围的扩大将地方政府官员的个人偏好向公众偏好靠齐，使其将落实政府的公共服务职能与提升公众的满意度作为施政重点，促进地方政府职能由增长型逐渐向服务型转变，让公共投资尽可能回归表达公众偏好的原始属性。

（2）规范政府的举债行为，有效控制融资风险。

地方政府通过融资平台的举债行为为城镇化的快速发展提供了有力的资金支

持，但其所带来的风险也引起了社会各界的关注。基于融资平台在短期内无法退出历史舞台的现实国情，既要清醒、辩证地看待其所发挥的积极作用，也要重视规范其举债行为，积极防范融资风险。首先，规范地方政府的财政担保行为。积极落实财政部等六部委于2017年联合发布的50号文件，明确界定违法违规的担保范围，通过常态化的摸底排查纠正地方政府不规范的举债行为，对于地方政府违规出具的承诺担保函予以收回或者作废，同时要求金融机构在为任何企业或者个人办理借贷业务时不得再接受地方政府任何形式的承诺担保函，并建立和落实相关责任追究机制，防止地方政府的变相违规融资行为破坏目前地方债务管理改革所取得的积极进展。其次，提高地方政府财政透明度。为了让地方政府的举债行为做到可控可监督，有必要全面提升地方政府财政状况的透明度，包括定期披露地方政府及其所属部门、地方国有企业乃至行使政府职责的私营企业的财务状况，通过各项债务指标的透明化促使地方政府的隐性负债转变为显性负债，既便于中央政府对地方政府的盲目举债行为进行控制和管理，也能够让市场参与者了解和监督地方政府的举债行为。最后，从中长期趋势来看，应推动地方政府融资平台转型，实现政企分开。长期以来，作为贯彻和落实地方政府意志的融资平台，与地方政府在财物上存在“剪不断，理还乱”的密切关系，当融资平台由于举债规模过大无法还本付息时，最常见的偿债方式是由地方政府财政兜底，处于政企不分的状态，并不是严格意义上的企业。因此，需结合我国国情和融资平台的困境，通过引入现代企业制度，转变公司员工的体制内身份，改变地方政府对其的直接补贴与财政兜底，促使融资平台逐渐向自主决算、自主投资、自主运营、自主管理方向转型，建立一种由政府政策引导，市场化运营的新型融资平台公司，即在满足城镇常住居民对公共产品需求的过程中不再局限于政府资金，而是能够通过政府资本高效撬动民间资本来进行自我造血、自负盈亏的市场导向平台。

（3）建立多元的融资渠道，积极引入社会资本。

高质量城镇化发展对资金来源的长期化与可持续性提出了更高的要求，这需要进一步疏通公共投资的融资渠道、扩充资金来源，构建制度化、阳光化、可持续化的地方政府公共投资融资制度。首先，组建和完善地方政策性金融体系。虽然我国构建了相对完善的全国政策性金融体系，但由于相关金融业务通常由中央政府主导实施，优先为跨区域、全国性的公共投资项目提供资金援助，满足不了地方扩大公共产品供给的现实需求，尤其在一些落后地区，由于商业性金融发展较为滞后，地方政府更需要依靠政策性金融手段来弥补公共产品的资金缺口。建议通过制定相关法律法规给予地方政策性金融一个明确的身份，积极探索地方政策金融体系的构建和实施方式。例如探索采用由财政部或者中央汇金公司注资的方式组建地方政策性金融机构，形成中央与地方合资的格局，既可给地方公共投资项目建设提供稳定的低成本资金来源，又便于从资本上提高对地方政策性金融机构的管控能力，使其成为国家政策性金融体系的有益补充与重要组成部分。其次，进一步完善地方政府发行债券制度。在严格执行限额管理的同时依法增加地方政府债务限额，适当丰富地方政府债券品种，对有收益与无收益的公共投资项目分别发行不同种类的债券，加强其封闭式运行管理，做到专款专用，保障薄弱、重点领域建设的融资需求；积极提升地方政府债券的规范化和市场化程度，引入信息披露、信用评级体系和市场化定价等方式促进地方政府债券市场自律机制的形成，以规范化的发行与管理方式吸引更多的社会资本，充分发挥市场自动调节资源配置的作用。最后，构建和谐共赢的公私合作伙伴关系机制。为缓解城镇化持续推进过程中公共投资项目的资金紧缺以及地方政府债务风险等问题，作为舶来品的公私合作伙伴关系（PPP）正逐渐成为我国公共投资领域的新潮流，其鼓励私营资本积极参与城镇基础设施与公共服务建设，我国应在总结该模式在相关国家、相关项目应用经验与教训的基础上，结合自身的政治、市场与法律等条件扩大试点行业，通过明确私人资本参与的价格成本边界来设定合理的激励制度与价格补贴标准，以合理有效的收益风险分担机制来保证城镇公共产品服务的普遍性与私人资本参与的积极性，努力扩大双方在公共投资领域的共赢局面。

### 7.2.2 深化城镇公共投资结构的优化调整

（1）改变社会性公共投资的筹资结构，提升政府主导的教育投资比重，为二元户籍制度的全面改革、实现基本公共服务的均等化创造现实条件。

我国城镇社会性公共产品相对短缺与农村转移人口数量众多之间的矛盾是二元户籍制度长期存在、城镇公共服务难以覆盖全体城镇居民的重要原因，为此需持续提高社会性公共投资力度，缓解供需矛盾，为全面改革户籍制度、实现基本公共服务的均等化创造现实条件。一方面，改变社会性公共投资的筹资结构。从国际经验来看，大多数国家的社会性公共产品的支出主要由中央政府、省级政府承担。鉴于目前我国社会性公共产品主要由地方政府承担支出责任的筹资结构，多数城市往往只考虑接收农村户籍流动人口落户在短期内所带来的较大成本，而相对忽视了其在长远将给城市带来的巨大收益，因此有必要提高中央政府、省级政府在社会性公共投资项目中的支出比例，尤其是提高中央政府在教育、卫生与社会保障中的支出比例，并通过人地钱挂钩的形式来消除地方政府接收人口落户的成本顾虑，激励地方政府注重提升户籍人口数量，从而促进社会性公共产品的供给由差别化向普及化转变，实现覆盖面的有效提升。另一方面，提高政府主导的教育投资在公共投资中的比重。解决农村转移人口的就业问题是实现高质量城镇化发展的关键。前文实证结果表明，提升城镇居民的受教育程度可显著提高城镇就业水平。基于门限效应，虽然盲目扩大公共投资不一定能够促进居民就业，但是可以通过提升教育投资在公共投资中的比重来帮助提升农村转移人口的受教育程度，以促进其就业水平的提升。因此，需重视提高教育投资在公共投资中的比重，通过持续提升由政府主导的教育投资力度来形成数量可观、满足城镇常住居民需求的优质教育资源，为尽早免费普及普通高中与职业高中教育创造条件，为农村户籍流动人口的就业再培训兴建免费或者价格低廉的技能培训基地。

（2）重视环保性公共投资，保持其稳定增长。

城镇化既是人口集中和空间规模扩大的过程，也是对生态环境形成高强度影响的过程，人口的快速集中与资源的大量耗费对生态环境形成了严峻的胁迫效应，使城镇环境负荷远远超过其自净能力。从我国历年的城镇环保性公共投资情况来看，普遍存在规模较小与增速波动较大的问题，导致环保性基础设施的历史欠账较多、供给不稳定等问题，这既与环保意识比较薄弱有关，也与相关项目存在较大的资金缺口有密切关系。长期以来，由于环保性公共投资的正外部性，以及环境污染防治问题的复杂性，私人资本通常不愿涉足其中，多数环保性基础设施项目只能依靠有限的政府财政支出予以维持，但是政府财政支出项目较多，难以短期见成效的环保性支出往往容易受到挤压。为保持环保性公共投资的稳定增长，需进一步完善环保性基础设施的投融资制度。一方面，适时推进和落实环境税的开立与征收。在一些发达国家，环境税正作为一种新的税收类别而悄然兴起，并收到了比较好的实践效果。对此，为进一步落实向污染者与获益者收费的政策，我国政府也可以结合本国国情予以积极借鉴，稳步推进排污收费制度的改革，在明确环境税征收范围的基础上建立系统、合理的环境税制，通过试点推行、逐步扩大征收范围等方式向污染型企业开征环境税，以筹措专门的环境保护与治理费用，并对资金进行专项管理，确保资金使用去向的合理性与有效性，这既有利于纠正市场失灵的现象，也有利于保障资金来源与使用的稳定性。另一方面，积极扩大环保性公共投资的资金来源。对于可经营的环保性基础设施项目，可以积极采用公私合作的方式拓宽融资渠道，鼓励污染者以外的企业与投资者参与进来，并在贷款方面优先给予政策性金融支持，给予税收优惠乃至财政补贴等政策激励，充分利用市场机制充实相关项目建设的资金规模；对于不可经营的环保性基础设施项目，除了依靠政府财政的直接支持外，还可以鼓励建立公益型的资金募集平台，如环保性基金会、专项彩票等方式，从而较稳定地引导社会公益资金到环保性公共投资领域中来。

（3）优化公共投资的区域结构，提高区域协调战略的精准性。

自我国实施西部大开发以及促进中部地区崛起等区域协调战略以来，区域间城镇公共投资水平的差距明显缩小，有效弥补了中西部地区在城镇化进程中公共投资资金的不足，但是在人口转移过程中，东部地区对中西部地区的虹吸效应仍然不容忽视。为规避强者恒强的马太效应，需要进一步优化公共投资的区域结构，提高区域协调战略的精准性。一方面，继续坚持区域城镇化协调战略。为协调推动各区域的城镇化建设，不断缩小各区域间人均公共资本的差距，中央政府应通过前瞻性、长期性的区域协调战略优化公共投资的区域布局，培育固定长期资金支持相对落后地区的公共投资项目建设，充分利用资本市场为落后地区筹措公共投资项目的建设资金，将从国际金融组织获得的低息贷款更多地安排到落后地区的基础设施与公共服务建设上；同时调整国债对落后地区的投资政策取向，根据财力情况适当发行中长期国债来确保对落后地区的中长期支持，促进落后地区的公共资本水平向全国平均水平收敛。另一方面，鉴于目前我国区域城镇公共投资的差异更多地来源于区域内部，即处于同一区域的不同省份之间呈现出了较大的公共投资水平差异，尤其是社会性公共投资存在较严重的省际极化现象，这需要中央政府在坚持实施区域协调战略的基础上进一步出台区域内部的省际差异化调控措施，在同等优先的原则下实施对落后省份的投资援助，尤其是向人口较多的落后省份更多地予以社会性公共投资支持，提高落后省份的人均公共资本水平，缩小社会性公共投资水平的省际差异，以提高区域协调战略的精准性，从而消弭来自区域内部的投资水平差异，更好地促进我国城镇公共投资区域结构的均衡发展。

### 7.2.3 完善城镇公共投资的监控管理机制

（1）建立民主的公共投资决策机制。

在推进高质量城镇化发展的过程中，城镇公共投资活动的最终目标都是提高城镇居民的福利水平，但在现实决策活动中，往往由于未形成良好的民主决策机制而使一些公共投资活动不能很好地表达公众意愿。由于公共投资活动涉及较广泛的公众利益，为使其能够符合公众偏好，应积极构建与强化政府、公众与专家共同参与的民主决策机制，提高公共投资决策过程的包容性。一方面，强化公共投资决策活动的公众参与机制。通过法律法规形式明确和扩大公众在公共投资决策活动中的听证权、抗辩权与监督权等，并予以落实相关程序性与实体性内容，如大中型的投资建设活动在前期立项过程时，要求投资主体必须组织和召开公众听证会议，通过充分发挥公众的纳税人意识与各项参与权利来实现投资行为的事先纠偏，尤其是当一些具体项目涉及侵害公民利益时，若缺少相关利益人参与的决策行为可视为无效；政府部门应积极为公众的参与活动提供相关保障，有义务利用电视、报纸、网络等宣传媒介及时向公众披露相关参与事项，协助成立能够集中代表不同利益诉求的民间利益团体，搭建公众参与的良好表达机制与救济机制。另一方面，完善公共投资决策活动的专家参与机制。引入专家参与公共投资的决策活动是为了从专业知识角度来确保公共投资决策的科学性，但是在现行公共投资决策活动中，专家与投资主体之间往往由于存在隶属关系或者契约关系而导致专家角色弱化、决策参与流于形式，有必要在专家遴选过程中注重审核专家身份的中立性和独立性，从而提高专家在公共投资决策活动中的作用与地位，以限制官员的自由裁量行为；进一步规范专家参与决策的程序，明确专家在事项参与中的边界与范围，构建专家参与的事后考核与责任追究制度，允许公众对专家咨询论证的流程与细节予以查询与监督，防范专家参与的道德风险，加大知识与权利形成垄断合谋的难度。

（2）健全可持续的公共资本投入机制。

面对日益增长的公共投入资金需求，仅靠政府的财力显然是难以持续的。且不说我国各级政府，仅大量县级政府在相当程度上是吃财政饭，倘若缺乏预算外的土地财政收入支撑，地方政府对于推动高质量城镇化发展恐怕是有心无力。但是，政府在“联姻”社会资本的过程中，由于相关机制不够健全，不可避免地遭遇了一些挫折，那么如何长期保障地方政府在高质量城镇化发展中的公共资本投入能力？这需要构建和完善政府与社会合理分担的公共资本投入机制。一方面，健全政府资本对社会资本的引入机制。作为公共投资项目的先行资本，政府资本应积极在公共投资领域发挥对社会资本的带动作用，优化政府资本的投入方向，加快垄断领域、收益领域和存量领域对社会资本的开放进程，通过投资补助、贷款贴息、基金注资、担保补贴等方式支持社会资本参与公共投资项目建设，在经营收费能够覆盖投资成本的经营性公共项目领域提倡特许经营，在经营收费不能完全覆盖投资成本的准经营性公共项目领域推动特许经营附加直接参股或者部分补贴，对于缺乏使用者付费基础的非经营性公共项目领域推动政府购买服务，以稳定的回报预期来形成对社会资本的引入机制。另一方面，完善政府资本与社会资本合作的保障机制。为提高城镇公共产品的有效供给，在政府资本与社会资本的合作中亟须建立有效的利益保障机制，这需要从项目筛选、合同设计、定价运作等方面予以健全，政府应选择实力强、信誉好的企业参与公共投资项目建设，同时也应优先将投资规模大、收益较为稳定、风险较低的项目推荐给企业或投资者，在合同设计中清晰完备地划分双方的权利义务边界，根据不同行业建立科学的定价运作方式，政府既需维护公众利益，也应为社会资本的长期合理回报予以积极思考，这是二者合作得以持续的关键。

（3）构建公共投资运行的监管机制。

按照监管的机制设计理论，监管主要有“巡警监管”和“火警监管”两种模式。“巡警监管”主要采用审计、稽查、项目后评价和其他直接方法进行监管，使用范围较广。“火警监管”主要通过利害关系人的检举揭发来进行监管，可以有效降低监管成本，提高监管效率。一个有效的监督机制应是二者的结合，因此建议从以上两方面来构建和完善我国公共投资运行的监管机制。一方面，加快推动制定和完善《公共投资运行条例》《公共投资项目监管与责任追究办法》《公共投资项目招投标实施条例》《公共投资项目参与方的信誉评价办法》等，通过在法律法规上的顶层设计，规范主管部门、市场机构、专家群体、社会公众在公共投资领域的参与行为，明确各部门监管的环节、程序、目标和责任，推进监管法制化和程序化，确立公共投资项目后评价的法律地位，使得中央在扩大地方政府权限的同时，能够加强权力转移后的制约监督，对各地公共投资运行的监管能够做到有法可依、规范管理。并制定和实施系统的培训规划，提升监管队伍的业务素质，创新对各地公共投资项目运行的评价与监管方式，依托项目监管信息化系统的筹建工作，从宏观上实现对公共投资区域结构、项目结构的运行协调度进行监控和引导，从微观上对规模大小不一的各类项目投资运行态势进行在线监管并设置指标适时预警，推动实现全过程、多层次的“巡警监管”。另一方面，进一步健全委托代理机制，强化中介专业机构的责任、诚信与风险约束，既鼓励中介服务组织的发展，也需加强对中介服务市场的规范管理，提升其服务水平。并注重提升公共投资项目信息的公开透明度，使工作程序、资源配置、项目投资重要信息能够清楚、真实、及时地予以公开，为实现“火警监管”创造良好的条件。总之，在监管过程中既要立足于眼前城镇化建设的利益需求，也需确保将来一段时期城镇化的深入推进，使公共投资的运行状态能够有效、持续地推动高质量城镇化发展。

# 参考文献

[1] 埃比尼泽·霍华德．明日的田园城市［M］．金经元译．北京：商务印书馆，2010.

[2] 巴曙松．从城镇化的推进看不同区域的基础设施投资重点［J］．现代产业经济，2013（9）：7－11.

[3] 保罗·萨缪尔森，威廉·诺德豪斯．经济学［M］．萧琛等译．北京：商务印书馆，2012.

[4] 坂入长太郎．欧美财政思想史［M］．北京：中国财政经济出版社，1987.

[5] 陈秋玲，祝影，叶明确等．城市包容性发展与中国新型城市化［J］．南京理工大学学报（社会科学版），2012，25（5）：17－24.

[6] 陈丽华，张卫国．中国新型城镇化包容性发展的路径选择——基于城镇化的国际经验比较与启示［J］．世界农业，2015（8）：189－194.

[7] 陈怀平，李天姿，胡照龙．公共财政视域下中国环保投资问题研究［J］．长安大学学报（社会科学版），2012，14（4）：64－68.

[8] 陈秋璇，尹宗成．中国固定资产投资就业效应的实证分析——基于东、中、西部1993—2012年省际面板数据［J］．重庆工商大学学报（自然科学版），2014（12）：27－33.

[9] 陈兵丽．安徽省新型城镇化质量空间差异的聚类分析［J］．皖西学院学报，2017，33（2）：94－97，109.

[10] 岑树田．中国基础设施“以地谋发展”研究［D］．南京大学博士学位论文，2014.

[11] 常艳祺．包容性发展理念下的我国新型城镇化道路研究［D］．天津

师范大学硕士学位论文，2013.

［12］蔡昉，都阳，高文书．就业弹性、自然失业和宏观经济政策——为什么经济增长没有带来显性就业？［J］．经济研究，2004（9）：18－25，47.

［13］程哲，欧阳如琳，杨振山，蔡建明．中国城镇化进程中基础设施投融资时空格局与发展特征［J］．地理科学进展，2016（4）：440－449.

［14］程娟．四川丘陵地区新型城镇化包容性发展及其路径选择［D］．西华师范大学硕士学位论文，2017.

［15］曹尔阶，李敏新，王国强．新中国投资史纲［M］．北京：中国财政经济出版社，1992.

［16］曹钢，曹大勇，何磊．论马克思的城市发展思想与国际城镇化百年革命——兼论中国特色城镇化道路的创新问题［J］．陕西师范大学学报（哲学社会科学版），2013，42（1）：5－17.

［17］迪克西特，平迪克．不确定性条件下的投资［M］．北京：中国人民大学出版社，2002.

［18］杜栋，庞庆华，吴炎．现代综合评价方法与案例精选［M］．北京：清华大学出版社，2014.

［19］杜金华，陈治国．城市化、土地财政与城市公共产品供给——基于全国70个大中城市的实证分析［J］．经济问题探索，2017（8）：94－100.

［20］丁从明，陈仲常．经济增长为什么没有带来就业增加？［J］．南方经济，2010（1）：47－58.

［21］段宗志，王迪．基础设施投资对城镇化影响的实证研究——以安徽省为例［J］．青岛科技大学学报（社会科学版），2015（4）：14－17，31.

［22］方创琳．中国新型城镇化高质量发展的规律性与重点方向［J］．地理研究，2019，38（1）：13－22.

［23］冯楚涵．我国城镇化建设中公共投资绩效评估研究［D］．江西财经大学硕士学位论文，2019.

［24］范建双，赵磊，虞晓芬．中国城镇化发展规模、效率和质量的耦合协调性研究［J］．宏观经济质量研究，2016（2）．

［25］辜胜阻，郑凌云，易善策．新时期城镇化进程中的农民工问题与对策

[J]．中国人口·资源与环境，2007（1）：1－5.

［26］高传胜．论包容性发展的理论内核［J］．南京大学学报（哲学·人文科学·社会科学版），2012（1）：32－39，158－159.

［27］高宏伟，李阳，王金桃．新型城镇化发展的三维逻辑研究：政府、市场与社会［J］．经济问题，2018（3）：100－105.

［28］关国才，佟光霁．新型城镇化的包容性体系构建及实现路径［J］．学术交流，2015（12）：118－125.

［29］国务院发展研究中心课题组．中国新型城镇化：道路、模式与政策［M］．北京：中国发展出版社，2014.

［30］国家卫生和计划生育委员会流动人口司．中国流动人口发展报告 2016［M］．北京：中国人口出版社，2016.

［31］黄渝祥，张庆洪．现代应用经济学［M］．北京：高等教育出版社，2003.

［32］惠恩才，刁清华．我国新型城镇化建设的投资机制分析［J］．农业经济问题，2014（8）：78－87.

［33］何佰洲，郑边江．城市基础设施投融资制度演变与创新［M］．北京：知识产权出版社，2006.

［34］何丰，高礼霞，葛俊．城市包容性发展的制度重构［J］．南京理工大学学报（社会科学版），2012，25（5）：25－34.

［35］何景熙．包容性发展：中国城市化的导向选择——基于社会系统进化原理的解析［J］．社会科学，2011（11）：64－72.

［36］侯杰．我国电子商务与包容性城镇化的互动关系——基于 VAR 模型的实证分析［J］．福建农林大学学报（哲学社会科学版），2017，20（4）：65－71.

［37］胡祖才．以改革创新推动新型城镇化高质量发展［J］．宏观经济管理，2019（8）：1－4，10.

［38］郝华勇．湖北省城镇化质量问题研究［D］．华中师范大学博士学位论文，2015.

［39］金戈．中国基础设施资本存量估算［J］．经济研究，2012（4）：4－14，100.

［40］蒋涤非，宋杰，刘蓉．健康城市化的响应机制及指标体系——基于包容性增长的视角［J］．城市问题，2012（5）：15－20.

［41］蒋涤非，宋杰．基于包容性增长的健康城市化支持系统研究［J］．人文地理，2013，28（2）：79－83.

［42］蒋文丽．我国城市公共品市场制度分析［D］．山东大学硕士学位论文，2016.

［43］李海英．民族地区新型城镇化高质量发展研究［J］．企业经济，2019，38（12）：147－153.

［44］李华．二元城镇化：在集聚中兼顾平衡的高质量城镇化发展道路［J］．宏观质量研究，2014，2（3）：39－46.

［45］李景，何建华．新型城镇化视角下武汉城市圈城镇化质量研究［J］．特区经济，2020（3）：39－43.

［46］罗腾飞．长江经济带城镇化发展质量研究［D］．中国地质大学博士学位论文，2016.

［47］廖富洲，张月瀛．以包容性增长理念促进城镇化健康发展［J］．黄河科技大学学报，2011，13（4）：40－43.

［48］刘文，陈秋璇，尹宗成．中国固定资产投资就业效应的实证分析——基于东、中、西部1993—2012年省际面板数据［J］．重庆工商大学学报（自然科学版），2014，31（12）：27－33.

［49］刘超．我国基础设施投资对就业影响的理论与实证分析［D］．湖南师范大学硕士学位论文，2016.

［50］刘渝琳，付宏恩．经济下行压力下转移支付与基础设施投资政策研究［J］．财政研究，2016（2）：41－51.

［51］刘蓉欣．中国城市投资环境研究［M］．北京：中国经济出版社，2011.

［52］刘淑红．城市环境基础设施建设资金的筹措［J］．开发研究，2007（1）：63－67.

［53］刘怡泱．基于公共财政及改革的交通建设投资政策建议［J］．综合运输，2014（6）：33－35.

［54］刘振中，马晓河．安徽省农村公共设施建设体制改革效应分析——一个投资规模效率比较的逻辑分析［J］．农业经济问题，2014（8）：65－73，111－112.

［55］刘洋．公共投资问题研究［D］．华中科技大学博士学位论文，2009.

［56］刘洋．城市化包容性发展的路径设计及战略选择研究［J］．经济与管理，2013，27（1）：5－9.

［57］刘耀彬．中国新型城市化包容性发展的道路与政策［M］．北京：社会科学文献出版社，2017.

［58］刘易斯·芒福德．城市的未来［M］．宋俊岭，宋一然译．北京：中国建筑工业出版社，2010.

［59］林炳华．基于博弈视角的城镇化政府公共投资效用与行为研究［J］．福建论坛（人文社会科学版），2015（8）：22－28.

［60］李晓园．新型城镇化进程中城市基础设施投资效率分析与政策建议［J］．宏观经济研究，2015（10）：35－43.

［61］李仁方．论二元户籍制度在中国的生成［J］．西南科技大学学报（哲学社会科学版），2007（6）：16－19，25.

［62］李婵娟，李齐云．我国公共基础设施投资增长的区域差异性研究——基于偏离—份额模型的分析［J］．华东经济管理，2013（6）：61－64.

［63］李海燕．民族自治区公共服务设施投资体制和机制研究［D］．中央民族大学博士学位论文，2007.

［64］李靖，马景惠．公共建设性投资项目的绩效评估问题探析［J］．西安电子科技大学学报（社会科学版），2014（4）：76－81.

［65］李一花，李静，张芳洁．公共品供给与城乡人口流动——基于285个城市的计量检验［J］．财贸研究，2017，28（5）：55－66.

［66］联合国人类住区规划署．世界城市状况报告：2010/2011，弥合城市分化［M］．北京：中国建筑工业出版社，2014.

［67］陆铭，欧海军．高增长与低就业：政府干预与就业弹性的经验研究［J］．世界经济，2011（12）：3－31.

［68］陆铭，高虹，佐藤宏．城市规模与包容性就业［J］．中国社会科学，

2012（10）：47－66，206.

［69］马晓河．中国未来城镇化实践与未来战略构想［M］．北京：中国计划出版社，2011.

［70］马克思，恩格斯．马克思恩格斯选集（第1卷）［M］．北京：人民出版社，1995：68.

［71］马克思，恩格斯．马克思恩格斯全集（第2卷）［M］．北京：人民出版社，1995.

［72］马克思，恩格斯．马克思恩格斯选集（第3卷）［M］．北京：人民出版社，1995.

［73］马克思，恩格斯．马克思恩格斯选集（第4卷）［M］．北京：人民出版社，1995.

［74］马克思，恩格斯．马克思恩格斯全集（第2卷）［M］．北京：人民出版社，1995.

［75］马克思，恩格斯．马克思恩格斯全集（第23卷）［M］．北京：人民出版社，1972.

［76］马克思，恩格斯．马克思恩格斯全集（第46卷）［M］．北京：人民出版社，1979.

［77］马克思，恩格斯．马克思恩格斯全集［M］．北京：人民出版社，2006.

［78］马克思，恩格斯．资本论（第1卷）［M］．北京：人民出版社，1972.

［79］穆怀中，王珍珍．高等教育人力资本与包容性城镇化［J］．经济经纬，2017，34（5）：135－140.

［80］马远．基于包容性发展的城镇化质量测度及系统耦合分析［J］．技术经济，2016，35（3）：68－74，108.

［81］欧纯智，贾康．以PPP创新破解基本公共服务筹资融资掣肘［J］．经济与管理研究，2017（4）：85－94.

［82］逄金玉，蒋三庚．中国城镇化建设与投融资研究［M］．北京：中国经济出版社，2014.

[83] 权衡．城市包容性发展与长三角率先建设包容性城市群研究［J］．苏州大学学报（哲学社会科学版），2013，34（3）：102－108，192.

[84] 齐昕．金融非均衡：城市化包容发展的一个政策调节视角［J］．经济与管理，2012，26（10）：49－54.

[85] 齐凯君．包容性城镇化的历史逻辑与选择［J］．河南社会科学，2016（6）：51－56.

[86] 冉淑青．县域城镇化的包容性增长分析［J］．西部资源，2011（4）：86－88.

[87] 萨瓦斯．民营化与公私部门的伙伴关系［M］．北京：中国人民大学出版社，2002.

[88] 孙久文，李爱民，夏文清．“十二五”时期区域公共投资政策体系建设［J］．经济与管理评论，2012（6）：12－17.

[89] 孙放．政府投资制度逻辑的回归与适用——政府投资公共性流失的对策［J］．云南社会科学，2014（4）：58－62，75.

[90] 孙成龙．我国地方政府公共投资效率研究［D］．浙江财经大学硕士学位论文，2015.

[91] 司劲松．主体功能区的公共投资政策需求及建议［J］．宏观经济管理，2007（8）：38－40.

[92] 宋琪．资本化视角下地方公共品供给的财政激励研究［D］．山东大学博士学位论文，2016.

[93] 石泉．城镇化发展中的包容性就业探讨［J］．人民论坛，2016（21）：76－77.

[94] 太田正孝．新经济辞典［M］．东京：富山房，1932.

[95] 田逸飘，张卫国，刘明月．科技创新与新型城镇化包容性发展耦合协调度测度——基于省级数据的分析［J］．城市问题，2017（1）：12－18.

[96] 田嘉莉．广西壮族自治区新型城镇化包容性发展研究［D］．中南民族大学硕士学位论文，2015.

[97] 威廉·F. 夏普．投资学［M］．北京：中国人民大学出版社，2013.

[98] 万道琴，杨飞虎．严格界定我国公共投资范围探析［J］．江西社会科

学，2011（7）：73－77.

［99］王小鲁，樊纲．中国经济增长的可持续性——跨世纪的回顾与展望［M］．北京：经济科学出版社，2000.

［100］王志章，周方影．山区县域新型城镇化包容性发展的路径构建——以重庆市巫山县为例［J］．郑州航空工业管理学院学报，2014，32（1）：1－8.

［101］魏书威，陈晓键，林兆武．城市包容性发展视角下规划师的角色反思与重塑［J］．规划师，2012，28（1）：91－95.

［102］王莉荣．广西城镇化进程中推进包容性增长的路径选择［J］．广西社会科学，2013（12）：32－35.

［103］王小威．我国公共投资对城镇化的影响分析［D］．江西财经大学硕士学位论文，2015.

［104］］王国婷，任荣明．中国环保投资对城镇化影响的实证研究——基于中国分区域省份数据的面板回归分析［J］．生态经济，2015（2）：80－84.

［105］王国刚．城镇化：中国经济发展方式转变的重心所在［J］．经济研究，2010（12）：70－81，148.

［106］王春枝，斯琴．德尔菲法中的数据统计处理方法及其应用研究［J］．内蒙古财经学院学报，2011，9（4）：92－96.

［107］王春枝．三重拐点期城镇化质量与效率及其驱动机制研究［D］．天津大学博士学位论文，2017.

［108］王耀，何泽军，安琪．县域城镇化高质量发展的制约与突破［J］．中州学刊，2018（8）：31－36.

［109］王晓玲．高质量城镇化：外部推动、内在需求与现实路径［J］．城市，2019（9）：39－49.

［110］王丽艳，杨楠，张颖，王振坡．幸福感视域下我国新型城镇化质量提升路径探讨［J］．城市发展研究，2016，23（8）：14－21.

［111］汪雄剑，邹恒甫．公共投资政策的社会福利成本［J］．北京大学学报（哲学社会科学版），2005（5）：178－190.

［112］吴俊培，艾莹莹，张帆．政府投资、民间投资对城镇化发展差异性影响效应分析［J］．经济问题探索，2016（3）：76－85.

［113］吴殿廷，杨春志，钱宏胜．中国新型城镇化战略及其推进策略［M］．南京：东南大学出版社，2014.

［114］吴志华．改善公共政策 促进和谐社会——巴西的经验教训［J］．科学决策，2008（4）：53－55.

［115］吴泓．供给侧视域下公共投资体制的历史嬗变与优化路径［J］．经济与管理，2017，31（5）：58－62.

［116］吴红霞，张雪茹，洪永胜，聂艳．安徽省城镇化质量测度与时空分异研究［J］．华中师范大学学报（自然科学版），2017，51（3）：389－396.

［117］文波，张学儒．成渝城市群城镇化质量时空演变［J］．地理科学研究，2018，7（4）：265－274.

［118］徐旭川，杨丽琳．公共投资就业效应的一个解释——基于 CES 生产函数的分析及其检验［J］．数量经济技术经济研究，2006（11）：94－103.

［119］徐敏．城市化对我国投资需求和消费需求的影响分析［J］．哈尔滨师范大学学报（社会科学版），2012（6）：23－26.

［120］徐雷，郑理．资本密集型投资偏好、城镇化发展与城乡收入差距［J］．经济与管理研究，2016（1）：13－21.

［121］夏悦瑶．新型城镇化背景下地方政府公共服务研究［D］．湖南大学硕士学位论文，2012.

［122］夏纪军．人口流动性、公共收入与支出——户籍制度变迁动因分析［J］．经济研究，2004（10）：56－65.

［123］熊升银．中国城镇化的生态环境效应——基于工业污染治理投资视角的实证研究［J］．技术经济，2017，36（12）：86－90.

［124］颜品，原新．外来劳动力挤占了本地居民的就业机会吗？［J］．财经研究，2017，43（1）：51－62.

［125］亚当·斯密．国民财富的性质和原因的研究［M］．北京：商务印书馆，1988.

［126］约翰·梅纳德·凯恩斯．就业、利息和货币通论［M］．北京：商务印书馆，1981.

［127］约翰·伊特韦尔，默里·米尔盖特，彼得·纽曼．新帕尔格雷夫经济

学大词典［M］．北京：经济科学出版社，1996.

［128］倪鹏飞．新型城镇化：理论与政策框架［M］．广州：广东经济出版社，2014.

［129］晏朝飞．我国城镇公共投资的流量规模与区域结构［J］．当代经济，2018（9）：19－23.

［130］晏朝飞，杨飞虎．中国城镇化包容性发展中的公共投资支持影响研究［J］．经济与管理研究，2018，39（5）：12－23.

［131］晏朝飞．城镇化进程中公共投资制度变迁的基本历程与特征［J］．现代商贸工业，2017（18）：81－83.

［132］晏朝飞．中国城镇公共投资的区域差异与时空演进：2003—2015［J］．江西社会科学，2017，37（6）：74－85.

［133］杨飞虎．公共投资中的腐败问题与经济增长——基于中国1980—2008年的实证分析［J］．经济管理，2011（8）：162－169.

［134］杨飞虎．促进中国经济长期持续均衡增长的公共投资问题研究［M］．北京：人民出版社，2016.

［135］杨飞虎，晏朝飞，熊毅．政府投资、人力资本提升与产业结构升级——基于面板VAR模型的实证分析［J］．经济问题探索，2016（12）：18－25.

［136］杨飞虎，孟祥慧．新型城镇化建设中公共投资政策探析［J］．学习与探索，2018（4）：101－107，176.

［137］杨飞虎，晏朝飞．公共基础设施投资能够促进就业增长吗？——基于面板双重门限模型的实证分析［J］．云南财经大学学报，2018，34（7）：23－34.

［138］杨飞虎，王晓艺．我国新型城镇化包容性发展的制度创新与模式选择研究［J］．江西社会科学，2020，40（2）：223－229.

［139］杨飞虎，杨洋．新中国70年宏观调控政策的回顾及展望［J］．当代财经，2020（5）：13－25.

［140］杨晓军．中国户籍制度改革对大城市人口迁入的影响——基于2000—2014年城市面板数据的实证分析［J］．人口研究，2017，41（1）：98－

112.

［141］杨刚强，李梦琴，孟霞，李嘉宁．官员晋升激励、标尺竞争与公共品供给——基于286个城市的空间杜宾模型实证［J］．宏观经济研究，2017（8）：121－131.

［142］杨增凡．推动城镇化高质量发展的策略研究［J］．中州学刊，2018（8）：44－46.

［143］余江，叶林．中国新型城镇化发展水平的综合评价：构建、测度与比较［J］．武汉大学学报（哲学社会科学版），2018，71（2）：145－156.

［144］于伟，吕晓，宋金平．山东省城镇化包容性发展的时空格局［J］．地理研究，2018（2）：319－332.

［145］苑德宇．公共投资与区域就业变动——基于动态面板数据模型的经验分析［J］．上海财经大学学报，2010（6）：54－62.

［146］袁庆明．新制度经济学教程［M］．北京：中国发展出版社，2014.

［147］袁吉富．马克思现代城市思想及其启示［J］．北京行政学院学报，2017（3）：71－77.

［148］中共中央文献研究室．十八大以来重要文献选编（上）［M］．北京：中央文献出版社，2014.

［149］中共中央文献研究室．十八大以来重要文献选编（下）［M］．北京：中央文献出版社，2018.

［150］张宇钟．城市发展与包容性关系研究［J］．上海行政学院学报，2010，11（1）：85－95.

［151］张明斗，王雅莉．中国新型城市化道路的包容性发展研究［J］．城市发展研究，2012，19（10）：6－11.

［152］曾智洪．中国新型城镇化包容性制度创新体系研究［J］．城市发展研究，2017，24（5）：1－7.

［153］郑长德．基于包容性绿色发展视角的民族地区新型城镇化研究［J］．区域经济评论，2016（1）：140－149.

［154］周阳敏．包容性城镇化、回归式产业转移与区域空间结构优化——以河南省固始县为例［J］．城市发展研究，2013（11）：20－26，74.

[155] 章征涛，李和平．包容性城市更新理论建构和实现途径研究［J］．西部人居环境学刊，2016，31（3）：113－114.

[156] 张卫国，黄晓兰，郑月龙，汪小钗．包容性城镇化与产业结构的协调发展评价［J］．经济与管理研究，2016，37（2）：28－34.

[157] 朱军．中国公共投资项目层层转包的诱因及农民工欠薪问题［J］．社会科学战线，2015（2）：57－67.

[158] 朱敏杰，马骏．水利基础设施投资与城镇化进程的关系研究——基于VAR模型的实证分析［J］．水利经济，2016（3）：31－35，80.

[159] 滋维·博迪，亚历克斯·凯恩，艾伦·J. 马库斯．投资学［M］．汪昌云，张永冀等译．北京：机械工业出版社，2015.

[160] 中山伊智郎．经济学辞典［M］．东京：有裴阁，1979.

[161] 章姗捷．高速公路的准公共产品属性及其建设投资体制研究［D］．浙江大学硕士学位论文，2010.

[162] 章璇．习近平对马克思主义城市思想的继承和发展［J］．福建党史月刊，2019（4）：13－15.

[163] 赵晶晶，李清彬．我国交通基础设施建设与城市化的互动关系——基于省际面板数据的经验分析［J］．中央财经大学学报，2010（8）：69－74.

[164] 赵连阁，钟搏，王学渊．工业污染治理投资的地区就业效应研究［J］．中国工业经济，2014（5）：70－82.

[165] 赵楠，白福臣．地方政府投资对城镇化发展的影响——基于中国省际面板数据的实证研究［J］．资源开发与市场，2018，34（2）：261－267.

[166] 邹一南．农民工永久性迁移与城镇化投资政策取向［J］．人口与经济，2015（4）：28－38.

[167] 曾昭法，左杰．中国省域城镇化的空间集聚与驱动机制研究——基于空间面板数据模型［J］．中国管理科学，2013，21（S2）：580－586.

[168] 周小亮，刘万里．包容性发展水平测量评价的理论探讨［J］．社会科学研究，2012（2）：1－8.

[169] 张明斗．农民工市民化：新型城镇化包容性发展的一个政策思路［J］．农业经济，2015（11）：72－74.

[170] 张仲敏，钱从龙．投资学 [M]．大连：东北财经大学出版社，2000.

[171] 张军，吴桂英，张吉鹏．中国省际物质资本存量估算：1952—2000 [J]．经济研究，2004 (10)：35 -44.

[172] 张丽琴，陈烈．新型城镇化影响因素的实证研究——以河北省为例 [J]．中央财经大学学报，2013 (12)：84 -91.

[173] 张重．投资及民生配套政策对城镇化的促进作用 [J]．对外经贸，2013 (7)：118 -120.

[174] 张雪．公共投资在新型城镇化建设中的效率研究 [D]．吉林大学硕士学位论文，2015.

[175] 张引．重庆市新型城镇化质量及其影响因素耦合研究 [D]．西南大学博士学位论文，2015.

[176] 张军涛，马宁宁．城镇化进程中财政政策工具影响效应分析 [J]．西南民族大学学报（人文社会科学版），2018，39 (3)：101 -107.

[177] Abdi Y B. Trends of Inclusive Education and Impediments in Urban Schools of Ethiopia [M]. Berlin: Springer International Publishing, 2017.

[178] Adam C S, Aikaeli J, Laski A. Public Investment and Fiscal Reforms: The Path to Prosperity [J]. Tanzania, 2017 (1).

[179] Agenor P R. Infrastructure Investment and Maintenance Expenditure: Optimal Allocation Rules in a Growing Economy [J]. Journal of Public Economic Theory, 2009, 11 (2): 233 -250.

[180] Ahmadi F, Toghyani S. The Role of Urban Planning in Achieving Sustainable Urban Development [J]. Oida International Journal of Sustainable Development, 2012 (12).

[181] Alam M. Municipal Infrastructure Financing: Innovative Practices From Developing Countries [R]. Commonwealth Secretariat, 2010.

[182] Alessandria F. Inclusive City, Strategies, Experiences and Guidelines [J]. Procedia Social and Behavioral Sciences, 2016 (223): 6 -10.

[183] Ali I, Son H H. Defining and Measuring Inclusive Growth: Application to

the Philippines [J]. South East Asia Research, 2015, 19 (2): 273-291.

[184] Ali I, Yao X. Inclusive Growth for Sustainable Poverty Reduction in Developing Asia: The Enabling Role of Infrastructure Development [J]. ERD Policy Brief Series, 2015 (16).

[185] Amano K, Nakagama A. Study on Urbanization Impacts by New Stations of High Speed Raiway [C]. Conference of Korean Transportation Association, 1990.

[186] Antrop M. Changing Patterns in the Urbanized Countryside of Western Europe [J]. Landscape Ecology, 2000, 15 (3): 257-270.

[187] Bank W. Promoting Inclusive Growth by Creating Opportunities for the Urban Poor [J]. World Bank Other Operational Studies, 2017 (5).

[188] Bayoh I, Irwin E G, Haab T. Determinants of Residential Location Choice: How Important Are Local Public Goods in Attracting Homeowners to Central City Locations? [J]. Journal of Regional Science, 2006, 46 (1): 97-120.

[189] Beall J. From the Culture of Poverty to Inclusive Cities: Re-framing Urban Policy and Politics [J]. Journal of International Development, 2000, 12 (6): 843-856.

[190] Black D, Henderson V. A Theory of Urban Growth [J]. Journal of Political Economy, 1999, 107 (2): 252-284.

[191] Bhattacharya S, Patro S A, Rathi S. Creating Inclusive Cities: A Review of Indicators for Measuring Sustainability for Urban Infrastructure in India [J]. Environment & Urbanization Asia, 2016, 7 (2): 214-233.

[192] Bourguignon F. Decomposable Income Inequality Measures [J]. Econometrica, 1979, 47 (4): 901-920.

[193] Bollinger C R, Ihlanfeldt K R. The Impact of Rapid Rail Transit on Economic Development: The Case of Atlanta's Marta [J]. Journal of Urban Economics, 1997 (42): 179-204.

[194] Bom P R D. Fiscal Rules and the Intergenerational Welfare Effects of Public Investment [J]. Economic Modelling, 2018 (4).

[195] Buchanan, James M. The Theory of Public Choice [M]. Ann Arbor: U-

niversity of Michigan Press, 1984.

[196] Chatterjee S, Gibson J, Rioja F. Public Investment, Debt, and Welfare: A Quantitative Analysis [J]. Journal of Macroeconomics, 2018.

[197] Conrad, Seitz H. The Economic Benefits of Public Infrastructure [J]. Applied Economics, 1994 (26): 303-305.

[198] Connell J. Elephants in the Pacific? Pacific Urbanisation and its Discontents [J]. Asia Pacific Viewpoint, 2011, 52 (2): 121-135.

[199] Day K M. Interprovincial Migration and Local Public Goods [J]. Canadian Journal of Economics Revue Canadienne Déconomique, 1992, 25 (1): 123.

[200] Daveri F, Maffezzoli M. A Numerical Approach to Fiscal Policy, Unemployment and Growth in Europe [J]. Ssrn Electronic Journal, 2000, 391 (4): 1361-1370.

[201] Destefanis S, Sena V. Public Capital, Productivity and Trade Balances: Some Evidence for the Italian Regions [J]. Empirical Economics, 2009, 37 (3): 533-554.

[202] Dalenberg D R, Partridge M D. The Effects of Taxes, Expenditures and Public Infrastructure on Metropolitan area Employment [J]. Journal of Regional Science, 1995 (35): 617-640.

[203] Demetriades P O, Mamuneas T P. Intertemporal Output and Employment Effects of Public Infrastructure Capital: Evidence from 12 OECD Economies [J]. Economic Journal, 2010, 110 (465): 687-712.

[204] Dahlberg M, Eklof M, Fredriksson P, et al. Estimating Preferences for Local Public Services Using Migration Data. [J]. Urban Studies, 2012, 49 (2): 319.

[205] Giacinto V D, Micucci G, Montanaro P. Dynamic Macroeconomic Effects of Public Capital: Evidence from Regional Italian Data [J]. Giornale Degli Economisti, 2010 (1): 29-66.

[206] Goldsmith R W. A Perpetual Inventory of National Wealth [M]. National Bureau of Economic Research, 1951.

[207] Hall P. The Impacts of High - speed Trains on British Economic Geogra-

phy：A Study of the UK's Intercity and its Effect ［J］. Journal of Transport Geography，2011（19）：689－704.

［208］ Haughwout A F. Regional Fiscal Cooperation in Metropolitan Areas：An Exploration ［J］. Journal of Policy Analysis & Management，1999，18（4）：579－600.

［209］ Hansen C J，Harder H，Sørensen MT. Rethinking and Rebuilding Urban Development ［J］. Danish Journal of Geoinformatics and Land Management，2011（1）：1－8.

［210］ Huston S M，Lahbash E M. Land Value Capture and Tax Increment Financing：Overview and Considerations for Sustainable Urban Investment ［J］. Ssrn Electronic Journal，2018（5）.

［211］ Kamps C. The Dynamic Effects of Public Capital：VAR Evidence for 22 OECD Countries ［J］. International Tax & Public Finance，2005，12（4）：533－558.

［212］ Kisaka A N. The Effects of Property Taxes and Local Public Spending on Property Value ［J］. Mba Thesis，2012（3）.

［213］ Kis－Katos K，Sjahrir B S. The Impact of Fiscal and Political Decentralization on Local Public Investment in Indonesia ［J］. Journal of Comparative Economics，2017，45（2）.

［214］ Kwan C，Drolet J. Towards Age－inclusive Sustainable Development Goals：Exploring the Potential Role and Contributions of Community Development ［J］. Community Development Journal，2015，50（4）：36.

［215］ Knight F H. Diminishing Returns from Investment ［J］. Journal of Political Economy，2013，52（1）：26－47.

［216］ Kang S，Spiller M，Jang K，et al. Spatiotemporal Analysis of Macroscopic Patterns of Urbanization and Traffic Safety Case Study in Sacramento County，California ［J］. Transportation Research Record Journal of the Transportation Research Board，2012，18（1）：45－51.

［217］ Lederman D. Internation Trade and Inclusive Growth：A Primer for Busy

Policy Analysts [R] . Policy Research Working Paper, 2011.

[218] Love I, Zicchino L. Financial Development and Dynamic Investment Behavior: Evidence from Panel VAR [J] . Quarterly Review of Economics & Finance, 2006, 46 (2): 190 –210.

[219] Luce T F. Local Taxes. Public Services, and the Intrametropolitan Location of Firms and Households [J] . Public Finance Review, 1994, 22 (2): 139 –167.

[220] Maiti S, Faria J V D. Participatory Planning Processes in Indian Cities: Its Challenges and Opportunities [J] . Urban Forum, 2017, 2 (1): 18.

[221] Malhotra S. Population Health Through Inclusive Urban Planning: Healthier Communities and Sustainable Urban Development in Indian Cities. [J] . Sustainable Development Law & Policy, 2010 (11): 51 –60.

[222] Mcgee T G. The Emergence of Desakota Regions in Asia: Expanding a Hypothesis [M] . Hawii: University of Hawii Press, 1991.

[223] Masson S, Petiot R. Can the High Speed Rail Reinforce Tourism Attractiveness? The Case of the High Speed Rail between Perpignan and Barcelona [J]. Technovation, 2009, 29 (9): 611 –617.

[224] Mamatzakis E C. An Analysis of the Impact of Public Infrastructure on Productivity Performance of Mexican Industry [J] . Cesifo Working Paper, 2007 (9): 33.

[225] Mosiane B. Livelihoods and the Transformative Potential of Cities: Challenges of Inclusive Development in Rustenburg, North West Province, South Africa [J] . Singapore Journal of Tropical Geography, 2011, 32 (1): 38 –52.

[226] Northam R M. Urban Geography [M] . New York: J. Wiley Sons, 1979.

[227] Nakamura H, Ueda T. The Impacts of the Shinkansen on the Regional Development [C] . In the Fifth World Conference on Transport Research, 1989.

[228] Ogibayashi S, Takashima K. Influence of Inefficiency in Government Expenditure on the Multiplier of Public Investment [J] . Computational Economics, 2017, 50 (1): 1 –29.

[229] Pereira A. , Roca – Sagales. Spillover Effects of Public Capital Formation:

Evidence From the Spanish Regions [J]. Journal of Urban Economics, 2003, 54 (1): 238-256.

[230] Pieda. Rail link Project: A Comparative Appraisal of Socio Economic and Development Impacts of Alternative Routes [M]. Reading, 1991.

[231] Park, In Kwon. Development of the Construct of Urban Inclusivity and its Indicators System: For the Inclusive City Agenda in Korea [J]. Space and Environment, 2016 (4): 109-158.

[232] Raurich X, Amat V S. Employment and Wage Formation in A Growth Model With Public Capital [J]. General Information, 2002, 19 (2): 34-39.

[233] Rowan A. Migration, Urbanization, and Third World Development: An Overview [J]. Economic Development & Cultural Change, 1982, 30 (3): 463-482.

[234] Rogers A, Williamson J G. Migration, Urbanization, and Third World Development: An Overview [J]. Economic Development & Cultural Change, 1982, 30 (3): 463-482.

[235] Roy A. Slum - free Cities of the Asian Century: Postcolonial Government and the Project of Inclusive Growth [J]. Singapore Journal of Tropical Geography, 2014 (3): 136-150.

[236] Shorrocks A F. The Class of Additively Decomposable Inequality Measures [J]. Econometrica, 1980, 48 (3): 613-625.

[237] Singletary L, Henry M, Brooks K, et al. The Impact of Highway Investment on new Manufacturing Employment in South Carolina: A Small Region Spatial Analysis [J]. Review of Regional Studies, 1995, 25 (1): 37-55.

[238] Silva. The Impact of Deforestation, Urbanization, Public Investments, and Agriculture on Human Welfare in the Brazilian Amazonia [J]. Land Use Policy the International Journal Covering All Aspects of Land Use, 2017 (65): 135-142.

[239] Stretton A W. The Building Industry and Urbanization in Third World Countries: A Philippine Case Study [J]. Economic Development & Cultural Change, 1999, 29 (2): 325-339.

[240] Sonne L. Innovative Initiatives Supporting Inclusive Innovation in India: So-

cial Business Incubation and Micro Venture Capital [J]. Technological Forecasting & Social Change, 2012, 78 (4): 638 -647.

[241] Shilpi F, Sangraula P, Li Y. Voting with Their Feet? Access to Infrastructure and Migration in Nepal [J]. Policy Research Working Paper, 2014, 52 (15): 598 -617.

[242] Theil H. Economics and Information Theory [M]. Amsterdam: North Holland Publishing Company, 1967.

[243] Tiebout C M. A Pure Theory of Local Expenditures [J]. Journal of Political Economy, 1956, 64 (5): 416 -424.

[244] Trip J. Railway Station Development in Post - industrial Rotterdam: Path Dependency and Shifting Priorities [C]. Congress of the European Regional Science Association, 2005: 6.

[245] Toussaint - Comeau M, Newberger R, Augustine D. Inclusive Cluster - Based Development Strategies for Inner Cities: A Conference Summary [J]. Economic Development Quarterly, 2016, 30 (2): 171 -184.

[246] Wilson C, Pressat R. The Dictionary of Demography [J]. New York N, 1985 (2).

[247] Young A. Gold Into Base Metals: Productivity Growth in the People's Republic of China During the Reform Period [J]. Journal of Political Economy, 2003, 111 (6): 1220 -1261.

# 后记

本书是在博士学位论文的基础上完善而成的。在博士毕业后，我一直想把它出版，但由于职业方向选择等世俗干扰，一直未能将其纳入个人的日程计划。两年后的现在尘埃落定，终于可以如愿出版。本书凝聚着我攻读博士学位期间的研究精华，期间经历了1000多个日日夜夜的认真学习与钻研，撰写期间的很多细节如今已不太记得，只记得大部分时光泡在图书馆，有彷徨、有焦虑，也有获得灵感时的“山重水复疑无路，柳暗花明又一村”，只为努力在前人的基础上有所创新，希望能贡献具有一定理论价值及实际应用价值的学术佳作。

“雄关漫道真如铁，而今迈步从头越”，本书的研究只不过是冰山一角，这既是对我之前学术研究的阶段性总结，也是我今后学术生涯的又一起点，未知的领域仍然有待探索。有道是“乘风破浪会有时，直挂云帆济沧海”，我将一如既往地在学术领域耕耘，如果相关成果能对现实世界的问题产生一点借鉴意义就足以欣慰。在此，我要感谢江西财经大学杨飞虎导师对本书的辛勤指导与质量把关，感谢江西财经大学伍世安教授、陈富良教授对本书的指正。感谢在写作期间，家人的无私付出。日月如梭、岁月如歌，希望好人一生平安！

本书在写作过程中借鉴和吸收了大量专家和同行的研究成果，在此深表感谢。

由于水平有限，本书的不足之处，敬请各位专家和同行批评指正。

感谢生活，感谢大家！

晏朝飞

2020年7月